国家出版基金项目
NATIONAL PUBLICATION FOUNDATION

香江哲学丛书
丛书主编 黄　勇 王庆节

亲临存在与自在起来

海德格尔思想的林中迷津

王庆节 著

From Dasein to Ereignis

Lectures and Essays on Heidegger's Philosophy

中国出版集团
東方出版中心

图书在版编目（CIP）数据

亲临存在与自在起来：海德格尔思想的林中迷津 / 王庆节著. —上海：东方出版中心, 2020.9
（香江哲学丛书）
ISBN 978-7-5473-1641-2

Ⅰ. ①亲… Ⅱ. ①王… Ⅲ. ①海德格尔(Heidegger, Martin 1889-1976) - 哲学思想 - 研究 Ⅳ. ①B516.54

中国版本图书馆CIP数据核字（2020）第137563号

亲临存在与自在起来：海德格尔思想的林中迷津

著　　者　王庆节
丛书策划　刘佩英
策划编辑　刘　旭
责任编辑　黄　驰
封面设计　周伟伟

出版发行　东方出版中心
地　　址　上海市仙霞路345号
邮政编码　200336
电　　话　021-62417400
印 刷 者　山东韵杰文化科技有限公司

开　　本　890mm × 1240mm　1/32
印　　张　8.75
字　　数　188千字
版　　次　2020年9月第1版
印　　次　2020年9月第1次印刷
定　　价　58.00元

总 序

“香江哲学书系”主要收入中国香港学者的作品，兼及部分在香港接受博士阶段哲学教育而目前不在香港从事哲学教学和研究的学者的作品，同时也收入与香港近邻并在文化上与香港接近的澳门若干大学哲学学者的著作。

相对于大陆的城市来说，香港及澳门哲学群体较小。在由香港政府直接资助的八所大学中，实际上只有香港中文大学、香港大学、香港浸会大学和岭南大学有独立的哲学系；香港科技大学的哲学学科是其人文社会科学学院中人文学部的一个部分，而香港城市大学的哲学学科则在政治学和行政管理系；另外两所大学——香港理工大学和香港教育大学，虽然也有一些从事哲学教学和研究的学者，但大多在通识教育中心等。而且即使这几个独立的哲学系，跟国内一些著名大学的哲学院系动辄六七十、七八十个教员不同，规模普遍较小。香港中文大学的哲学系在全港规模最大，教授职称(包括正教授、副教授和助理教授)的职员也只有十四人，即使加上几位全职的高级讲师，也不到二十个。岭南大学是另一个有十位以上哲学教授的大学，其他几所大学的哲学教授的数量都是个位数。相应地，研究生的规模也不大。还是以规模最大的香港中文大学为例，硕士和博士项目每年招生加起来就是十个人左右，其他学校则要少很多。

当然这并不表示哲学在香港不发达。即使就规模来说，虽然跟内地的大学无法比，但香港各高校的哲学系在国际上看则并不小。即使是在（至少是某种意义上）当今哲学最繁荣的美国，除了少数几个天主教大学外（因其要求全校的每个学生修两门哲学课，因此需要较多的教师教哲学），几乎没有一个大学的哲学系，包括像哈佛、耶鲁、普林斯顿、哥伦比亚等常青藤联盟名校成员，也包括各种哲学排名榜上几乎每年都列全世界前三名的匹兹堡大学、纽约大学和罗格斯（Rutgers）大学，有超过二十位教授、每年招收研究生超过十位的，这说明一个地区哲学的繁荣与否和从事哲学研究与教学的人数多寡没有直接的关系。事实上，在上述的一些大学及其系科的世界排名中，香港各大学哲学系的排名也都不低。在最近三年的 QS 世界大学学科排名中，香港中文大学哲学系都名列亚洲第一（世界范围内 2017 年排 30 名，2018 年排 34 名，2019 年排 28 名）。当然这样的排名具有很大程度的主观性、随意性和多变性，不应过于重视，但至少从一个侧面也反映出某些实际状况，因而也不必完全忽略。

香港哲学的一个显著特点，同其所在的城市一样，即国际化程度比较高。在香港各大学任教的哲学教授大多具有英美和欧洲各大学的博士学位；在哲学教授中有相当一部分是非华人，其中香港大学和岭南大学哲学系的外籍教授人数甚至超过了华人教授，而在华人教授中既有香港本地的，也有来自中国大陆的；另外，世界各地著名的哲学教授也经常来访，特别是担任一些历史悠久且享誉甚高的讲席，如香港中文大学哲学系每个学期或至少每年为期一个月的唐君毅系列讲座，新亚书院一年一度的钱穆讲座、余英时讲座和新亚儒学讲座；在教学语言上，除香港中文大学的教授可以自由选择英文、普通话和粤语外，其他大学除特殊情况外一律用英文授课，这为来自世界各地的非华语学生在香港就读，包括就读哲学提供了方便，但更能体现这种国际化的是香港哲学教授的研究课题与世界哲学界直接接轨。

香港哲学研究的哲学传统主要包括中国哲学、分析哲学和欧陆哲学，其中香港中文大学在这三个领域的研究较为均衡，香港大学和岭南大学以分析哲学为强，香港浸会大学侧重宗教哲学和应用伦理学，而香港科技大学和香港城市大学虽然哲学项目较小，但突出中国哲学，即使很多学者的研究是跨传统的。以中国哲学为例，有钱穆、唐君毅和牟宗三等缔造的新亚儒学传统将中国哲学与世界哲学，特别是西方哲学传统连接了起来，并得到劳思光和刘述先先生的继承和发展。今日的香港应该是世界上(能)用英语从事中国哲学研究的学者最多的一个地区，其中也包括主要从事分析哲学和欧陆哲学的学者对中国哲学的研究。这就决定了香港的中国哲学研究大多具有比较哲学的特质：一方面从西方哲学的角度对中国哲学提出挑战，从而促进中国哲学的发展；而另一方面，则从中国哲学的角度对西方哲学提出问题，从而为西方哲学的发展作出贡献。相应地，香港学者对于分析哲学和欧陆哲学的研究，较之西方学者在这些领域的研究也有其特点和长处，因为他们在讨论西方哲学问题时有西方学者所没有的中国哲学传统可资利用。当然也有相当一部分学者完全是在西方哲学传统中研究西方哲学，但即使在这样的研究方式上，香港哲学界的学者，通过他们在顶级哲学刊物和著名出版社发表与出版的著作，可以与西方世界研究同样问题的学者直接对话、平等讨论。

香港哲学发达的另一个方面体现在其学院化与普及化的结合。很多大学的一些著名的系列哲学讲座，如香港中文大学新亚书院每年举办的钱穆讲座、余英时讲座、新亚儒学讲座都各自安排其中的一次讲座为公众讲座，在香港中央图书馆举行。香港一些大学的哲学教授每年还举办有一定主题的系列公众哲学讲座。在这些场合，往往都是座无虚席，到问答阶段，大家都争相提问或者发表意见。另外，还有一些大学开办自费的哲学硕士课程班，每年都有大量学生报名，这些都说明：香港浓厚的哲学氛围有很强的社会基础。

由于香港哲学家的大多数著作都以英文和一些欧洲语言出版，少量以中文出版的著作大多是在台湾和香港出版，内地学者对香港哲学家的了解较少，本丛书即是要弥补这个缺陷。我们希望每年出版三到五本香港学者的哲学著作，细水长流，经过一定的时间，形成一个相当的规模，为促进香港和内地哲学界的对话和交流作出贡献。

王庆节　黄　勇

2019 年 2 月

目 录

海德格尔是一位怎样的哲学家*
（代序）

当年，我的老师熊伟先生说：海德格尔（Martin Heidegger，1889—1976）是一位哲学家。那时年轻，老师漫不经心地说，我们也就漫不经心地听。几十年前过去了，自己教哲学，也有了学生，时常讨论海德格尔，试图和他一道思考。再回想熊先生当年的话，尤觉意味深长。接着先生的话头，我们今天要问的问题是：海德格尔是一位怎样的哲学家？

"巅峰型"哲学家与"先知型"哲学家

如果要把哲学史上重要的哲学家作一个分类的话，我想不妨分为两类：一类称为"巅峰型"哲学家，另一类则是"先知型"哲学家。

"巅峰型"哲学家是一个时代的思想巅峰。巅峰同时也意味着终结。黑格尔有句名言，"密涅瓦的猫头鹰"只在黄昏之后才飞翔。这话说的是什么意思呢？是说哲学思想往往是一个时代精神的体现，它代

* 本文源自 2019 年 5 月在西北师范大学哲学学院成立典礼上的一次主题演讲，后在《三联 · 中读》的一个读书书目中得到扩充并整理成文。

表了这个时代最核心、最辉煌的东西。所以，著名哲学家的著作往往是对他所处时代精神或时代思想的系统性总结。比如，当我们谈到希腊哲学，大家马上会想起柏拉图（Plato，427BC—347BC）和亚里士多德（Aristotle，384BC—322BC），他们可以被认为是希腊精神的顶端或巅峰。他们的思想、他们的学说代表了古希腊哲学的最高水准，也是这个时代思想成就的总结。古希腊之后，进入中世纪，时代精神的代表是基督教神学。中世纪顶峰哲学家是谁？一般说是托马斯·阿奎纳（Thomas Aquinas，1225—1274）。近现代，说起巅峰型或集大成式的哲学家，人们马上会想起康德（Immanuel Kant，1724—1804）和黑格尔（G. W. F. Hegel，1770—1831）。这些哲学家的哲学体系，高屋建瓴、博大精深。他们对那个时代哲学精神、文化的方方面面，都有奠基性或总结性的表述和论证。

除了“巅峰型”哲学家，在历史上，我们会发现还有另外一类哲学家。这些哲学家往往不是为他们所处的时代做论证、辩护或总结，而更多的是对那个时代立于其上的基础，对那些最基本的，在当时被认为是天经地义、无可置疑的概念和说法，提出疑问、挑战、批判。在人类思想发展的长河中，这些哲学家的思想被真正接受、理解和欣赏，往往都要等到他们过世很多年之后。这些思想中，有些可能会成为影响下一个时代主流思想的先导。当然，我们看到有更多的哲学家，他们的思想只是昙花一现，像流星一般，伴随一道绚丽的弧光，很快消失在茫茫的历史星空之中。但那些成为或影响成为思想主流的哲学家，就被称为“先知型”哲学家。例如说，柏拉图的老师苏格拉底（Socrates，469BC—399BC）就是一位典型的“先知型”的哲学家。苏格拉底在他生活的年代里并不是主流，而是作为异端被打压。但我们知道，苏格拉底不仅是整个西方哲学和科学文化的开端，也是我们哲学和科学精神的第一个献祭者、烈士。再一个例子,我们可以举笛卡尔(René Descartes,1596—1650)。笛卡尔代表着现代思想的开端,但笛卡尔活着的时候,也被视为异端。今天我们知道,他之所以被视为异端、被打压,是因为他跨越了两个时代:一方面,他对当时占统治地位的经院哲学进行批判,被视为异端;另一方面,他用全新的思想和方法呼唤一个新时代的到来,被视为先知。如果读笛卡尔的基本著作,比如他的《沉思录》,或者《方法谈》,我们就可以明显地看到,笛卡尔一方面是旧体系的终结者,另一方面又是新体系的开拓人。

我们今天所处的这个时代是个什么样的时代呢?我们把它叫作“科学”的时代,又称“现代”。在科学的时代,我们人类取得了难以置信的成就。但同时,随着时代的发展,我们又面临越来越多的问题和挑战,有些问题和挑战是根本性或基础性的。所以,在哲学上,“现代性”本身开始成为问题。换句话说,我们所处的这个时代有许多其赖以为基的基本概念,例如理性、科学、民主、自由、人权、进步、真理、正义等,这些都被现今绝大多数人认为是天经地义的,它们构成我们整个时代的思想起点和价值基础。但也有一些思想家哲学家,要求对我们这个时代的基本精神以及反映这些基本精神的核心概念进行再思考,要求对之进行更彻底地批判。这些思想家哲学家被称为是“后现代的”。当然,再思考、再批判并不意味着完全抛弃,这和笛卡尔的方法论怀疑,胡塞尔(Edmund Husserl,1859—1938)的“悬置”是同样的道理。“后现代”这个概念在这里首先并不是一个历史学概念。它并不完全意味着时间上的“在后”,而是更多地包含有一个哲学的含义,即它要求对现代社会赖以为基的那些基本概念的合法性进行更为彻底地批判性思考,要求重新地,甚至颠覆性地哲学和思想论辩。海德格尔就属于这样一类哲学家,或者说,是这样一类哲学家的先驱。在这个意义上,他可以被认为是未来时代的“先行者”或“先知”。

那么，海德格尔关注的核心问题是什么呢？实际上，海德格尔终其一生发问的问题只有一个，就是“存在”问题。关于这个问题，我们可以从海德格尔年轻的时候说起。海德格尔晚年回忆自己哲学生涯，开端是他17岁生日的时候。当时他在老家的教堂里结交了一位父亲般的朋友，是教堂的执事。这位执事送了他一本关于亚里士多德存在学说的小册子作为他的生日礼物。在这本书里，亚里士多德关于存在的多重意义的思考和理解得到讨论。我们现在看海德格尔的成名作，也是他最主要的著作《存在与时间》(*Being and Time*)，扉页上就引了希腊哲学家柏拉图关于“存在”的一段话，这是柏拉图在其名篇《智者篇》(*Sophist*)里的一段话。这段话由于海德格尔的引证，现在几乎在中国哲学界无人不晓。这段话这样说道：“当你们用到‘存在着’这样的词，显然你们早就熟悉这些词的意思。不过虽然我们也曾以为我们自己是懂得的，现在却感到困惑不安。”“存在”是德文词“sein”的中文译名，又译作“是”。英文叫“to be”。它看上去是一个很小的词，很普通，普通到微不足道。我们只要开口说话，就会用到它。例如小朋友牙牙学语，“这是爸爸”“这是妈妈”“天是蓝的”“花是红的”。但它又是构成我们人类语言和思想的第一个“词”，一个我们须臾不可离开的“词”。所以，在哲学上，“存在/是”又永远是一个大词，可以说，它在冥冥之中决定着我们思想，同时也就决定着我们人类的命运。我们平时实际上不太去问它，我们只是使用，我们只是认为这样的使用是天经地义的。但作为哲学家，海德格尔坚持发问这个问题，或者从这个最基本的问题开始发问，一直到他生命的终点。

熟悉海德格尔思想的朋友可能知道，在海德格尔去世以后，按照他的遗愿，墓碑上除去名字外，只刻了一颗星。这颗星所代表的，我想有两个含义：一个含义是，海德格尔的发问不仅仅针对我们人类一般生活中思考的哲学问题，甚至可以说不仅是我们地球人的问题，而更是一个星际间的问题，也就是说，我们今天的这个时代已经开始走向了星际间的时代；另外一个含义，则在暗示，这一颗星在深邃幽暗的思想夜空中，只是一个孤独者，是一点孤寂的闪光，这是思想的孤独和深邃。这也就是海德格尔给自己的定位，而这同样也是要为人类思想定位，这个定位的开端就是要去发问：存在究竟是什么？

林中迷津："问题"和"疑难"的区别

那么，究竟应当怎么理解海德格尔的"存在"问题呢？让我们先来区分两个概念：一个是我们日常讲的"问题"，一个是"疑难"。这个区分也许可以帮助我们理解海德格尔对存在问题的发问。

比如说在课堂上，老师问学生一个问题，一个难度很大的问题，要学生回答。我们知道，对这个问题，老师通常会知道答案，他问这个难题只是要训练学生，让学生学会怎么利用已知的条件和通过恰当的步骤去获得这个答案。即便是非常困难的问题，我们也一般预设有答案，也许只是现在不知道，或者说还没有人知道罢了，但我们相信，我们现在不知道，将来一定会知道，或者哪天出了一个天才，就能够解答这个难题。但是对存在问题而言，情况不是这样。存在问题，它是最根本的问题。它之所以最根本，就在于它并不预设答案。我们根本就不知道它的答案。不仅没有答案，在很多情况下，按照海德格尔的说法，我们甚至连怎么去发问都不知道，这叫"疑难"。因为当你知道一个问题的发问方式时，你已经大概知道了这个问题答案的一半。所以"存在"问题是完全不同的问题，海德格尔说我们对之不仅没有答案、不知道怎么发问，我们甚至还没有“语词”和“语法”。这就是为什么海德格尔的思想和著作比较晦涩难读的一个原因。他不愿意，也觉得不能用古往今来人们用过的哲学思想词或者概念词，去表达、去发问、去表述“存在”问题的“疑难”，因为一旦这样，我们就陷入了传统套路，我们的发问就会偏离。

所以，在《存在与时间》里，海德格尔重新提出“存在”问题。“存在”问题在海德格尔这儿是一个最基本的问题。那么有人会讲，这个最基本的问题，我们很难把握、很难理解。理解它既没有概念，没有语词，又没有方法。如果真的这样，那不就成了神秘主义吗？在某种意义上我们可以这样讲，但是也不完全是这样。按照海德格尔的观点，一方面它是我们看不见、摸不着、提不出的问题，但另外一方面又是我们离不开的问题，为什么离不开呢？因为它是关涉我们整个人类生存的一个基础性的发问。

这个问题或者这个理解我用科学家给的例子来说明，可能就比较好理解。大家知道20世纪伟大的科学家有爱因斯坦(Albert Einstein，1879—1955)，再往后，大家可能会想到近年刚去世的英国天体物理学家霍金(Stephen Hawking，1942—2018)。霍金在他那本非常著名的《时间简史》里面举过一个例子，他说我们在地球上，几乎在任何一个地方都可以定位自身。通过什么？通过东南西北的方位。比如说任意给出一个点，我可以告诉你，北纬是多少度、东经是多少度，就是说可以定位下来。但是，在地球上有那么几个点，是不可以这般发问的。比如说，我们不可以问“南极以南是哪里”。为什么呢？因为“南极”是定位“南”这个概念的。同样的道理，我们关于“存在”的理解，定位我们关于所有存在着的事物的性质和它的本性。

但和关于“南极以南”问题不同的地方在于，尽管存在问题和我们息息相关，我们片刻也离不开它，但我们从来也没有搞清楚过它究竟是怎么回事,而且,更为严重的事情在于,我们不屑于去做这样的发问。海德格尔把这样的发问叫作去探寻“林中路”,海德格尔有一本非常著名的论文集就叫《林中路》。

“林中路”,Holzwege,这个德文词,可以说是“林间小道”,是那些伐木人去砍伐木材所走的路。这些路并不是我们日常意义上的大路,它是些小路,经常消失在森林的深处。海德格尔在他后来的著作《林中路》的扉页上说过这样一段话,非常有哲理,也富含诗意。他这样说道:

> 林是树林的古名,林中有路,这些路多半突然断绝在渺无人迹处,这些路叫作“林中路”。每条路各自延展,但却在同一林中,常常看来仿佛彼此相类似,然而只是看来仿佛如此而已。①

这就引出 Holzwege 这个词的另一个含义,也是其更切近的含义:“林中迷津”,这似乎是偏离正道、大道的一条条小径,散失在茫茫林海中,是些在人迹罕见处出现,没有目标的或者你根本摸不清目标的迷津。我想我们人类的思想,我们关于“存在”的思想、我们关于“存在”的体验、我们关于“存在”的发问,或者我们真正的哲学思考,按照海德格尔的理解,就是沿循这样的一条条“林中迷津”的探寻。但按照海德格尔的讲法,是不是说我们关于“存在”就没办法去发问了、没办法去思考了?显然不是。海德格尔只是认为,我们不能按照一种传统的、一种有定制的,或者我们已经习惯的方式去思考这个问题罢了。

时间问题也是一样。我们现在知道,我们不可以问“时间之前”。比如我们不可以说“大爆炸之前”,因为大爆炸就定义了什么叫“之前”。

---

① [德] 马丁·海德格尔:《林中路》,孙周兴译,北京:商务印书馆,2016年,第1页。

所以在这一点上，不能问“大爆炸之前”是怎么回事。中世纪有一个非常著名的哲学家奥古斯丁（Augustine of Hippo，354—430），他说过一句非常著名的关于时间的论断。大意是说，时间是什么？没人问我，我倒是清楚。但一旦有人问起，我想说明，便茫然了。[①] 关于存在问题的发问也是这样，它和我们息息相关，我们片刻也离不开它，但是我们从来没有搞清楚它究竟是怎么回事。许多科学家要求人们不要再去发问，而有些哲学家则不以为然。也许问题不在于是否能够发问，而在于如何去发问。在海德格尔这样的哲学家看来，发问存在问题是人类的天性，就像当年康德曾说过形而上学是人类的天性一样。我们人类之所以为人类，不仅在于我们可以“沿循”先人已有的存在“发问”，已开辟出的存在“道路”继续前行，而且更在于我们能够对我们正在行进的大道上的这个“道”进行不断地发问。我们人“天生的”就有一种重新探索上路，不断开道的可能性，否则我们跟其他的生物就没有什么本质性的区别。海德格尔哲学的意义就在于指出，这个区别的核心就是不断发问存在问题，或者说不断去提出存在的疑难。

谈到这里，我又想起一个故事，这可以用来帮助我们理解海德格尔的思路以及他究竟是一位怎样的哲学家。这个故事讲的是，有一个老猴王，年迈力衰。在猴王争夺战中，老猴王被打败了，它的众妻妾归了新猴王。它感到很悲伤，于是在野地里号啕大哭。后来，上帝知道了，可怜它。上帝对它说：“不要哭了，我来帮助你，把你变成人吧。”老猴王很高兴，大声地说：“谢谢上帝！现在我终于可以把所有的母猴子都夺回来了。”这个寓言故事告诉我们的哲理是：猴王它永远是猴子的思路，即使上帝把它变成了人，它也还要用猴子的思路去思考它的问题。

---

① 参见[古罗马] 奥古斯丁：《忏悔录》，周士良译，北京：商务印书馆，1997 年，卷十一。

海德格尔看到,在当今时代,常常自命不凡,引以为傲的人类,其本质性的思考和行为,其实与这个猴王相差不远,这是我们这个时代的悲哀。

当然,海德格尔很多关于“存在”的说法离经叛道,他用的词汇或者是他自己生造,或者是他把传统的概念进行解构,去唤醒这些概念,这些语词源初词根的含义,或者他引入一些日常用语——哲学家们从来不用的用语——作为他的思想词,作为他的重要概念来使用,而所有这些都说明他要对传统、对我们习以为常、我们认为天经地义的东西进行一番重新的思考和重新的发问。只有这样,在海德格尔看来,“存在”问题才可能被唤醒,被重新打开和发问。所以我认为,海德格尔在呼唤一个新的时代。而这个新的时代究竟怎么样?我们尚看不太清楚。但是,海德格尔呼唤这个新的时代,发问“存在”问题,已经将近有100年了。我们现在隐约已经看到了一个和我们传统的时代、我们生长在其中,我们习惯的时代相异的一个新时代的雏形,它的曙光已经展露出来。正是在这个意义上,我想说海德格尔是一个未来时代的先知型的哲学家,或者说,哲思先行者。

海德格尔存在哲学的两个直接背景

海德格尔的核心问题是存在问题,海德格尔的哲学是存在哲学。我们知道,海德格尔的存在哲学的主要或者第一次正式登场的标记,就是他的名著《存在与时间》。《存在与时间》中关于存在问题的讨论,以及关于人作为发问存在问题的这个独一无二的存在者的本质性意义究竟在哪里?这个问题的讨论在《存在与时间》中被定名为基础存在论(Fundamentalontologie)。在我们探讨这个问题之前,让我们首先来看一下海德格尔存在哲学的两个直接的背景。这个背景的讨论可以帮助我们更好地理解海德格尔存在哲学，或者说他的基础存在论在西方哲学思想史上，尤其是在关于“主体性”的哲学思考上的三个最重要的突破。

我们知道，海德格尔的存在哲学首先是对从笛卡尔到康德的近现代哲学主流传统的一个重新思考和批判，是对其中最基础性的问题的发掘或者解构。但在历史上，并不是海德格尔独自一人在做这样的工作。在海德格尔之前，已经有一些先知型的哲学家们在做同样的工作。他们是海德格尔的存在哲学以及基础存在论突破性思考的先驱或先声。

构成海德格尔存在哲学和基础存在论的两个直接背景的哲人：一个是丹麦哲学家叫克尔凯郭尔（Søren Kierkegaard，1813—1855）；另外一个是德国哲学家尼采（Friedrich Nietzsche，1844—1900）。作为一名基督教哲学家，克尔凯郭尔的哲学思想主要是通过对传统基督教信仰的一种特别的接受方式来展开。这种特别的接受方式，是一种完全个体性的，而且是一种激进的方式。克尔凯郭尔的激进方式，从哲学史上说，又是通过对以绝对概念或者绝对精神为核心的德国唯心论体系哲学的批判和反叛实现出来。所以，克尔凯郭尔一方面对基督教的传统进行批判，但这种批判又跟他对当时占统治地位的德国唯心论，主要是以黑格尔为代表的概念大全为核心的体系哲学的一种批判相联系，和对一种绝对理性主义的批判相联系而展开。他强调的是个体性，强调的是一种我们后来叫作非理性的方式。在克尔凯郭尔看来，每个个体生命存在的个体性并非由任何形式的、外在的具有普遍理性特征的客观真理或者道德真理所决定和保证的，这些真理据说是或者通过经验来习得，或者通过逻辑理性来证得的。与之相反，克尔凯郭尔认为，只有在我们人类的宗教伦理生活中发生激烈矛盾冲突的“瞬间”或者“时刻”，生命中的“个体性真理”方可真正地显现出来。换句话说，一切个体生命、生存或生活的意义、耶稣基督信仰的全部要义,也唯有在个体生命的一个个所谓的“颤栗”和“惧怕”的瞬间时刻,方可真正地获得和得以看见。所以,存在的真理和真正的基督启示不是通过一种理性的、逻辑推演的、体系性的或形式化的方式,而通过一种在极端情境下的生命体验来达到。换句话说,这种极端的生命体验则完全超出了我们人的理性的、概念的、形式的思维方式。

与克尔凯郭尔主要诉诸宗教经验不同,尼采作为一个无神论者或者敌基督者,主要立基于对人类的物质生命、历史和伦理生活经验的考察来说明同样的道理。在尼采看来,我们这个时代的基本特征就是“上帝死了”。这句话意味着长久以来作为我们思想和生活价值之绝对基础的上帝概念的消亡,这一消亡标志着虚无主义时代的来临。上帝概念看上去是一个宗教的,即基督教的概念。但是我们仔细想一想,其实不仅如此。我们当今的时代,和中世纪相比,上帝概念虽然在很多地方已不在明面上起作用,但它实际上还是隐藏在我们生活的几乎所有重要的思想和活动之中或背后。比如说,我们一直认为的哲学,乃至全部人生的最终任务就是去追求真、善、美这些最高的价值。但这些最高价值自身的基础在哪里呢? 一种绝对的真、绝对的善和绝对的美,背后就是一个全知、全能、全在的神或者上帝的概念。离开了上帝这个概念,我们的真理性认知,我们的行为价值,我们欣赏、追求的美都难以立足。而尼采宣告上帝死了,实际上是宣告整个时代的堕落。所以尼采认为,在虚无背景下衬托出来的人生境况,只有通过“重估一切价值的”“强力意志”才能得到折射,而预言式人物查拉图斯特拉,作为“超人”,则成为未来时代人类生存中真正强者的象征。

所以这些先行的哲人,他们的学说、概念和理解,对海德格尔的存在哲学起到了直接性的催生作用。

基础存在论的"主体性"问题

海德格尔把所有问题归结为存在问题，但存在问题或对存在的发问不可能是一个空洞的问题，它必须要有一个起点。因为存在总是存在者的存在，所以发问必须要从存在者的存在开始。日月星辰，山川大地，有各式各样的存在者或存在物，从哪一种存在者开始发问呢？人的存在，或者更精确地说，"我"的存在，是打开一切存在问题秘密的钥匙。关于这个发问起点和思路，海德格尔并无另起炉灶，而是延续了从笛卡尔到康德、黑格尔的主体性哲学的主流传统。所不同的地方在于，正是他，将这一传统推向了极端和极限，从而打开了反思和批判这一传统的新的可能性。

笛卡尔哲学最著名的命题叫"我思故我在"。所有存在都包括上帝的存在，都依托于我的思想，即"我思"。而"我思"在笛卡尔这里主要指的是理性的思维，是数学式的科学思维、概念思维。所以后来黑格尔讲述哲学史，说到笛卡尔时，就说我们现在才真正讲到了新世界的哲学，这个新时代，这种哲学是从笛卡尔开始的。在黑格尔眼中，笛卡尔事实上是近代哲学的真正创始人。为什么呢？因为近代哲学是以思维为原则的，独立的思维在这里与"进行着哲学论证的神学"分开了，把它放到另一边去了，这样，就把神学放到另一边去了。黑格尔说：

> 人的思维是一个新的基础。笛卡尔这个人对他的时代以及对近代的影响，我们决不能以为已经得到了充分的发挥。笛卡尔是一个彻底从头做起，带头重建哲学基础的英雄人物。他的哲学在奔波了一千年以后，现在才回到这个基础之上。那就是说整个世

> 界万物它的存在的基础现在放在了人身上,放在了人的思维身上。通过对我们思维方式的理解和把握,我们理解宇宙的奥秘,这个精神实际上是整个近代哲学的精神。①

延续这个讲法最著名的是康德。康德在他的名著《纯粹理性批判》第2版序言里面提到了一个说法,叫“哥白尼式的转向”,或者也叫“哥白尼式的革命”,我们知道,是近代人类思想史上的一个根本性的转变。从古代天文学的角度来说,我们传统上一直认为,太阳早晨在东边升起,晚上在西边降落。这个说法的依据是我们居住的地球是宇宙的中心,太阳每天围绕地球在运转。这个说法自古以来就似乎是天经地义,因为我们每天见到,眼见为实,无可怀疑。哥白尼说我们可以试着换一种说法,即如果不说是太阳围绕地球运转,而是地球围绕太阳在运转,我们得到的关于天体,关于世界的理解就会完全不一样。同样,康德在《纯粹理性批判》序言里面也这样讲,我们在认知领域里面,就像处在前哥白尼时代的人一样,总是相信传统哲学的说法即我们的认知要符合外部的事实,但如果这样的话,我们在哲学上就会遇到很多麻烦,很难解决。比如说:我根本就不能够真正地知道别人知道我知道,或者说我知道他人知道,这叫“他心问题”。我甚至不能证明在我之外的外部世界的存在。康德把这个叫作哲学理性的耻辱。因为按照这个思路,我永远解决不了这些问题,我最终逃脱不出我自己的感觉和感知。我怎么能够知晓外面世界的存在,甚至连这个“不知晓”都不能够说。康德的解释方案是什么呢?他说我们需要跟随哥白尼的思路做一个转向,我们所谓的认知外部世界实际上并不是认知外部世界,而是在认知

---

① 参见[德]黑格尔:《哲学史讲演录:近代哲学》第四卷,贺麟、王太庆译,北京:商务印书馆,1978年。

我们认知外部世界的主体方式。所以，康德一生的工作都是在对这般的“主体方式”进行“理性批判”。康德著名的“三大批判”，其中“纯粹理性批判”批判的是人的“纯粹认知理性”，回答的问题是“我能够认识什么？”，“实践理性批判”批判的是人的“实践理性”，回答的问题是“我应当做什么？”，“判断力批判”批判的是人的“鉴赏能力”，回答的问题是“我可以期望什么？”。后来康德自己在总结一生工作时说，“三大批判”的核心问题是在问一个终极的问题，即：“人是什么？”如果这样理解，“三大批判”就归结为最根本的“第四批判”，即“人的批判”或者人的“基础存在论批判”，而这正是海德格尔 1927 年发表的成名作《存在与时间》的核心任务。

当时哲学的主流，即新康德主义的康德解释，将康德哲学的主要关注定位在“人的知识能力”，即“纯粹理性批判”的任务之上，这样，康德哲学就成了一套“知识理论”，这个说法直至今日，在主流的康德解释中，还是很有市场。而且，在海德格尔看来，自笛卡尔到康德的现代哲学，无一不以作为主体性的人的认知理性作为其思考的起点、基础与核心，所不同的仅是这个主体的本质被理解为或者是感觉经验自我（洛克/贝克莱），或者是理性逻辑自我（笛卡尔/莱布尼茨/黑格尔），或者是先验统觉自我（康德）和先验论意识自我（胡塞尔）罢了，当然我们也还可以加上意志论自我（叔本华/尼采），劳动实践自我（马克思）等等。而海德格尔则认为，在哲学上试图为现代性奠基的这众多主体性自我的理论中，都或多或少预设有一个主体、客体二元分割的存在论前提而不自知。

《存在与时间》在哲学上的三个重要突破之一

《存在与时间》的基础存在论首先就是要对这样一个主体性的哲学

存在论/知识论传统提出挑战,进行突破。按照我的理解,在《存在与时间》中,海德格尔以“Dasein”(亲在/此在)的存在论/生存论分析为核心展开的基础存在论在哲学上实现了三个最根本的突破。

第一个突破是关于“主体”的突破。海德格尔用生存在世的 Dasein 的存在论/生存论分析取代认知的或意识的“我”的知识论/先验论分析。从康德的《纯粹理性批判》和海德格尔的《存在与时间》所分别选用的两个核心语词,即“先验论分析”(Transzendentale Analytik)和“存在论/生存论分析”(ontologische/existenziale Analytik),我们可以清楚地看出两者之间的联系和分歧。我们前面讲的近代西方哲学中的主体性传统。发问存在问题要从主体开始,而这个主体就是“我”。当然我们可以对之进行进一步的区分,有心理的“我”,有逻辑的“我”,有先验的“我”,还有比如说现象学还原讲那种先验论或超越论意识论的“纯粹自我”。这些都是“我”,而且“我”的核心是认知和意识。包括我们今天中国哲学解释王阳明的心学传统,在某种意义上也都是在这个方向上的推进。但是,海德格尔借助于胡塞尔现象学意识分析中的意向性学说和范畴直观理论,将认知性的经验理性自我的概念重新定位为基础存在论的“此在”(Dasein),这个词在汉语中又被译为“亲在”或“缘在”。我个人比较倾向于用“亲在”这个中文词来翻译,具体原因我在后面的论述中会有专门解释。亲在首先是一个存在论和生存论的概念,而不是一个知识论的认知主体的概念。换句话说,亲在就是我们人生在世存在过程中与“世界”,与“他人”打交道的诸种形态和方式的总和,这种方式海德格尔将之命名为“物我浑然未分”的“在—世界—之中—存在”。这明显是个海德格尔生造的概念,如果没有解释,乍看起来,比较费解。但如果结合我们的日常生活经验,也未必那般晦涩难明,关键是我们不要一开始就不加思考,陷入传统哲学名相的泥淖而不自知。例如，我们一般以为我们的认识的起点在哪里？即从什么开始的呢？我们一般会认为是从认定有一个认知的主体和一个认知的客体开始。因为如果没有认识的主体和客体的事先设定，认识过程从何讲起？比如这个杯子在我对面，我说它是我认知的对象。在这里，我就是认知的主体，这个杯子就是认知对象。倘若如此，下面的问题自然就是：我作为主体，如何通过认知活动，从自我出发，达到作为认知客体或对象的杯子？这是一种典型的认识论的对象化思路。

海德格尔的思路与众不同。他认为主体和客体的二分实际上并不是我们真正认知的起点。相反，我们毋宁说这是一个认知的终点，或者说它是一个认知过程中的一系列中止之点中的一个。“中”是中间的“中”。在实际认知过程中，只有当一个认知阶段结束了，或者至少中止了，我们才能真正分清楚什么是主体，什么是客体。在认知源初阶段，实际上我根本就分不清楚，也不知道。我根本没有一个清楚的客体的观念和主体的观念，我只是和这个东西在一起，“浑然未分”地“在一起存在”。比如说在我手上的这个手机，早就抓在我手上，你一般不会注意，我也在说话中将其“遗忘”。现在当我提到它，你才会把目光射向它，在此之前，无论你我，都不会有一个清晰的，关于这个手机的观念的。所以，这个在生活中“日用而不知”的状态，比起那些在思维中“清楚明白”的观念状态，在存在论上要源始的多。在中国哲学里，例如《庄子》里讲“庖丁解牛”，说的也是相似的道理。所以，任何知识论上的认知对象，我们在存在论和生存论上，即在生活中，在使用中已经而且总是和它“在一起”“浑然未分”。这个状态是源始在先的，相形之下，我们的认识倒是“后来的”，是在“浑然未分”状态的基础上发生的，其目标是要把这个“浑然一体”“清楚地”切分开来。海德格尔把这个亲在生存的状态叫作在“在—世界—之中—存在”。以往哲学思考作为核心而围绕展开的自我和意识活动,都只是这样的一个以亲在在世生存活动为基础的某种特定方式,而且不是最源初的生存方式和形态而已。以概念演绎与计算理性为核心特征的现代科学和技术,正是奠定在上述这种绝对主体性的自我概念基础之上。因此,如果我们将上述的自我概念视为人类此在之唯一正确的生存方式,并用之来评判、规范甚至剪裁我们人类在世的所有生活,这势必会导致对我们生存的本真生存状态的遗忘,即沦陷进入非本真的人类生存状况之中。所以,海德格尔的思路,用生存论的自我去取代知识论或者意识论的自我。在这里,知识论的自我讲的是从笛卡尔到康德,意识论实际上则隐含有海德格尔对自己老师胡塞尔的意识论现象学重新的思考和批判。

亲在在世是这样的生存活动,海德格尔称为"操心"(Sorge)活动,即我们人类的活动不仅是一个知识论层面上的生活和活动,而更加是,更源初的是一个生存实践的操心活动。而这个操心活动如果是跟世界万物打交道,我们把它叫作操劳(Besorgen)。将自然事物首先视为相对于认知主体性而言的"对象",或对象性的现成存在物,而不是在生活实践中物我未分的正在使用中的正在手的用具性事物,这是近代哲学的误导和颠倒。所以,海德格尔讲在和世界万物打交道的过程中,有两种生存在世的方式:一个叫现成物的方式,一个在手物的方式,后者比前者更源初,更靠近我们生存生活世界的本相。这个区分是非常著名的区分。同样的道理,当我们在与世界万物打交道,操劳繁忙之时,也同时是在与那些同样在世界之中的他人打交道的共在过程中。跟世界万物打交道,叫操劳活动;跟共在中的他人打交道,海德格尔叫操持活动(Fuersorge),这就是共在,或共同存在(Mitsein)。

在操持、操劳的共在生存操心活动中,如果我们,无论是出于好心(例如父母对待子女)还是出于恶意(例如欺骗),将他人视为可为之做决定，甚至可以操控的一个物件，海德格尔把它叫作“代庖”。这是通过为他人做事情，把他人的“自我”从他人那儿拿过来。这是一种非本真的打交道方式。而本真地和他人打交道，按照海德格尔的说法，是一种“率先而行”的活动。我走在你前面，我给你先做出行为的样子，虽然有所影响，但最终让你自己决定你自己的生存方式。所以，这两种方式在海德格尔看来，一种是尊重其为具有独立人格的自我行为的共同此在方式，而另外一种是把他人的自我拿过来，是一种非本真的生存交道方式。但无论是操持活动还是操劳活动，海德格尔最后给了一个归结，都是操心活动。“Sorge”这个词，熊伟先生最早曾用佛学的一个概念“烦”来翻译它。当然，“烦”这个词用在中文里面，在心理情绪层面的意涵比较重。但如果用“操心”这个词，尤其是其中的“操”字，有较多的“交道”“行动”的含义，它首先标明这是一种生存事件，一种生存活动。所以，认知活动或意识活动只是生存活动的一种。而当我们思考人的本质，当我们问“人是什么”的时候，康德哲学及其近代哲学的传统更多强调的是人的认知、人的意识、人的语言，有时也强调人的情绪、人的意志、人的行为目的，但所有这些，实际上都是属于宽泛的意识活动的范围，或以意识活动的分析为基础。而海德格尔强调，人不仅是认知的理性生物，不仅是有意识的生物，人首先更是生存着的存在者。生存活动是最根本的。只有从生存活动出发去理解意识活动、认知活动，而不是反过来从认知去认识生存，去把握生存，这是两个不同的思路。所以，海德格尔说，如果我们过分强调这种概念思维，强调这种计算理性，强调这种通过一种理性的方式，通过一种计算的方式为他人做决策，就会导致人生在日常境况中的非本真状态。这种崇尚绝对主体的认知理性在现代人类生活中统治地位的恶果，就是每一个活生生的人的，具体生活的个体性、独特性和自由自主的力量泯灭和被摧毁，取而代之的则是作为普遍人的“常人”和“大众”统治的建立。

所以,用海德格尔的话来说,在非本真状态下,“常人”(das Man)决定着我们日常生活的生活方式和存在方式。“常人”它不是这个人,不是那个人,也不是一切人的总和,这个常人却是“无此人”。张祥龙教授曾经将“常人”译作“大家伙儿”。这个译法也很传神,大家伙儿都这样干,我也这样干。一方面,我们的个体责任被拿掉了;另一方面,我们的自由决断能力,即生存抉择的本真可能性,也就丧失了。后来海德格尔的学生,当代著名政治哲学家汉娜·阿伦特(Hannah Arendt,1906—1975)讲现代社会的“平庸之恶”,说的也是大致同样的意思。所以,海德格尔说一切亲在在共在共处中,又总是或不得不听任这个作为“常人”的“无此人”来摆布了。举个我们大家都很熟悉的例子来说明这一点。比如我们现在去找工作,一般要去“人力资源部”。今天我们人在现代社会分工的体系内,居然成了一类“资源”,而自然资源则是另外的一类。人力资源部会保有很多统计数据,我们每个人都成了其中的一个,先给个数码,然后采用不同的计算手段,我们就在系统中变成一个个不同的数据,而恰恰不再成为你自己本身。你本来是一个有血有肉的,是一个活生生的“你”“我”“他/她”,但在这里,你成了大数据中的一个部分、一个单元、一个数目字。所以,这个关于“主体”的颠覆性思考就是海德格尔在哲学上做的第一个根本性的突破。这个突破对于我们理解现代社会中人的生存、生活方式包括认知方式,极为关键和重要,是一项革命性、颠覆性的突破。

《存在与时间》在哲学上的三个重要突破之二

第二个是关于“真理”的突破。海德格尔用真理之为“真实性”的展开来取代真理之为命题之判断和论证的“真确性”验证。在讨论人类生存在世的本真状态与非本真状态之际，海德格尔提出了他的与众不同的真理学说。以往我们传统理解的真理是什么呢？真理是一种知识论的真理，而知识论真理强调的是命题之判断和论证的真确性。但如果照海德格尔的说法，我们讨论真理，首先不是在一种认识论层面上讲真理，而是在一种生存论层面上讲真理。这样，海德格尔就把真理概念从传统哲学开始讨论的知识论真理含义推回到了哲学出现之前的古希腊人使用这个词的古义："展开"或"去蔽"。当然，学者们关于海德格尔的解释究竟符不符合希腊原文的含义有争论，但海德格尔的思路和意图非常清楚。他想讲的是，他对真理概念的理解在根本上不同于以命题和实在之符合为特征的传统真理概念。

按照我的领会和理解，海德格尔在这里想要区分一般"真理"概念中的两个含义，用中文来讲，就是区分"真"和"正"这两个不同的存在论层面。在传统哲学中，尤其自现代哲学以来，真理问题的讨论大多是在正确和不正确的层面上展开。而海德格尔想要让我们回到真理概念的希腊源头，坚持真理的本相首先在于作为存在的真实之"开放""展开"或"去蔽"，然后在这个基础上，才谈得上命题知识之判断和推论的"正确"与否。这是两个不同层面的问题，批评海德格尔的人在这里往往混淆了这两个层面，所以就会误解海德格尔的意图和意思。海德格尔并不是要否定科学真理，只是说科学真理有一些根本性的存在论假设，而这些假设本身是值得发问的。举一个例子也许可以帮助理解。我们经常在日常生活的说话中区分两种情况：一种叫"做正确的事情"，另一种叫"正确地做事情"。当我们讲命题判断的真理时，我们实际上是在讲"正确地做事情"的层面。我们先得有一个判断真假的标准，然后我们才能说一个命题是否正确，或者一件事情做得是否正确。但判断真假的标准从何而来？这涉及的是另一个层面的真理，如果我们将前一个称为“真确性”,我们不妨将这一个称为“真实性”。“真确性”的“真”讲的是先已有一个标准,再来看我们讲的话,做的事,符合还是不符合这个标准以及符合的程度。“真实性”的“真”则是讲那个最初的标准或者判准是怎么来的?究竟是在一种“打开”“展开状态”下获得的,还是在一种封闭,遮蔽状态下给出的?前者说的是“正确地做事情”,后者则是说“做正确的事情”。很明显,“真实性”真理或存在论真理是“真确性”真理或知识论真理的基础和前提。所以,海德格尔强调存在论的真理概念的源初性,实际上是要让我们先去讨论什么叫“正确本身”,这才是真理的本相。而这个意义上的“真理”不是靠我们的命题判断,靠我们的演算和计算能够达到的。这是“真”的源头,它需要打开、展开、去蔽。而如果我们说,不要去费神讨论什么是正确本身、真理本身,只要去关心怎么正确地去做事,那按海德格尔的说法,我们就会在最根本处迷失真理问题的那个最源初和最重要的方向。

总之,“真”首先讲的是在开放境遇中的原理和标准的建立与设定,而“正”讲的则是在已设基础和标准的前提下的验证与符合。所以“保真”就在于守护在去蔽之真的近旁,让其不断地发生而非持其一端。或者将某一端倪视为绝对的根据,视为我们认知判断乃至全部在世生存的绝对基础。哪怕此端倪性的根据是来自上帝,来自天命,还是来自所谓的客观实在,或者来自绝对的主体性,这些都不是海德格尔意义上的“真理的本相”,相反,这些都在存在论上陷入非本真状况的遮蔽。因此,在海德格尔看来,本真的生存就是最本己的生存,它不屈从于任何外在的威权,唯有以决断的姿态前行,而去听从存在的天命,“真实地”去响应其在我们每个人本己良心处生发的呼唤。但是,我们在日常在世生存活动中,却首先以及在大多情况下,局囿于上述的非本真状态而不自知。因为此非本真的生存之沉沦并非完全是我们在道德上的自甘堕落，它属于人类生存的本质样态之一。这一人类亲在的非本真生存状态，如其本真生存状态一样，均属于生存和存在的时间性结构。这样，我们需要进入讨论海德格尔存在论/生存论哲学的第三个根本性突破。

《存在与时间》在哲学上的三个重要突破之三

第三个突破是关于“时空”观念的突破：海德格尔用有勃兴生发、有折叠伸缩、有厚度的“时空”来取代我们现时流行的“线性量化时空”。一个存在者之所以为这个而不是别个存在者，这是在某个特定时空的框架或境域中来实现和展现的。康德哲学将时间仅仅视为人类感性认知的内在的先验形式，而将概念范畴视为规定一切人类知识和生存的本质性的先验形式和本体基础。与康德代表的上述西方哲学的主流理解不同，海德格尔将时间视为人类生存之可能的超越论生存论境域。自笛卡尔以来，近代哲学以及科学对空间和时间的概念性、计量性规定，导致我们将人生在世的存在理解为一个个可还原和可拼合的现成性，是一个个并列现在点的片段和连接。在这样的时间境域下凸显成型的存在，其过去与未来的维度均要根据现成物的现在维度来剪裁。同样，那原本活泼泼的充满勃发生机、爆发性能量和生命冲力的个别的现在性当下在场，又反过来需要根据已经过剪裁的过去与未来，在因果性链接的范畴框架下，来进行推演、规定和规范。所以，这样理解的时间概念就成了一个线性时间的量概念，我们的生存在世被描画为线性延续和因果链条上的一个个环节。在这里，过去已经是逝去而永不回返的现在，将来则是在永恒均匀的时间横轴上的尚未到来的现在。所以海德格尔把这个叫作“现在性的时间观”。局囿在如此时间意识下，并因此时间意识而筹划前行的人生在世，常常蔽于一隅，成为单一性延续或单调性重复的牺牲品，成为“常人”肆虐之下的“平庸之恶”的帮凶。因为有这般时间烛照下的人生，人们不能真正看到亲在在世生存整体性的本相。

在海德格尔看来，我们必须还原到或者返回到源初时间的超越论境域。这是个属于存在者的个别处境的源初境域，在其中，一个个个体存在凸显折叠，生机勃发和回转起伏，以及相应于这一个个具体处境，一个个个体作为历史性的发生显现出来。这个历史并不完全是因果链条上的一个接一个地持续性发生。我们前面讲克尔凯郭尔时，提到一个个别性的瞬间说法，这应该对海德格尔有深远影响。比如说黄仁宇先生的名著《万历十五年》。这是一部历史书，这部历史书的时间节点的选择很重要。但按照著者的说法，这个年份“四海升平，并无大事可叙”。既然如此，为何选择万历十五年，而不是先前的万历十四年或者万历十年，不是之后的万历十六年，甚至万历二十八年？这是因为一旦选择了一个点，一个原本折叠着的时间以及伴随着这个时间，由这个时间蕴含的历史就被瞬间打开了，在这个点的光耀下，历史就不再是线性量化的、仅仅以数量计算和算计性的“统计数据”，或者杂乱无章的“断烂朝报”，而是有凸显折叠和回转起伏的，有着一个又一个历史事件的生发以及由这些生发牵扯出的历史整体性的因蕴关联。这样的因蕴关联也根本不同于条分析缕式的，通过先验概念的推演构造和历史逻辑的命题句法分析而来的“客观描述”。而只有在这样的时间历史境域中，Dasein 或者亲在在世生存的全体和整体之可能性方可得到崭新的和不断的显现。在这之中，不仅有历史生存直观的现身情态，而且还有弥漫充斥在这情态中的情绪、感受和感应，诸如狂喜、无聊、惧怕等等。这就是海德格尔的时空观和历史观，他要一反过去我们传统的用前因后果，用远近纪年、数量统计和计算等等的方式来定义一个个活泼泼的生命存在。相反，在活生生的生命发生和生发的历史中，每个活泼泼的瞬间发生的事件、每个出现的人物和出现的存在状况，唯有伴随着这样的折叠性时空境域，才能真正地展现自身。

这就是我眼中海德格尔《存在与时间》的最核心要义，它包括三个根本性的突破。而这三个根本性的突破，把海德格尔的基础存在论跟传统的以知识、意识和情绪这些精神现象为核心的存在论区别开来，也构成海德格尔哲学的最初的一个高峰。

“唯我论”还是“本我论”？

前面我们说到了海德格尔《存在与时间》中基础存在论的三个根本性的突破，以及造成这些突破的两个最直接的背景。现在让我们来谈一谈海德格尔《存在与时间》的这个基本思路遇到了怎样的批评，以及我们如何看待这样的批评。

我们说过，海德格尔从他的亲在生存在世的存在真理观出发，对传统的符合论的永恒真理观提出批评。海德格尔并不讳言他的存在真理观有一个基本的立场，即真理之一般通过亲在或者 Dasein 的亲临存在和存在之亲临展开出来。实际上我们人的所有的活动，包括发问存在的活动，包括我们的哲学活动、科学活动，都是在跟存在打交道。这就是为什么在很多情况下，我还是比较倾向于沿循熊伟先生的译名“亲在”来翻译海德格尔的核心概念 Dasein，我将这个译名理解和解释为“亲临存在和存在的亲临”，换句话说，这种作为“此在”或“亲在”的生存活动的“亲临存在”与“存在之亲临”，就是海德格尔所谓的源发意义上的生存论、存在论的真理的开显、展开之域和场所。“唯有亲在在，才‘有’真理。唯当亲在存在，存在者才是被揭示被展开的。唯当亲在存在,牛顿定律、矛盾律才在,无论什么真理才在。”[1]这段著名的断言出自海德格尔的《存在与时间》,它说的就是亲在生存与存在之一般的关系,但往往被批评为“唯我论的”真理观。所以,当一般人谈到海德格尔的真理观时,往往都会引述海德格尔上述在《存在与时间》中的这个说法,批评他露骨的唯心论的唯我论立场。

现在的问题是,我们究竟应该怎么理解这一立场?海德格尔《存在与时间》的基础存在论中的核心立场真的是一个唯我论的立场吗?如果我们细究起来,我以为通常的理解和批评在这里混淆了“本我”和“唯我”这两个在本质上有所不同的概念和立场。在哲学上讲,“唯我”与“本我”都属于哲学形而上学中的一种主体性立场。但主体(subject)这个概念,实际上在近代之前,更多的是指向“基底”,或者说是“放在下面的基体”的意思,它不同于我们今天讲的“认知主体”。因为从笛卡尔到康德哲学以来的传统,都把作为认知主体的“我”当作最根本的“基础”或者“基石”来看待,所以中世纪拉丁文中的这个“subject”就变成了今天“主体”的理解。但是,如果我们对海德格尔的“基础存在论”中的“基础”一词的意涵做一个“唯独性”和“本源性”的分梳,前者讲的是“立足于……”和“决定于……”,而后者说的则是“来源于……”,前者说的是“唯我”而后者说的是“本我”,那么,海德格尔《存在与时间》中的基础存在论的立场定位以及其和哲学史上的其他哲学学说的关系就会变得更加清晰。

在这个意义上,我会说海德格尔的基础存在论所持的是一个哲学“本我论”的立场,而不是一个哲学“唯我论”的立场。两者之间的根本

---

① [德]海德格尔:《存在与时间》(中文修订第2版),陈嘉映、王庆节译,熊伟校,陈嘉映修订,北京:商务印书馆,2016年,第314页。(本书关于此书的中文引文,除特别标明外,均参照此译本版本,译文或根据德文有少许更动。)

区别在于“唯我论”在哲学上强调宇宙皆备于我或我心，而我或者主观精神是万事万物之所以存在，所以被认识理解，所以有意义的全部根据和最后目的。相形之下，“本我论”的立场没那么极端，没有走得那么远。本我论的主体主义或者“基底主义”虽然也强调“我”在周遭世界意义形成和真理开显中不可或缺的奠基性作用，但这同时也只是一个初始的基础，或者更确切地说，这是任何严肃哲学发问和思考所必经的跳板，通道和枢纽。探究和发问存在问题离不开我的存在，但这并不意味着完全决定于我的存在。海德格尔基础存在论的哲学贡献并不在于提出了“我的存在”，而在于如何理解这个“我的存在”以及如何定位其在发问存在问题中的关键性位置和作用。无论我们的哲学家们将这个“我的存在”理解和解释为“感性的存在”“理性的存在”“意志的存在”“精神的存在”“实践的存在”，还是“在—世界—之中—存在”，存在问题的发问都离不开这个“我的存在”或者“亲在在世”这个“初始点”。这是个根本性的区别。换句话说，“本我论”强调的是，它仅是一个枢纽或入口，而并不是存在的全部根基和最终渊源之所在。所以，从“唯我”的立场出发，这就是全部根基和渊源所在，而从“本我”的立场说，它只是一个通道，尽管是一个必需的通道，但它还不是全部，甚至可能有朝一日，成为不是独占的和最重要的。

正是在这个意义上，西方哲学从康德开始到新康德主义哲学和胡塞尔的现象学，再到海德格尔的《存在与时间》和他的《康德书》，一直都延循这样一条“本我论”的道路进行思考和哲学立场的构建。这也是为什么学界这么多年来一直在争论康德哲学中的物自身的位置和性质，以及胡塞尔现象学究竟应当被归于唯心论还是实在论的主要原因。当然，海德格尔的本我论和前两者都有明显的不同。与主流的康德解释相比，尤其是与新康德主义的知识论解释相比，海德格尔的本我或者主体主要不是指认知的主体,即以现代理性和逻辑思维为根本特征,并通过知识划界而确立自身权威地位的知识主体。海德格尔的“亲在”和它区别开来。海德格尔甚至也不像他的老师胡塞尔那样,通过将笛卡尔或康德式的认知主体还原为所有意识行为,甚至包括潜意识和下意识行为在内的作为其源头的纯粹意识,从而最终走向某个先验论主体或者超越论主体。海德格尔的作为亲在在世活动的“主体”,更是存在论意义上的具有解释学意味的“起点”或“本源”。它不仅超出人类的理性认知活动,而且超出一切形式的意识活动。它是包括一切认知活动和意识活动在内的,涵盖一切人类生存在世活动的此在或者亲在活动,即亲临存在和亲临存在的活动,这才是海德格尔对主体的定位。在这里,如果有“自我”,那一定是一个活生生、整体性的和源发性的东西,这个东西源始地关涉并通向存在本身。所以在海德格尔看来,唯有将“自我”理解为 Dasein 或者亲在,并从亲在的生存在世的存在论分析,而非认知主体或者意识主体的先验论分析入手,我们才能真正进入存在本身的发问。

沿着这一道路,海德格尔将亲在命名为在世界之中与他人共在,并赋予其在存在论及存在者层面上的双重优先地位。而这样一种关于亲在之存在的哲学研究,海德格尔称为基础存在论,或者亲在的解释学。如果我们在阅读中足够敏感的话,我们会发现《存在与时间》中只有一句话重复出现了两次:第一次是在导论里面,第二次是在结尾部分的最后一节。而这两句话作为同一句话,它是这样说的:“这个基础存在论或者亲在的解释学作为亲在的生存的分析论,将一切哲学发问的主导线索的端点,固定在这种发问所从之出,且向之归的地方上。”[①]它既

① [德] 海德格尔:《存在与时间》,第 54 页、587 页。

是起点，又是一个终点，它是一个循环，所以我前面讲它是一个循环中的中点，而不是一条直线的“逻辑推演”的结论或“终点”。海德格尔也把它叫作“解释学的循环”并在存在论生存论的意义上来解释它。也正因为如此，海德格尔以亲在在世活动为核心的生存论分析工作，一方面可以被看作是近现代西方主体性或者本我论哲学传统的一个延续，但这个延续又不能被理解为简单地重复，它的重要意义更在于将自笛卡尔以来一直占据近代哲学主流地位的知识、精神、意志或意识的主体论和本体论推向了极端，从而使得突破这一主体性或本我论的哲学可能性得以第一次真正地显现出来。

科学时代的“哲学不思”

前面讲述的是海德格尔对整个西方哲学传统关于存在问题发问的一个批判性的，或者一个颠覆性的思考，它一方面是这个传统的一个最极端的体现。而正因为它是一个最极端的体现，所以它自身有可能突破这个传统。海德格尔后来又把这个传统叫作形而上学的传统或者哲学的传统。海德格尔晚年有一篇非常著名的文章，叫作《哲学的终结和思的任务》，对这一思路做了总结性的论述。哲学的终结讲的就是这样一种认识论的思维方式——主体性的思维方式，达到了极端，而正因为它达到了极端，所以哲学的终结就完成了。但是，这个终结的完成意味着另一开端，或者另一个开端的可能性开始出现，这个开端海德格尔把它叫作“思”的开端或者“思”的任务。海德格尔认为在我们这个时代，虽然我们号称是理性的生物，是爱智之人，但实际上空有其名而不实。海德格尔还有一个非常骇人听闻的论断。他说，在我们这个时代，科学不思，就是说科学不思考。他在什么意义上这样讲？他甚至也说在我们这个科学昌明繁盛的时代,哲学也不再思,所以他要呼唤真正的哲思。而真正的哲思就是要从思考我们人的存在出发,去发问存在本身,因为我们人的生存天生地就连着存在本身。他晚年还写了一部著作,书名就叫《什么叫思》,"叫"这个词在德文里面很有意思,"Was Heiβt Denken"? 这个"叫"(heißsen)一方面有"是……名字"的意思,所以,我们也可以来这样翻译这个书名:"什么'是'思想?"但另外一方面,"heißsen"还有"叫""召唤""呼唤"的意思。海德格尔想强调通过这个"是",通过这个关于"思想的存在"的考察,去"召唤"思想或哲思的新的开端。所以,海德格尔的"什么叫思?"或者"什么是思?"恰恰是在"召唤"一个和我们今天的科学、技术时代不相同的另一个时代。在这个意义上,我会把海德格尔的哲学基础存在论的尝试称为对未来时代哲思的呼唤、召唤和等待。在这个意义上,我们又说海德格尔堪称是时代的先知。

第一编

存在思想的林中迷津

第一节 海德格尔、存在问题与创新性思维*

“存在问题”与“存在的意义”，这两个词乍一听来，好像跟我们没有太大的关系，也挺神秘和遥远，但实际不然。我们每一个人都是一个存在者，我们面前的手机、桌子、水杯也都是一个个存在物。“存在”这个概念和我们的日常生活，片刻不可分离。我们关于存在的观念，对存在的理解，以及对存在意义的把握，和我们的生活、工作、娱乐密切相关。我们需要领悟每一个生命个体或存在实体究竟怎么发生，如何成长和发展。当它们遇到问题和危机时，也就是遇到“挫折”“死亡”或“不存在”的威胁和危机时，如何去克服、闯过去，存活下来、长存下去。换句话说，我们人作为活生生的“存在物”，经常会不由自主地去发问，如何才能活得有意义、有个性和特色，不平庸，而且能够创造辉煌和实现卓越。这些问题，都和我们对“存在问题”本身的发问与“存在意义”的理解有着根本性的关联。

让我们从三个方面对这个问题进行思考。第一，我会从一个典型

* 本节是根据 2017—2018 年间关于相似主题的几个讲座报告整理而来的文稿。讲座分别在浙江大学人文高等研究院、北京林业大学人文学院和基石资本 2018 年会上进行。

的哲学形而上学的问题讨论开始，即为什么存在者存在而无反倒不在？这个问题如果用更浅白一点的中文来表达就是：为什么是“存有”而非“没有”？对这个哲学问题的理解和回答，涉及我们人类看待世界的角度和做事情的方式。应该说，我们人类的全部存在和生存意义，自古以来，都不断被“锚定”在不同的“存在”层面上。这些层面，用哲学的话说，可能是所谓“客观存在者”的层面，可能是所谓“主体自我”的层面，也可能是“存在本身”的层面，而对这些不同层面的显现和拓展，不仅反映了我们人类哲学思想的变化和历史进展的过程与层次，也决定着我们当下每个个体存在的眼界和自由的生存境域。因此，对这些不同的存在层面及其关系的思考，与我们要讨论的另一个话题，即“创新性思维”，紧密相连。

第二，我会试着去追溯马丁·海德格尔关于存在问题的哲学思考和历史渊源。海德格尔的思想，在很多人眼中是今天形形色色的后现代哲学思想和思潮的一个先声和源头。他的思想，加上他在政治生活和个人生活中的种种“失误”甚至“劣行”，今天仍然遭到不少人的反感、非议和批评。作为哲学家和思想者，他常常被认为是一个“破坏者”和“搅局者”。我在此并不想为他的“劣行”辩护，而只是在思想层面提醒大家，一方面，哲学的本性本来就是“不安本分”和“不合时宜”。当年的苏格拉底与后来的笛卡尔，甚至耶稣基督，在成为“主流”之前，都曾经是“搅局者”和“异端”。正因如此，也许从另一方面来看，海德格尔或可被视为未来或者正在到来的新时代的一位“先知”。

第三，我将在前面两个话题的基础上进一步讨论“哲学”与“创新”之间的关系。我会用一些科学和技术创新的实例来帮助说明这一点。例如，大家都知道创立苹果电脑公司的乔布斯（Steve Jobs，1955—2011）是一个创新者，他也是一个非常成功的企业家。苹果智能手机的出现，或者说它的“出现”和“存在”正在改变，而且还将继续改变我们今天每一个人的行为方式和生存方式。现在很多人从各个方面来研究“苹果”之“存在”的“秘密”，但似乎很少有人注意到乔布斯的哲学思想。乔布斯曾经有一句名言：我愿用我全部科技换取和苏格拉底相处一个下午。在乔布斯的心目中，哲学家苏格拉底的地位是非常高的。我们来看一看，我们现在所谈的这样一个关于哲学、关于“存在之意义”的话题，和我们现今的创新性的思维和生活可能会是个怎样的关系？

一、哲学的一个本性在于“非同寻常”或“不合时宜”

首先让我们从一个特别哲学的命题开始。通常人们看到这个命题就会犯晕：为什么是存在物存在而无反倒不在？这个问题据说是德国哲学家莱布尼茨（Gottfrid Wilhelm Leibniz，1646—1716）提出来的，他为什么提这样的问题？对于哲学家来说，存在或存在物，或者我们的世界上存在着的各种各样的事物，它们的存在究竟意味着什么？哲学所要探讨的最根本的问题无非就是：这些存在物是否真的存在？它们如何以及以怎样的方式去存在？而存在本身的意义又是什么？大到日月星辰、山川河流，小到我们每一个个人，每一个原子、粒子，都是一种存在。不过，哲学家要问的不仅仅是这个或那个存在物的存在，而是要问存在本身是什么。这个或者那个具体的存在物怎么就“在”成了这个或那个样子，而不是这个或那个样子？对一般人而言，这个问题很“烧脑”、很抽象，似乎也很遥远和无趣。

哲学家们是怎么来谈这个问题的呢？首先我想引用两段海德格尔的说辞。海德格尔首先说：进行哲学活动或者哲思活动意味着去追问，“究竟为什么存在者存在而无反倒不在？”这句话也可以用另一种方式去发问，那就是：怎么这个存在者就存在了，而不是不存在？或者，怎么这个存在者竟然是以这样的方式存在，而不是以不同于这个样子的方式存在？

比如说，我们讲阿里巴巴或苹果公司。大家都知道，“苹果”或者阿里巴巴这些公司有某种特别的存在方式或存在模式。但怎么阿里巴巴是这样存在着，而不是那样或别样存在着呢？或者为什么苹果手机是这样的存在，而不是那样的存在呢？是乔布斯与马云一类的天才或者“鬼才”们从一开始就“设计”好了的吗？我们知道，他们都曾经坦承过“不是”。那么，阿里巴巴或“苹果”这些存在者的真正机制，或它们存在的“根据”是什么呢？或者说，一个“真”人、一个“英雄”，一个有个性的个体，他怎么就是这样的存在，而不是别样的存在？他为什么就不按一般“常人”的样子去存在呢？这就是哲学家们追问的问题。

海德格尔说，这一追问实则意味着通过揭露那个问题所力求询问的东西，去穷究与彻底追问在这问题中的无穷无尽之物。哪里出现了这样的活动，哪里就有哲学。

按照这样的讲法，哲学在根本上不是讨论存在物的，而是要讨论存在物的“根据”或“根源”。有人说，照这样讲来，哲学就没什么用。现在让我们看看，海德格尔是怎么回应这个说法的。海德格尔说哲学的一切根本性发问必定都是“不合时宜”的。之所以会如此，乃是因为哲学或者远远被抛掷于它的现今之前方，或者反过头来，将这一现今与其起初的曾经联结起来，哲学活动始终是这样的一种知，它非但不会把自己弄得合乎时宜，相反它要将整个时代置于自己的准绳之下。① 这是哲学家自古以来的一个理念，即强调哲学自身的高度。哲学从来不以是

① 参见[德] 海德格尔：《形而上学导论》（新译本），王庆节译，北京：商务印书馆，2015 年，第 10 页。

否迎合当下现今，或是否合乎时宜为准绳，它只会走在时代的前面。

二、“存在问题”的希腊源头

让我们回到关于存在的问题。古希腊的柏拉图说过一段话，这段话非常有名，海德格尔把这段话放在他著名的《存在与时间》全书的扉页上。这段话是这样说的：当用到“是”或者“存在”这样的词时，虽然我们早就很熟悉这些词的意思，也曾以为自己是懂得的，但现在却感到困惑不安。①

的确，在我们的日常生活中，“存在”或“是”这个词我们每时每刻都在使用，我们时时刻刻都离不开跟它打交道，但是它的意义却从一开始就非常的让人困惑。举例来说，“存在”或“是”在英文或西方其他主要语言文字中就是“to be”，一般我们将其称为“系词”。我们在日常说话的时候离不开它，但我们很少会直接说到它。我们只会说“I am ...”，“that is ...”，或者“you are ...”，就像我们看东看西，到处用眼睛去看东西，但从来看不到自己的眼睛一样。这些个“am”“is”“are”在我们的日常谈话中无处不在，但“to be”本身则通常不说出来。尽管如此，“to be”总是而且从来都是在那儿的。究竟什么是“to be”呢？一个东西的“to be”，我们怎么去思想它？怎么去规定它？这就是哲学中的那个最古老、最源本、最重要而又最让人困惑不解的疑难问题。

哲学史上把对存在问题的发问和思考称为“存在论”或“本体论”，加上同一层面的相关问题的探讨，统称为“形而上学”。例如，在英文中这两个词分别是“ontology”和“metaphysics”。“onto”在原本希腊文中

① 参见[德] 海德格尔：《形而上学导论》(新译本)，王庆节译，北京：商务印书馆，2015 年，第1页。

就是“存在”的意思，而“metaphysics”从“physics”而来。“physics”今天我们叫“物理学”，在古希腊时，这是泛指所有关于“物”的学问或理论。“meta”的意思是说“在……之后”，在哲学中，“后”这个前缀后来就被赋予“超越”或者“高阶”的含义，汉语则将其翻译和理解为“形而上”，与“形而下”相对照和对应。“存在论”和“形而上学”在传统的哲学研究中一向被视为是哲学皇冠上的那颗明珠，享有至高无上的地位。几乎所有哲学的其他主要分支都在其根本意义上离不开形而上学关于存在问题的研究和思考。例如知识论探讨我们有关知识和认知的基本问题，但我们不能说其他的科学学问不探讨知识问题呀？哲学知识论与科学认识关于知识探讨的一个根本性区别就在于，所有的科学知识，无论是自然科学的学科诸如物理、化学还是数学，乃至社会科学中经济学、社会学等，都以追求真理为最后的目的，而哲学知识论，则首先要探讨什么**是**真理，什么**是**知识。同样，哲学伦理学首先不是去教人如何去做“好人”，做“好事”，去扬善去恶，而是去发问什么**是**“好”和“坏”，什么**是**“善”和“恶”。美学是研究什么**是**“美”和“丑”。还有逻辑学（Logic），它研究和回答什么**是**“有效的”论证，什么**是**“悖谬的”和“无效的”论证。于是，正是由于对“**存在**”或“**是**”的问题发问，哲学家的哲学思考与科学家、逻辑学家以及艺术家的知识探究与创造，与人伦导师的道德说教与善行区别开来。

三、柏拉图的“相论”与亚里士多德的“实体说”

历史上关于存在问题的哲学探讨和思考构成了古希腊哲学的主线，其中第一次系统的回答是在著名哲学家柏拉图和亚里士多德（Aristotle，384BC—322BC）那里找到的。简单来说，柏拉图关于存在的学说就是他的“相论”。在他的著名对话录《理想国》中，柏拉图用了三个“喻象”来说明他的“相论”。其中的一个“喻象”在历史上被称为“线段喻象”。现在让我们来看看柏拉图是怎样说明这个理论的。在柏拉图看来，我们的世界可以从两个方面来看，一个是存在的方面，一个是知识的方面。无论存在的方面还是知识的方面，都有两个“世界”，即真实的和现象的、知识的和意见的世界。真实世界又是永恒不动的，而现象世界则变化不已。现象世界又被区分为“经验事物”和“摹仿”，后者指的是艺术的摹拟，这些都属于虚幻不实的存在，只是不实的程度有所不同罢了。对应于现象世界的认知是意见，其中又分为信念和想象。信念就是我们今天所讲的科学经验知识，而想象则属于艺术知识的范围，但在柏拉图那里，都还不能称为知识，更不用说是真理性知识了。超越于现象世界的是实在世界，与实在世界对应的则是知识，而非意见。实在的领域又被划分为抽象的数的领域和最高的“概念”或者“理念”，又称为“相”。与之相对的知识领域则为数理理智和辩证法，即哲学。这里的辩证法不是在我们今天方法论的意义上使用，而说的是通往存在本身的知识途径。这样，我们的世界从存在方面说就被划为摹仿物、感觉事物和数、相四个层次，而知识则被划为想象、信念和理智与辩证法四个层次。而且，这四个层次分别属于实在与现象、知识与意见两个截然不同和被分割的世界。在《理想国》中，柏拉图将一个竖直线段划分为四个不等的线段，试图用它来表明，我们的世界和知识的真实都不是“锚定”在感觉和虚幻的世界上，而是超越于现象界，“锚定”在以我们的数学和哲学辩证法知识为核心的实在世界之上。这个真实的“相”的世界和我们现存的经验和现象的世界之间不仅毫无依赖性干系，而且它反过来是经验世界和经验知识的“原本”和根据。经验的世界，更不用说那些在想象中构造的艺术世界，只是虚幻的和有待数学理性和哲学理性加以抛弃和克服的"阴影"。

亚里士多德是柏拉图的学生，也是那位对自己的老师说出那句"吾爱吾师，但更爱真理"名言的希腊哲学大师。和他的老师坚持存在必须通过抛弃经验的现象世界，而"锚定"在超越于现实的"理念"或"相"之上不同，亚里士多德认为"理念"不可以完全离开现象界独立存在。"理念"通过现象显现，而我们通过对现象显现的观察和认知，达到对事物存在之本质的认识和理解。这就是亚里士多德著名的"实体"学说。存在着的首先是一个个看得见、摸得着的"实体"，例如"这匹马""这座山""这个人"，存在着的还有"马""山""人"这些实体概念，甚至"第一推动者"这样的神。那么"存在"与"存在着"是怎么回事呢？为了回答这些问题，亚里士多德分别提出了"范畴"说和"四因"说来具体建构自己的"实体存在"学说。我们不妨说，"范畴"理论是从人类语言逻辑言说的角度来看存在和存在着的事物。例如关于"这匹马"，我们会具体描述"这是一匹赤红色的马""这是一匹战马""这是关公的战马"……从存在的角度来分析，"马"为实体，而"赤红色的"，"战"以及"关公的"都是"这匹马"之实体的属性；从语言的角度来说，"马"是主词，而后面的都是"这匹马"这个主词的"谓词"，即在语句中"述谓""这匹马"的。实体通过它的属性得到呈现，主词通过它的谓词得到规定。如果说亚里士多德的"范畴"学说是对一个事物"存在"的静态和解构描述与分析，他的"四因"说则是对之进行动态的和发生学的考察。任何一个事物或者事件的"存在"，都有其发生、成形和发展的过程，有其发生的缘由和朝向的目标。亚里士多德将之总结为质料因、形式因、动力因和目的因。也就是说，一个存在的质料、形式、动力和目的，确定了它之为它那个东西的"存在"。柏拉图和亚里士多德的"存在"学说结合起来，加上中世纪哲学关于上帝这个最高实体的"存在"，以及上帝与自然和人的关系的学说，就构成了西方哲学史上关于“存在”学说的正宗和传统。

四、康德与存在论上的“哥白尼革命”

人类思想史上关于“存在”观念的转变是从视角的转变开始的。以柏拉图、亚里士多德为代表的古代存在论的传统基本上是一个实在论的传统。换用我们熟悉的话来说就是，万事万物是某种外在于我们人类意识的存在，不以我们关于它们的意志为转移，这个传统我们又叫作“唯物论”的传统。实际上“唯物”“唯心”是个现代的说法。按这个说法，亚里士多德是正宗的唯物论，柏拉图虽然被叫作“唯心论”，但他是“客观唯心论”，也就是说，他讲的那个“相”，虽然看不见、摸不着，但也绝不以你、我，甚至全部人类的意志和意识为转移。

这个视角的转变从近现代哲学的开山鼻祖笛卡尔那儿就开始了。黑格尔（G. W. F. Hegel，1770—1831）曾经因此将笛卡尔的“我思故我在”的命题视为全部西方近现代哲学的开端。德国哲学家康德的“先验论哲学”应该说在理论上是这个近现代视角的总结和完成，在其著名的《纯粹理性批判》（*Critique of Pure Reason*）中，康德将其称为哲学中的“哥白尼式的转向”或“哥白尼革命”。

在康德看来，当我们讲我们跟外部世界的对象打交道，实际上并不是真的像刚刚提到过的亚里士多德所说的情况，即一个存在物有它自己独立的时间、位置、原因、过程这些相关要素。因为这种假设在哲学上困难重重，并不能得到充分和彻底的论证。康德因此说，我们不妨学学哥白尼，将视角倒转过来，即不是“太阳围绕地球运转，而是地球围绕太阳运转”。同理，我们所谓的人和外部对象打交道，实质上是和我们去认知这些对象的方式在打交道。康德将我们的这种方式叫作

"先验的"。[①] 我们所把握的关于世界的科学经验和知识实际上都是这种"先验认知"的结果。于是，这样理解的"先验"就成了康德所说的"在经验之先而又使得经验成为可能"的东西。按照这样的理解，我们传统上关于我们的经验认知、科学知识的"对象"概念就发生了变化。"对象"这个中文译名非常好，它传达了康德所用的德文词的含义，即那个"站在我们对面的东西"。那么，谁使得这个存在以这样的方式，而不是以那样的方式站在我们对面呢？实际上就是我们自己，所以哲学就开始转向了，从和客体打交道，转向了和这些客体对象打交道的主体的交往方式，即我们的认知方式。有人说这是唯心主义，但实际上事情并不是那么简单。

按照哥白尼转向的说法，我们看到的世界实际上就是我们想看到的世界，或者我们能看到的世界。我们的理智、认知就像一束拿在我们手中的手电筒的光。我们人看到的，认知到的其实只是这束光照亮的东西。康德想以此来讲清楚人类的经验和科学知识究竟是如何可能的，以及在什么意义上是不可能的。"如何可能"是因为我们去看自己让自己看到的东西，所以我们就会看得很清楚。"如何不可能"是因为我们的所思所想往往超出了我们理智之光的界限，所以导致"幻相"和"悖谬"。

当代天体物理学家霍金曾经著有一本名为《时间简史》(*A Brief History of Time*)的书，非常著名。他在另一部名为《大设计》(*The Grand Design*)的书里描绘了一条金鱼看到的世界，这也很著名。透过玻璃缸，金鱼眼中的世界是"扭曲的"。很明显，金鱼认识实在世界的途径和我们不同，但霍金说，我们很可能也处在一个巨大的金鱼缸中。换句话说，人类认识真实世界的途径可能并不是唯一的，金鱼眼中看到的

---

① 参见[德] 康德：《纯粹理性批判》，李秋零译，北京：中国人民大学出版社，2004年，第2版序言，BXVI—BXVIII。(本书中关于此书的中文引文，除特别标明外，均参照此译本，但页码据德文标准本，译文或据德文有少许更动。)

和人类眼中看到的世界景象也许是同样有效的实在。霍金的这个说法实质上就是康德的那个观点，这也是现代科学的观点。我们看到的和认识到的就是我们自己想看到和能看到的东西。我们看上去是在跟外部实在世界打交道，但实际上，我们与之打交道的更多是我们自己与外部世界打交道的方式而已。所以我们要回过头来研究我们人类自己，研究我们和外部世界以及对象打交道的方式。

如前所述，我们人类的全部存在和生存之意义，自古以来，被不断地"锚定"在不同的"存在层面"上。如果说以柏拉图、亚里士多德为代表的古代哲学将我们关于存在的理解锚定在外在的实体性存在上面，以笛卡尔和康德为代表的近现代哲学则将之锚定在作为主体的实在之上。尽管对于这个主体，哲学家们各有各的说法，譬如"感性自我""逻辑主体""先验自我""纯粹意识""绝对概念""实践中的人""科学家共同体"等。

五、现象学的"看"与萨特的"鸡尾酒杯"

在当代西方哲学中，以胡塞尔(Edmund Husserl，1859—1938)和萨特(Jean-Paul Sartre，1905—1980)为代表的意识论现象学哲学家们实质上是沿着康德的道路往前推进。现象学的口号叫"朝向事情本身"。这句口号中的一个重要意涵就是：康德哲学所"锚定"的在我们科学经验和知识范围内的实在，也许并非真正的存在。所以，必须将这个由于我们人类的"自然取向"而划定的界域之边界"悬置起来"和"加上括号"。换句话说，眼见未必为实，貌似不是实事，必须回到"事情本身"，这就是所谓现象学的"看"与"还原"的真谛。

在我看来，当胡塞尔用意向性的超越论意识论分析取代康德的"先验统觉"的先验论知识论分析之际，就将西方哲学关于存在问题的思考推向了一个新的更广、更深的向度。下面，让我们用那个流传甚广的法国存在主义现象学哲学家萨特关于“鸡尾酒杯”的故事来说明这一点。

这故事带我们回到20世纪30年代初，当时的萨特尚未成名，只是个整天在巴黎街头泡酒吧和咖啡馆的文学、哲学青年。有一天，他和他刚从德国回来的老同学和好朋友雷蒙·阿隆（Raymond Aron，1905—1983）去酒吧喝酒，听这位朋友谈当时在德国兴起的现象学。阿隆后来也成为战后法国著名的社会学家和思想家。据说阿隆指着面前的鸡尾酒杯对萨特解说现象学的“看”和“回到事情本身”。按照阿隆的解释，这个面前的杯子首先而且并非仅仅是在我们“看到”它那个样子时的存在，也非在我们关于杯子的范畴概念之框架下的存在。我们的感官感觉，甚至思想概念仅只“看”到某一个层面的存在，例如它的正面、前面或外面。实际上，它的看不见的背面、下面、上面、里面，还有它的过去、未来，它的诸种因缘关联实际上伴随着你的“看”而一同在场或到场了。我虽然没有看见，或者说对其没有清醒的认知或认识，但它存在，也许不在我们的科学的和概念的认识中，但在我们的自由想象的意识和下意识、潜意识中已然存在，而且，它真正是我们得以认清和知道这个杯子的背景条件和视域可能性。正是在我们的这一“看”中和通过这一“看”，杯子的“事情本身”或者存在显现出来。据说萨特听完阿隆的这番说道，当时感到无比震撼，他当即意识到，这就是他所要寻求的新哲学。于是打定主意，立马去德国学习现象学和存在主义哲学，从而成就了当代哲学史上的一段佳话。

六、哲学理性的“丑闻”与“缸中之脑”

无论胡塞尔还是萨特，都或多或少地看到传统的哲学知识论和哲学、科学理性在处理“存在”问题上的局限。但他们在根本上还是从意识论分析的角度来探讨存在问题。应该说，意识论分析，特别是胡塞尔和萨特的现象学超越论的意识论分析，打破了传统所谓知识与意识，理性与非理性，认知与情感，意识与前意识，我心与他心，甚至心灵与身体之间的绝对差别。但这些突破仍然是在自我甚至纯粹意识的哲学旗号下进行的，尽管这一自我或我思已经是现象学哲学意义下的“超越论自我”。于是，自我的问题替代了存在问题成为哲学思考与论辩的核心。然而，存在的问题依然存在，没有消失，只是现在这个立基处锚定在了自我或纯粹意识上。

康德自己并不是没有意识到这个问题，不过，这个存在与自我的关系问题在他那里是以“物自身”或者“外部世界存在证明”的问题形式表现出来的。如果外部世界存在的一切意义都系于自我，那么，无论这个自我被还原得多么纯粹和超越，我们都无法简单地去认识或者证明在我们之外有一个外部世界存在。更有甚者，我们简直连在我们之外这个话都说不出口。正因如此，康德曾将哲学史上哲学家们的一再尝试此证明的失败调侃为所谓高大上的哲学理性的“丑闻”或者“荒唐”。

现代哲学企图将存在的意义锚定在自我上。不仅存在本身无从着落，这个自我本身也危机重重。我们甚至对我们这个自我究竟为何也无从得知。关于这一丑闻和荒唐的最新表现出现在20世纪80年代哈佛大学哲学系教授普特南（Hilary Putnam，1926—2016）提出的一个著名的思想实验中。这个思想实验被命名为“缸中之脑”，说的是我们每一个正在进行着思想或其他意识活动的主体，例如我和你们，以为我们正在进行某个活动，例如我在这个大厅演讲，你们在听讲。但实际的情况则可能是，我是个被装在一个充满营养液的缸容器中的大脑，上面被脑科学家们植入了各式各样的电极和导线，通过这些，科学家们在输入各式各样的信息和电流信号，结果让我以为我是坐在这个大厅里听报告和进行交流。再假设我们一生的所有活动，包括我们的吃喝拉撒、生老病死、喜怒哀乐，我们的亲情、爱情、友谊、工作……我们之前以为“实在”的一切，都是这个“缸中之脑”的杰作。因为我们根本不可能排除这样的可能性，所以，我们关于世界和他人存在认知和意识的所有一切，似乎都建立在一种海市蜃楼般的虚幻之上。在这里我们似乎进入了“庄周梦蝶”的境地，究竟是“庄周梦蝶”还是“蝶梦庄周”？我们压根儿就不知道。

七、海德格尔的釜底抽薪

主体与客体，存在意义的锚究竟下在何方？如果锚定在客体的方面，存在的意义当然就有了实在的着落。但问题在于，什么叫客观实在？康德以来的哲学思考告诉我们，这些所谓的客观实在，诸如亚里士多德的“实体”，甚至柏拉图的“相”，都不过是主体或自我按照一定的方式建构出来的东西。它们或者是主体的意识活动的意向相关项，或者是主体的语言判断活动的意义实现而已。将存在的全部意义归于主体和意识，其优越的地方在于我们可以充分展现和论证作为人的存在的自由和创造性、建构性精神，即“吾心即是宇宙，宇宙即是吾心”。但这样的哲学，在根本上会很难摆脱超越论的“唯我论”噩梦，或者很难真正地回应诸如“缸中之脑”的思想实验所带来的存在论困扰与怀疑论诘难。

如何“突围”和摆脱困境？海德格尔给出了一条新的思路。我们不妨说海德格尔的思路有两个与众不同的特点。

第一，实在或存在的问题首先不是一个认知或知识的问题。如果我们从一开始将之视为一个认知，无论是感性认知、理性认知还是镜像式的语言判断过程,而且我们如果不想陷入“唯我论”,那必须从一开始就要预设有一个主客、内外两分的认识论架构。这个架构势必生发出如何能够从主到客、从内到外的超越或逾越的难题。海德格尔的方法可谓釜底抽薪,他根本就不承认这一主客、内外两分的合法性和源初性。存在首先并非通过认知判断或意识意向这些活动去达成和达到的。相反,认知、判断以及意识,尤其是数理和科学经验式的镜像式认知和判断方式,以及心理意向性的意识生成方式,却是我们的生存和存在方式的变形。这些智性和心理活动的生存方式,在我们人类的全部生活和生存活动中固然很重要,而且也变得越来越重要,但还谈不上是我们人的最原本和最基本的生活、生存和存在的方式,它是从我们基本的、活泼泼的生活、生存方式中衍生出来并为之服务的。所以,我们本来就跟这个世界在一起,是一体的,只是我们的认识把我们跟世界分割开来了而已,认识的界限并不就是存在的界限。因为我们本来就在存在中,我们不需要在哲学上先去假设一个主体自我,以及一个与此主体自我相隔离的客体世界,然后再去力图证明这个客体世界如何可能独立于主体而存在。海德格尔将这个传统理解的认知性、反思性的主体自我理解、改造为生存着的自我,并赋予它一个特别的名号,称之为“此在”或者“亲在”,即“在此生活中的”“在此存在中的”“我”。[①] 这个“我”

① “亲在”是海德格尔《存在与时间》中最主要的哲学概念 Dasein 的最早中文译名,为熊伟先生首创。尽管在《存在与时间》的中译本中,鉴于具体翻译实践上的考虑,陈嘉映先生采用“此在”作为 Dasein 的主要中文译名,但我们同时也认为,“亲在”一词,颇得海德格尔神韵,在理解和阐发海德格尔哲学方面,有其独到之处。因此,我在大部分有关海德格尔的文章中,仍沿用“亲在”一词。而且,我赞同陈嘉映先生的观点,像 Dasein 这样重要的哲学概念,两三个基本译名共存会有助于中文读者从不同的角度来理解其深意。关于我坚持沿用亲在一词的理由以及对这一问题的详细讨论。参见王庆节:《亲在与中国情怀》,载于熊伟:《自由的真谛》,北京:中央编译出版社,1995 年,第 383—387 页;陈嘉映:《也谈海德格尔哲学的翻译》,载于《中国现象学与哲学评论》第 2 辑,第 290—293 页。

作为“此在”或者“亲在”的本质就在于“在世界之中存在”。这个亲在本来就和世界交融、关联，甚至不分你我地纠缠在一起，所以就根本没有必要再从哲学上去发问，而且一再发问“如何证明外部世界存在”的问题。于是海德格尔说，康德讲的那个哲学理性的耻辱或荒唐，其实质并不在于我们至今尚未完成对外部世界存在的证明，而在于还一而再、再而三地期待着、尝试着要去进行这些证明。这里不妨套用禅宗的一个著名说法：本来无一物，何处惹尘埃。

第二，如果人的生命生存活动就是在“世界之中存在”的亲在活动，那他和这个世界的关联纠缠活动（认知和意识生活只是这些生存活动中的一种而已）就不是两个东西，而是同一个东西的两个不同的层面。进一步说，这个我们人类的生存在世活动赋予我们的世界以意义，但它作为一个整体，则是另外一个更大无限存在或者存在本身的一部分。我们的生存世界又只有在这个更大的存在大化中才能够通过自身的活动来突破自身，获得意义。这样，我们的前理论、前认知，甚至前意识的生存活动就拥有了存在论上的优先性，它一方面不再通过理论、认知和意识来说明，而是相反，后者往往要通过前者来说明和奠基。另一方面，我们人的生命、生存在世活动，就其本性而言，即是生生不息，不断去存在，从而超出旧有自身的界限，同时又是有限性、偶然性的存在。这种有限性、偶然性通过我们的“会死性”表现出来。这个“会死”不仅意味着我们每个个体的生命是有限的、偶然的，而且就整个人类存在而言，对于自然存在和宇宙大化，也是微不足道的偶然与有限。这种偶然与实然、有限与无限，以至于有无之间的界限或者“时-空境域”，才是彰显我们生存存在以及我们的宇宙间万事万物，包括我们的历史成就、科学认知、创新发明、建功立业的意义之所在。所以，我们前面所说的存在意义之锚，既不是定在绝对的客体，也不能定在纯粹的主体之处，而是锚定在这个有限的生存、生命存在与那个无限的自然大化的存在本身的“之间”，锚定在我们人不断地去“亲临存在”的地方，海德格尔把这个“之间”或“境域”叫作“亲-在”(Dasein)。

八、“虚拟现实”真是“虚幻”的吗?

很多哲学家现在认为，这个“界限”意识对我们人类思考和存在很重要。我们认识的边界则是由我们的语言边界来“划定”的。所以，维特根斯坦著名的“凡是不可说的，保持沉默”这个命题也许可以在两层意义上被解释。其一，哲学和思想仅在，而且仅能够与仅应当在对可理解和可言说的范围内活动;其二，对不可言说的，持一份敬重和敬畏式的沉默！对于这句话，我想海德格尔除了反对将传统概念判断型的命题式言说视为人类言说以及与之相应的人类生存和思想的最基本形式外，主要会在后一层的意义上把握和拓展上述名言的真正意涵。这里的思路、理解与康德的名言“我要限制理性，为信仰留下地盘”所想表达的意思是一样的。在这里，人类认知和理智型行动的界限并不等同于人类生存存在的界限，后者比前者要更深、更广，而且，前者唯有在后者的基础上才有可能。

不仅如此，就人类生存和存在的本性而言，我们甚至不可用界限一词来表达。实际上，这里不可以“划出”一道明明白白的静态的界限。这是一个动态的界域或者境域，或者用这个词的本义：地平线。我们的一切生存活动，包括理性认知和语言，都是在不断地“撞击着”这条“界限”，拓展着这个界域或境域，它也必然随着我们的生存性存在和认知性存在，不断延伸和拓展。

借助海德格尔关于人类在世生存以及和在存在本身相互纠缠中的

拓展前行的思路，我们现在来看看当今人们热烈讨论的虚拟实在的问题。什么是虚拟实在？我想问一个问题，虚拟实在真的是“虚拟”的，或者像人们日常理解的那样，甚至是“不真实”和“虚幻”的吗？“虚拟实在”是对英文词“virtual reality”的汉译。但如果我们去查查牛津英文大字典，就会发现“virtual”这个词有很强的“实际上的”“真正的”含义，这个含义后来被用来指称一种通过网络和电脑计算而打开的可能空间和实际存在域。而我们的汉语译名却取了它的“虚幻不实”的含义，这是怎么回事呢？原来这和我们对“实在”这个词的理解有关系。正如我前面提到的，这与我们将存在锚定在哪个位置有密切的关系。倘若我们的参照点是肉眼所见的现实三维空间和现在时间维度上的“物理实在”(physical reality)，那么，所谓虚拟实在的“虚拟”甚至“虚幻”才有几分道理。但如果我们不再将这个“实在”的基点锚定在我们的感觉认定的三维物理时空中的“现实”存在物，而是锚定在我们的亲在“在世界之中存在”中所可能遭遇和照面的一切过去、现在、未来的存在境域上，那么，我们现实中所实现的物理实在或现实事实就只能是所谓“虚拟实在”所实现出来的一种表层样式而已。这时，我们传统理解的“虚”“实”“有”“无”概念恐怕就都要发生根本性的逆转。[①] 实际上，我们前面讲到的所谓现象学的“看”，霍金的“金鱼物理学”以及“缸中之脑”的思想实验都已经或多或少地向我们预示了这一点。

九、小蚂蚁怎么不见了？什么叫“没有”？

如果按照上面的理解，虚拟实在实际上才是真正的实在，而我们

① 按照这一理解，“virtual reality”在汉语中译为“全拟实在”或“能拟实在”或许更为妥当。

常说这个所谓“现实”只是这个宏大无垠、充满无限生机和玄妙的虚拟实在中的一个“瞬间的切面”而已。这和我们古代哲人老子所说的道有几分类似。在哲学家老子的眼中，道乃玄之又玄、众妙之门。玄之又玄讲的是道的幽深玄暗，它超出我们所有的感知，理解和言说的光明之外的存在是深不可测的深渊；“众妙之门”讲的是道又是一切现实存在生发、生长的源泉，生生不息，永不枯竭。我们所有现实实在的意义、所有的创造、创新都从这个玄之又玄、众妙之门而来。

让我们现在来想象一个假设为仅仅生存在二维世界中的小蚂蚁的故事。大家知道，我们所能感受知觉的生活世界是一个三维世界或四维时空，在这个时空中存在的事物或发生的事件对于一个低维度的“物”来说是不可“想象”的。但如果二维的小蚂蚁也能“看”，那么它们所看到的东西，还是本来的那个东西吗？也许我们会问，什么叫本来？是二维蚂蚁的本来，还是三维人类的本来？这就像我们刚刚探讨什么叫虚拟实在一样。

我们再来看看，在这种二维蚂蚁“认知”的情况下，什么叫有？什么叫没有？二维蚂蚁生活在平面世界里，对它们来说，只有前后左右之别，没有上下的概念，当它们爬在墙壁上时，人认为它们是在往上爬，但对它们来说只是往前爬。再假设这群蚂蚁中出现了一只异类的三维蚂蚁，当它往上爬行时，生存于二维空间的其他蚂蚁就会觉得，这只进入三维空间的蚂蚁离奇地突然“没有”了，因为它们不能理解三维空间的立体概念。蚂蚁的认知系统被锚定在二维空间实在上，所以当它们爬到一个立体物上面时，它们也只会认定这是个平面，它们的“理解”无法超越平面的局限，为什么？因为它们没有三维的能力。小蚂蚁凭着平面的气味爬向食物，而当一个调皮的人类小孩将此食物从平面上拿起时，对于那些二维小蚂蚁而言，诡异的现象就出现了，蚂蚁们眼前的食物一下子就消失不见了。如果在这群二维蚂蚁里面出现了一个蚂蚁哲学家，它也许就会将这一现象解释为从“有”到“无”的奇迹。换句话说，在二维生物的蚂蚁世界中，倘若有某种类人的智慧潜能，那属于蚂蚁生活世界的“宗教”和“哲学”就诞生了，爱智慧的小蚂蚁就会去发问二维存在物的存在问题，即它存在的根据是什么。这时候二维世界中的生物脑中也可能就会出现诸如人类所讨论的上帝的概念或者哲学的概念，或者“有”“无”之争的哲学。所以，当我们谈论存在意义问题的时候，我们实际上是在谈论和思考存在与不存在的边界，是在谈论和思考有和无的问题。

中国哲学很早就在讨论有和无的问题。老子说“有无相生”和“有生于无”。中国古代文字中用来表述无的字还有不少，我们来看看它们之间的关联。例如，“无”常常被写作“無”，“無”下面这四点不是水，是火，是火在烧的过程。野火烧荒或森林大火过后的一片荒芜叫“無”。古诗说“野火烧不尽，春风吹又生”，所以这个“無”并非后来理解的绝对之“无”，而是“有”的开端和源头。还有跳舞的“舞”字和“无”也有关联。“舞”最早是讲远古巫师在进行宗教祭祀时做法术，舞动身姿，从而魂灵出窍，和上天鬼神沟通。所以，舞蹈艺术是从进行宗教仪式的巫师那里开始的。舞动时让人看不见、看不清，从而灵魂出窍，进入另一个“世界”。“亡”是什么？就是我们刚刚讲的二维小蚂蚁眼中的“没有”“看不到了”。在广东话中，有一个字叫“冇”。这很有意思，“有”这个字，没有了中间的两横就叫“冇”，这个字实际上是中原“没有”这两个字的发音连在一起。所以，“有”和“没有”、“有”和“无”之间并没有一个绝对的标准或界限。所谓“无”和“没有”，可能只是以另外一种形式去存在而已。

这样讲来，**“无”在很多情形下，并不就是存在的界限，只是人们当下认知的界限**。如果人能够跳出这个现有的、既存的认知界限，我们的眼界就会很快打开。“无”只是“没有”而已，它实际上还是“存在着的”。不仅如此，它还是我们一切现实存在的渊源，既是深渊，又是源头。自古以来我们实际上把存在与实在，即把“存在本身”与“存在着的东西”这两个概念混淆起来了，我们总是把存在意义的锚锚定在当下的“实在”上面，甚至“现实实在”之上。我们忘记了实在背后是存在这个东西。所以老子讲“有”“无”相生。这个“无”只是一种否定的“无”，意即它不是这个“有”、那个“有”，它因此是“有本身”，是所有的“有”成为这个“有”或那个“有”的根据和源头。

所以，存在并不局限在我们的感觉中，也不是仅由我们的知识、由人类现有的范畴体系决定的。它是我们所有的知识、所有现实实在的源头。也正因为如此，我们的生活和认知才可能有创新，才可以有创造。

十、海德格尔：搅局者式的哲学家还是新时代的先知？

说到这里，我们就回到了开始时提到的问题：如何看待海德格尔关于“存在问题”的思考和发问？在我看来，海德格尔实际上是对存在的意义问题给出了一个了不起的揭示，他不仅仅是一个来搅局的哲学家，而且更像一个新时代的思想先知。他在将近100年前就预告了我们这个以电脑网络的“虚拟实在”为起点的新时代的到来。

英国有一位哲学家，也是治思想史的大家以赛亚·柏林（Isaiah Berlin，1909—1997），他曾经有过一个非常有名的说法。他讲历史上的哲学家分为两类：一类叫“刺猬型”哲学家，一类叫“狐狸型”哲学家。狐狸型哲学家思想非常灵活，经常变换研究的主题，从一个问题跳到另一个问题。刺猬型哲学家则不然，一生一世只研究一个问题，锲而不舍，从不动摇。按照这个说法，海德格尔当然是一位“刺猬型哲学家”。柏林的这个分类明显是从研究目标和研究方法的角度进行，但若从哲学和思想研究的意义来说，我更愿将历史上的大哲学家们分为另外两类。一类是代表着一个时代思想或时代精神的巅峰，因而也是“巅峰型”哲学家。这类哲学家的工作是要说明这个时代的基本精神是“如何可能”以及“如何正当”的，他们的思想是为他们所处的那一整个时代奠基的，譬如康德哲学之于我们这个科学时代以及托马斯·阿奎那哲学之于中世纪的基督教时代，柏拉图、亚里士多德哲学则属于古代思想的巅峰。另一类哲学家则是哲学史上的异类或者异端。他们生来的任务就是搅局或者解构，是对现存的体系和其赖以为基的和不为人知的前提提出根本性的疑问，所以也最具有挑战性和批判性。他们中的大部分人都生不逢时，以失败告终。只有极少的几位，有可能一种新的世界观或新的哲学的开启者，成为未来主流的开端和先知，譬如笛卡尔的哲学。我们知道，笛卡尔是现代哲学的开创者，但笛卡尔在他那个时代被认为是异端，他处在中世纪和现代之间，对于中世纪来说，他是一个异端和破坏者，是一个搅局者，但对于科学时代而言，它是一位开局者、先知和先行者。在这个意义上，我们不妨也可以说，海德格尔对存在意义的发问也让他不仅成为旧时代的搅局者，更可能成为未来或正在到来的新时代的先知。

海德格尔有位学生，也是当代德国哲学中的一位响当当的人物，叫卡尔·洛维特(Karl Löwith，1897—1973)，他在20世纪60年代出过一本关于海德格尔的书，书名就叫《海德格尔：一个匮乏时代的思想家》。[①] 按照

---

① 参见 Karl Loewith，*Heidegger-Denker in duerftiger Zeit*，2nd edition，Vandenhoeck & Ruprecht，1960。

传统的理解，我们当今的时代是科学昌明、文化发达、物质富足的时代。历史上的任何时代都无法和其比较，怎么在哲学家的眼中就成了“匮乏时代”？海德格尔的另一位著名的学生是德国当代哲学法兰克福学派的领军人物。他叫马尔库塞（Herbert Marcuse，1898—1979），他的名著《单向度的人》[①]给了我们一个答案。因为这本书，马尔库塞和法国的萨特并列成为20世纪60年代席卷欧美的年轻人思想解放和社会反抗浪潮的精神导师。无论洛维特还是马尔库塞，他们所描述的真实反映了我们今天这个世界的生存匮乏和异化的现状。正是在这个意义上，我们才会说海德格尔就是我们这个科学主义时代的批判哲学家，他实际上要反对或者要批判的就是我们的这个时代，因为这个时代的本质就在于把所有的存在变成科技主义的“单维度的”存在物，把人变成了单向度的人。

海德格尔写《存在与时间》的整个思路实际上就是想回到这个世界的原本根基、回到存在的根基处去，重新出发去思考，去发问存在意义的问题。我们前面讲过存在本身与现实的区别，发问这个存在本身就是要回到全部思想的那个源头，回到“光”的源头。在海德格尔看来，那就是我们的自然，后来他把它叫作天、地、神、人共存共栖的“四方域”。在这里，我们看到，海德格尔更像是以一位“先知”的身份现身。

十一、走投无路：我们走在大路上

有人说海德格尔文章很难读，但你读读他的哲理散文，那是写得很漂亮的。在离他所任教的弗莱堡大学（Universität Freiburg）不远的德

---

① 参见 Herbert Marcuse，*One Dimentional Man*，Beacon Press，1964。

国南部黑森林山区，有一个滑雪胜地，山谷秀丽、杉树挺拔、苍鹰盘旋、风景怡人。海德格尔很早就在那里盖了一座小木屋，以逃避城市的喧哗，专事写作和思考。在一篇描述他的这个“工作世界”的散文中，海德格尔这样写道：

> 我自己从不“观察”这里的风景。季节转换之际，我日夜体验斯时斯刻的变化。群山无言而庄重，岩石原始而坚硬，杉树生长，缓慢而精心，花朵怒放，草地绚丽，散发朴素的光彩。漫长的秋夜，山溪的奔涌，积雪的平原肃穆……所有的这些风物变幻，都穿透日常存在，在这里凸显，不是在“审美的”沉浸或人为勉强的移情发生的时候，而仅仅在人自身的存在整个儿融入其中之际……①

在这里，海德格尔坦言他从来不像科学家那样和这个世界的存在打交道，也就是说，既不像物理学家那样去客观“观察”，也不像心理学家、艺术家那般去主观地“审美”和“移情”。相反，他更是简单地像生于斯、长于斯、栖居于此的农民一样，“仅仅将人自身的存在整个儿融入其中”，只有这样，海德格尔接着说，“我们对存在本身的追问，就变得更加单纯，富有质感，产生的成果只能是源始而犀利”。②

海德格尔看到了我们今天这个科技至上的科学主义时代所出现的问题。在海德格尔对古希腊诗人索福克勒斯《安提戈涅》第一合唱歌《人颂》的哲学解读中，他一反传统颂歌式的解释，即歌颂人类如何从原始草莽的野蛮时代，经过理性启蒙和开发，发明渔猎，创造文明，建立国

① 参见[德] 海德格尔：《人，诗意地栖居：超译海德格尔》，郜元宝编译，北京：时代华文书局，2017 年。

② 同上。

家。这样的解释展现的是一部奋力向上，用文明战胜野蛮，用理性取代蒙昧的人类历史。但海德格尔在此发问，这个人类历史真的是永远发展向上，无限乐观吗？还是我们已经从曾经伟大的时代跌落，丧失了人类曾经有过的那种莽劲森然的源始生命强力和嗷嗷叫的存在力道？海德格尔认为，导致现代人这般乐观想法的根本错误就在于我们被教育认为，历史的开端都是源始野蛮、落后蒙昧，所以也是弱小无力的。但事实也许恰恰相反，开端才是那最莽劲森然与最强力者，后继的东西不是发展，而是散发开来的肤浅化，它不能保住开端的内在气势，它让开端变得无关紧要，让开端的伟大成为浮夸，成为纯粹数量意义上的庞大臃肿与扩容。①

"出巡处处，奔波，茫然无出路。"这是一句出现在索福克勒斯的诗句中的名言，海德格尔却用它来描画现代人在我们这个科技时代里思想和存在的"匮乏"。海德格尔说，我们现代人，在生活的道途上，无时无刻不在奔波忙碌。看似我们的道路四通八达，我们在这样的大道上日行千里，凯歌高进。但诗人为什么说我们"茫然无出路"呢？海德格尔解释说，我们不会在四处碰壁、无路可走的外在意义上走投无路。

> 走投无路的真实情形毋宁说倒是这样：他不断在其亲身开辟的道路上被抛掷而回，因为他栽在了他自己的道路上，陷在车辙里。在此深陷中，他围绕着自己的世界转圈，自身纠缠在显似的假象中，于是，他自我放逐于存在之外。②

---

① 参见[德] 海德格尔：《形而上学导论》（新译本），王庆节译，北京：商务印书馆，2015 年，第 182 页。

② 同上。

海德格尔这一解释的深意在于，我们现代人“走投无路”，那是因为我们安于现成，不再拥有那莽劲森然的、创发性的存在强力。我们自废武功，不再去质疑和沉思，我们志得意满、趾高气扬地走在已开辟出来的康庄大道上，一路向前，向前。

海德格尔的这段解读让我想起小时候唱过的一首老歌《我们走在大路上》，“我们走在大路上，意气奋发，斗志昂扬……”我们曾经何等意气奋发，相信我们掌握了宇宙真理，走在了通往天堂的阳光大道上。这个歌词还很有意思，改过几次，第一次是“大跃进”的时候。那时大家唱得非常投入，结果整个国家大栽跟头。第二次是“文革”的时候，也唱《我们走在大路上》，我们太相信自己对真理的把握，以为每次都是走在阳光大道上。但我们忘了对存在本身的敬畏和对我们人类有限性本质的体认，所以后来我们差点“茫然无出路”。所以，海德格尔讲的道理是一样的。我们人类创造了当今的科技世界，我们似乎走在一条阳光大道上。他在这里区分了“上道”与“走在道上”。我们在现成的道上一直往前走，不回头，但却丧失了我们那份源初的思考，我们失去了那源初“上道”时拥有的莽劲、原朴的力道。那个原朴的力道是什么？就是存在本身给我们的。所以海德格尔反复说，要重提“存在意义”的问题，这个问题长久以来已经被人遗忘。

十二、上帝的“创造”与“智性直观”

海德格尔关于“存在意义”的重新思考和发问无疑会帮助我们反思人类创新和发明创造的生存论和存在论本质。从哲学上讲，人类的创新活动究竟首先是天才人物在知识论意义上的主体观念性创造和实践性设计，还是作为人类亲在的生存活动，在超越自身存在的界限和界域时，或者说，在其向着存在本身"撞界"式过程中偶然性的互动性"事件发生"(Ereignis)？要想澄清这一点，还是让我们回到康德。

在哲学史上，康德也许是第一个在纯粹哲学上将上帝的无限性创造与人的有限性创新区别开来的人。康德将上帝或神的无限性创造称为"智性直观"(intellektuelle Anschauung)，又称为"原创性直观"(intuitus originarius)。这是只有上帝或者作为造物主的神才特有的。相形之下，我们人只有"感性直观"(sinnliche Anschauung)，这种直观依赖于感性对象，不但不能创造事物。相反，它在一定的被动刺激下才有可能，所以，人的感性直观又被称为是"派生性直观"(intuitus dirivativus)。[①] 所以，是否具备对客体对象的源初的、创造力就成为人和神之间的根本界限。

自从一开始提出，康德的关于"智性直观"的说法就让人费解，各家各派的解释也都莫衷一是。我们目前大概可以确定的有两点。第一，这是属神的，不是属人的；第二，这一直观同时具有无条件的原创性，它不依赖于任何客体。相反，它是所有客体本身成为可能的最后条件。那么，这样说可能是什么意思呢？我们不妨从熟悉的感性直观谈起。

首先，什么叫直观？直观，简单地说就是看得明白和看得彻底，看得一目了然。当然这个"看"不仅仅指作为感官的眼睛的看，同时为哲学家和数学家的笛卡尔曾经将它称为"清楚的(clear)""明白的(distinct)"。但什么叫"清楚"和"明白"？似乎很少有人讲得清楚和明白。让我们还是回到小蚂蚁的例子。小蚂蚁在爬行的路上遇到一块巨大石头挡路，它看不清楚，不"知道"是应当往"上"爬，还是应当绕着走，还是干脆打道回府。它需要"思考"——如果它也有思考的话。一个居

---

① 参见 Kant Immanuel, "Schriften zur Anthropologie, Geschichtsphilosophie, Politik und Paedagogik." In *Werkausgabe Band XII*, edited by Wilhelm Weischedel. Suhrkamp Verlag 1964, S.466。也参见[德] 康德：《纯粹理性批判》，第 2 版，B145。

高临下的“巨人”，譬如在小蚂蚁眼中的人，一眼就看穿蚂蚁应该绕路或回头，因为这石头上面还有一把火，蚂蚁爬上去定要粉身碎骨。但蚂蚁们看不到，它们完全靠本能、碰运气，有些继续往上爬，有些绕路，有些打道回府。另一个更好的例子也许是捕蝇网或捕蝇瓶。它的基本设计理念就是将进路设计得很大，但出口很小。苍蝇飞进去很容易，但要飞出来，仅靠直观，它们很难找到出口。但人居高临下，就会觉得很容易。如果苍蝇有我们人的“直观”，那逃出来就绝对不是问题。同样的道理，我们人的感性直观，就是让我们天生一下子就能把事物“看”得明明白白。我们有很多这样的本领，例如天凉了，我们想都不想就会添加衣服；肚子饿了，想都不想就会“知道”要吃饭。动物也一样。在有些“直观”方面，我们人比动物强，有些则不行。例如，在山林里，狮子或者老虎这些大型独居猛兽都有自己的觅食领地。方圆几里的山林范围内，来了什么东西，它们一下子就“知道”，我们人不行，所以古时候我们人常常成为这些猛兽的盘中餐。据说有些昆虫，像某些蚂蚁，能预先“知道”地球的地质自然变化，所以能“预测”地震，我们人类，就感官感觉而言，完全比不过。即使今天有科学预测，也常常还是不够准确。在我们人类中间，也有些人直观能力强一些，有些人弱一些，有些人甚至有特异功能，这都很自然。但无论如何“特异”，我们人或者其他生物的“直观”，都是有限的，这几乎没有什么异议。

十三、人的有限“直观”与强大的“理智”

如果比直观，人比其他动物没什么优势。但我们人有理智，或者说我们的理智能力要比我们所知道的所有生物都要强。那么，理智是什么？通过理智，我们可以看到和做到我们原先看不到和做不到的事情。

例如,通过直观我们直接就看到“两点之间,直线最短”,这就是典型的直观。但是,我们直观不到“在一个平面上,一个直角三角形的斜边长度与其直角边的长度之间,不能有一个整数的比值”。不过,人可以从上面关于直线的直观出发,加上其他一些类似的直观,得到五条基本的“公设”,再加上一些拟定的公理、规则和定义,从此就会推论出,或者说,间接地“看到”后面的“定理”。而由这些公设,加上推出的定理,我们又能推出更多的定理。我们知道,古希腊数学家欧几里得(Euclid, C. 330BC—275BC)就是这么做的,而这样做的结果,欧几里得就建构出我们今天所谓的欧式几何的知识大厦。今天的科技理性,就其论证和计算程度来说,无论发展的如何高级和繁杂,但究其本质而言,都还是从这里开始的。

我们的直观是感性直观,受到我们的感官、身体以及时空存在方式的局限,行之不远,而且常常犯错。而我们的理智或理性从一开始所起的作用,就是帮助或者辅助感性直观,让其“行”得更远一点、更高一些、更真实一些,例如,让我们的视线超出苍鹰;让我们的双腿行速越过飞马……我们现在看到,这个理性已经变得非常强大,而且会越来越强大。正因如此,我们超出地球上的所有生物,成了“宇宙之精华,万物之灵长”。

关于人的这一存在境况和特点,法国17世纪哲学家帕斯卡(Blaise Pascal,1623—1662)说过一句非常著名的话,说人就像一根芦苇,但人是一根会思想的芦苇。帕斯卡用芦苇比拟人的脆弱,想说明只有思想让人类强大。所以,人在这个地球上,比其他的万事万物都有非常多的不足,比如我们没有狗跑得快,没有鸟飞得高,但是,人怎么经过几万年的时间,就从食物链的中下层爬到了顶端?因为我们有思想。所以帕斯卡才会说:人是一根会思想的芦苇,我们全部的尊严就在于思想。而思想是跟理性、跟哲学连在一起的。

尽管理智的力量很强大，但我们不要忘了，理智的起点和目的，却都是直观。换句话说，理智是为直观服务的，直观是所有理智、理性的主宰。只是由于我们的直观范围，即直接感觉和行动的范围有限制，理智和理性才让我们能够以迂回和间接的方式看到和做到我们原本看不到和做不到的事情。问题的关键在于，人类如此这般的理智力量，有没有界限？如果有，界限在哪里？

十四、经验性的事实知识与观念性的推论知识

关于人类的上述两种"知"的方式，哲学家们有过很多的研究和探讨。例如，英国哲学家休谟（David Hume，1711—1776）就曾经据此将我们的知识分为两类：一类基于经验的事实关系，另一类基于观念之间的推论关系。

观念之间的推论关系或者说逻辑关系，是诸如我们的数学、几何等知识的基础。在这个基础上建立的判断性知识，叫分析判断。纯观念之间的关系不依赖于我们的经验，例如当我们说到一位父亲时，"父亲"这个概念就蕴含"是男性的"。当然我们现在这个概念开始发生变化，现在可能有同性恋"父亲"，其自然性别未必为"男性"。又比如说逻辑关系 A=A，或者我们用哲学家们经常举的例子，"单身汉就是未婚的男人"。[①] 这里讲的是观念之间的同一关系，这种观念之间的关系不依赖于任何经验性存在。因为我们不是在讲这个人究竟存在还是不存在，而是说如果他作为一位父亲存在，他就必然是"男性的"，或者如果

① 参见 W. V. Quine, "Two Dogmas of Empiricism", in *The Philosophy of Language*, 2nd edition, ed. by A.P. Martinich. Oxford University Press, 1990, pp. 26 - 39。

他作为“单身汉”存在，他就必然是“未婚的”。如何认定一个判断是否为分析判断呢？哲学家们往往说，因为这是一个纯逻辑的关系，所以，当一个分析判断的后件，也就是我们的例子中的“男性的”或“未婚的男人”为假的时候，它们的前件，即“父亲”或“单身汉”不可能为真，否则，就会导致逻辑矛盾。

与分析判断不同的是反映经验事实关系的综合判断。综合判断是传统物理学、生物学、化学等经验科学的基础。比如我们说这张桌子是木制的，“桌子”的概念中并不必然包含有“木制”的概念，但“父亲”的概念中必然包含“男性”的概念。在现实世界中，“这张桌子”有可能是“木制的”，也有可能“不是木制的”，这并不取决于“桌子”的观念，而取决于经验世界中的事实。正因如此，当我们说出“这张桌子不是木制的”判断时，我们并没有陷入矛盾悖谬之中，相反，我们可能发现了一个新的经验事实。这个事实可以被验证，也可能被证伪。

一般来讲，分析判断都是先天的知识。在近代哲学中，“先天”首先讲的是“先于经验”。这个“先于”有两层含义：第一，它不依赖于我们的感觉经验；第二，它具有普遍必然的意义。如数学知识就是这样的、通过纯粹理性的推论推演而来的知识，所以它不依赖于我们的经验而存在，并且是普遍必然的。与此相应，综合判断构成后天知识，又称为经验知识，它需要经验事实的证据来验证或否证。我们的知识无非是这样两类知识构成的。在近代哲学思想中，我们就是这样来区分和理解观念和事实、先天和后天、分析和综合的。

十五、在什么意义上“分析性的”知识又是“综合性的”？

休谟关于观念关系和经验事实的区分，以及由此而来的分析与综合、先天与后天的区分，言之凿凿，也非常有道理，似乎已成定论。但是，我们会进一步发问，人类知识这两个种类之间的关系如何？这种划分是绝对的吗？或者说，“分析性的”知识在何种意义上也可能成为“综合性的”？而“综合性的”知识又在何种意义上可能成为“分析性的”？

要思考和回答这个问题，让我们回到上面的关于“分析判断”的典型例子。我们说“单身汉是未婚的男人”是“分析的”判断，其标准是：对这个判断后件即“是未婚的男人”的否定，必然会导致在这个判断中出现逻辑悖谬。但要满足这一点，我们必须假定，“单身汉”与“未婚的男人”在其逻辑意涵上完全等价或者前者蕴含在后者之中。而要满足后一个条件，我们还需要假定另外的前提，例如我们关于“婚姻”和“男性”的理解。一旦最后的前提发生动摇，正如我们今天的社会生活中发生的那样，我们很难再说“单身汉是未婚男人”是一个分析判断而非综合判断。有人可能会说，“单身汉是未婚的男人”从来就不是一个典型的分析判断。那么让我们来看另外的一个，“三角形的三个内角和等于180度”。这个所谓纯粹的先天分析判断的成立前提，是我们传统关于平面空间的理解。一旦这个理解不再成立，上述判断的分析性马上发生改变，也就是说，我们完全可以假设某种三个内角之和大于180度的三角形存在，而并不导致逻辑上的悖谬出现。反过来，一个有关经验事实的综合性判断之所以并非逻辑上必然，是因为我们对制约这一境况的前提条件所知不充分，或者说，我们关于这个事物或事件的了解还不够“清楚”和“明白”。一旦我们完全达到了“清楚”和“明白”，这个所谓的经验性、事实性的综合判断就成了“分析判断”。

这样说来，我们关于世间任何事物或事件知识的真理性，无论综合判断的知识还是分析判断的知识，首先并非由这个事物或者事件的经验事实来决定，而是由其发生的存在论的前提和条件决定的。所谓“分析判断”说的是这一判断发生的所有限定前提，以及由这些前提导致的结局都“一清二楚”或者可能“清楚明白”。例如我们说“明天可能下雨或者不下雨”时，我们知道这是一个分析判断，因为这个判断穷尽了所有的可能性，它的逻辑形式在根本上无异于逻辑同一律，即 A=A。为什么我们人的经验判断是综合的？那是因为我们人就存在的本质而言就是有限的。我们不可能穷尽所有的可能性，所以，无论如何智力超群，我们不可能排除大部分知识判断的偶然性和综合性。我们之所以有一部分知识以分析判断的形式出现，是因为这些判断的前提是我们人为规定或定义的。

现在让我们来想象有一位全知全能的神，例如上帝，或者我们中国人讲的老天爷，他存在就是所有一切其他存在的前提和根据。这样，他根本不需要理智或其他力量的帮助，就创造和清楚明白地“看”到了世间所有的一切，我想这就是前面提到的，康德所讲的“智性直观”或“原创性直观”。相形之下，我们人类的创新创造，只能是有限感性的“派生性”的直观和“迂回性”的理智的结果。所以，智慧、理智、哲学、科学是属人的。人为什么需要思考？因为我们的直观不够。神的直观本身就是创造，他创造了一切，因此，他对一切事无巨细，都一目了然。而人类由于自身的身体和认识结构的限制，只能看到我们周围的存在，我们通过思维的力量往外推。所以，人的力量叫什么？人的力量是展现，康德称之为“原生性的展现”，这种“展现”又分生产性的和再生性的，两者都是一种往外推演的思维或认识，都是有限的。正因为我们人需要理智和思考的帮助，需要哲学和科学，所以，才有这样的说法：人类一思考，上帝就发笑。

十六、围棋的算法和“阿尔法狗”的秘密

我们不妨假设有一个“围棋的宇宙”，在这个“宇宙”中，所有事物的

运行和事件的发生，都按照围棋的规则发生和进行。实际上，这个“宇宙”内所有事物的运行和所有事件的发生，在这个围棋游戏诞生之际，即当围棋的棋盘、棋子数目和运行规则确定下来之际，就已经被“先天”地确定和“存在”了。围棋的每一步走法，天才棋手“创造”出来的每一个“高招”，都只是这个“存在”在具体情境中“在出来”的方式罢了。再假设这个围棋游戏的创造者有非常强大的“运算”或“计算”能力，可以一下子洞悉所有的算法步骤，那么，这位创造者就是这个“围棋宇宙”的造物主，他在这个“围棋宇宙”中就具有一种“智性直观”的能力。所有的一切，包括正在发生的、已经发生的、尚未发生的和未来可能发生的一切，对他而言围棋都一目了然。究其本质而言，这大概就是我们当今见到的阿尔法狗（AlphaGo）的根本机制。就智力程度而言，阿尔法狗与人类棋手在这个“围棋宇宙”中，也许将来就会像我们前面提到的小蚂蚁和人的区别。

“围棋宇宙”运行的“算法”步骤，据说已经比我们所知的任何一个天文数字都还要大，例如要比我们所知宇宙中的所有物质中的原子数还要大上数倍。这已经难以想象了，即便如此，我们知道这还是一个有限的数目，因为我们明显已经设定这个围棋的棋盘、棋子和博弈规则不再改变，但是这些并不是绝对不可变化和更改的。

让我们再来设想一个有所改变的情形。现在设想的不再是一个“围棋宇宙”，而是一个由“语词”组成的“语言宇宙”。我们知道，无论在汉语还是西方语言中，语词按照一定的规则与方式进行排列和组合。古今中外的伟大作家们据此创造出了人类历史上许许多多伟大的作品。这个“语言宇宙”与我们前面设想的“围棋宇宙”的不同之处就在于，“围棋宇宙”是已经创造出来的，其基本规则和运行方式不再改变，因为如果改变了，那就不再是“围棋”游戏。“语言宇宙”没有一个单一的“创世主”，它是我们每一个使用语言文字的人的杰作。这是一个我们每时每刻都在，而且在不断参与创造的宇宙，因为任何活语言的词汇量，甚至它的基本规则、使用方法及其程序，由于我们一代又一代使用者的加入和使用，仍然在不断增加和发生变化。当然，这种变化是缓慢的，往往不为个体使用者察觉。

“围棋宇宙”也好，“语言宇宙”也罢，都是我们现存的“存在宇宙”的一部分，而且这个“存在宇宙”，由于我们以及世上万事万物的参与，还在不断地发生着变化，不断涌现出新的存在可能性或者被发现有新的存在可能性，这也许就是中国传统思想所讲的道或者“生生不息”的自然大化。如果有一个“创世主”，有一个神“创造了”这一切，那么其就会对所有这一切有着“清楚明白”的“智性直观”。而我们人，尽管我们也有直观，那只是有限可怜的感性直观；尽管我们有理智和计算，这使得我们高踞于众物之上，但我们的创造与创新，相形之下，就永远只能是有限的行为。

十七、哲学的本性与创新性思维

对于人来说，我们认识事物、获得知识的途径无非是分析判断和综合判断。但我们看到，在神那儿不存在综合判断和分析判断，不存在先天和后天，不存在事实和观念的区别。通俗地讲，神的世界和认知方式与人完全不同，也是我们人无法了解的。在神的世界里，我们也许就和一只二维的小蚂蚁差不多。

我们前面讲到苏格拉底和哲学的本性。苏格拉底说哲学的本性就是爱智慧，其中一个最根本的东西是要自知自己的无知，苏格拉底说知道自己的无知并不是在故作谦虚。无知是人的本性，比起神的知识或者说知识本身，人的知识永远是有限的，就像一个分母无限大的分数，无论作为有限数的分子有多大，其数值依然近乎零。所以，我们人在神面前，在知识本身面前，永远是无知的。但是，人类在本性上的"无知"并不代表人就会自暴自弃，不再进取。恰恰相反，正因为人类本质上的有限性，才使得人类天生有一种不甘堕落的宿命，要不断地超越人类的现存的有限性，不断地突破自身，"撞击"自身存在与存在本身之间的"界限"。这就是苏格拉底又讲哲学是对智慧的"爱欲"的要害。也正是在这一意义上，亚里士多德与康德都曾讲过，哲学或形而上学是人类的本性。因此，如果我们将我们人类认知和人类行动的"锚"锚定在这个人的存在与存在本身的"界限"处，我们就会更加理解人的存在的本质，少几分无知与狂妄，多几分理解我们真实的存在境况和人类"创新"的真谛。

最后，让我们来看看我们人类历史上伟大的科学家，和我们现今具有创新性思想的卓越人士怎样看待他们的"创造性"工作的本质。

牛顿(Isaac Newton，1643—1727)无疑是人类历史上名列前茅的最富创新性思维的科学家。据说爱因斯坦曾经这样评价牛顿的创新成就："在人类的历史上，能够将物理实验、数学理论、机械发明结合为科学艺术的人只有一位，那就是牛顿。"[①]那牛顿自己是如何看待自己的工作呢？临近生命的终结，牛顿留下这样一番让人感慨不已和沉思的话语："我好像是一个在海边玩耍的孩童，不时为拾到比平常更光滑的石子或更美丽的贝壳而欢欣。但展现在我面前的，却是一片完全未探明的真理大海。"[②]

另一个我想到的人物是日本的当代韩裔企业家孙正义。孙正义谈

① 转引张文亮："牛顿：科学路上捡贝壳的人"，《智慧中国》2016 年第 9 期。
② 参见 Issac Newton-Wikiquote，https://en.wikiquote.org/wiki/Isaac_Newton。

不上有什么伟大的科学创新，但他无疑也是我们这个时代最具创新性思维的人物之一。但他的创新更多的属于技术发明，和我们的日常实用相关，这说明“创新”并非全都是那些个惊天动地的事情。相反，正是这些微不足道的日常创新，能从不同方面显现出人类创新活动的本质。按照孙正义的说法，我们发明创新的诀窍就在于将已经存在但尚未被联系起来的事物展现出来和实现出来。这样的创新需要丰富的想象力和敏感深邃的思维力，而这些都是可以训练的。例如他发明的用形状加颜色表示的交通信号灯。传统交通信号灯都是用颜色，例如红黄绿，标明是否允许通行的信号，但这会对色盲者带来困难和危险。孙正义将信号灯的形状从传统的一种改成了圆、正方、三角三种，分别代表三种信号，并和红黄绿三种颜色对应，设计在了一起，这样的信号灯，即便是色盲者也可以辨别自如了。本来在我们存在的世界里，不仅有颜色存在，也有形状存在，我们不仅用颜色指示信号，也用形状指示信号。而且，颜色加形状的指示信号也存在，只是这种存在是潜在的存在，还没有被人们“看到”或“看出”，成为“实在”而已。我们的生活存在，用海德格尔的话说，我们的在世界之中的活泼泼的“亲在”走在了我们的观念之先。而所谓的人类“创新”，在大多数情形下，只是将这些“已经存在”的联系实现出来而已。孙正义的另一个创新是今天大家都习以为常的“收录机”。但在孙年轻的时代，虽然收音机已经存在，录音机也已经存在，收音机和录音机的“合体”尚不存在。不过，这一联系的可能性开始出现，于是，具有创新想象的孙正义将这两个存在物之间的联系“实现”出来，我们就有了“收录机”。大家想一想，我们这个时代有多少的科技发明创新是这样出现的呢？“手机”可以看作是“移动电话”与“电脑终端”的结合性联系得到实现；“航天飞机”可以看作是“火箭（上天）”和“飞机（降落）”的结合性联系。沿着这个思路，年轻时的孙正义，甚至为了训练自己的创新想象力，把想到的一些英文词写在卡片上，每天花 5 分钟，随机地将几张组合起来，看能否实现其中的存在性关联。

史蒂夫·乔布斯无疑也是我们这个时代最具创新精神的人物之一，他的"苹果"创新以及伴随而来的移动互联网创新也许会成为将我们人类从此带入一个全新时代的"入口"。关于创新的本质，乔布斯曾经这样说过，其大意如下：

> 创新就是把各种事物整合到一起。当你问有创意的人是如何创新的，他们可能会感到一丝负罪感，因为他们根本就没有创造什么。他们只是看到了一些联系。他们总能一眼就看出各种事物之间的联系，因为他们习惯于将他们的各种经验联系起来，然后整合形成新的东西。他们之所以能够做到这一点，是因为他们具有比别人更加丰富的经验，或者他们对自己的经验思考得更多。不幸的是，这是一种非常稀缺的品质。我们行业中的很多人缺乏多方面的经验。因此，他们就没有很多点可供联系，对待问题就只能提出线性的解决方案，而没有宽广的视野。我们对于人类的体验了解得更深更广，我们的设计就会越出色。①

乔布斯的这个说法与牛顿、康德的说法非常接近，是对自己一生创新创造活动的哲学总结。牛顿也好，乔布斯也好，虽然他们在世时，很多人将他们视为神一般的人物，但他们并不神奇。在他们看来，我们人类并没有神的创世般的"创造"能力，并不能从绝对的"无"中"创造"出"有"来，我们人类有的只是"创新"。什么叫创新？人类的任何一种创

① 参见"乔布斯语录"，载于腾讯科技网：http://tech.qq.com/zt2011/jobs_quotes/#design。

新都是将已经存在着的可能性实现出来而已，这种可能性实际上是宇宙里无穷无尽的可能性中的一种，它本来就存在，只是碰巧在某个时候、通过某些天才人物的努力，它偶然地得到了实现，它没有实现的时候不说明它不存在，它只是还没有转化成实在而已。所以，我们人类的科学工作和艺术（技术）创新，其本质就在于在于“连接”，在于把那“已有的存在”和“正在开始的存在”“连接”起来，或者将这种“连接”在现实中实现出来。

上帝创造，人只能创新。人是有限的存在，只能在被创造出来的东西中间给它们做一个连接。我们只是看到了事物之间潜在的一些联系，具有创新精神的人比普通人更能看出各种事物之间的联系，因为他们习惯于将各种经验联系在一起，大胆尝试去整合，形成新的东西。这就是人和神的区别，神是一眼就看到了，不需要像我们一样要去不断“迂回”地去学习、思考、尝试。

第二节　存在的“鸣响”与思想的“谐和”*

一、《哲学，这是什么》的标题和架构脉络

《哲学，这是什么》是晚年海德格尔的一篇关于哲学之本质理解的演讲。这篇文章不长，一共二十来页，比较集中和典型地体现了海德格尔晚年思想的精髓与行文的风格。

首先，标题就有点怪。标题是一个再简单不过的发问，这个发问同时出现在文章的开头，海德格尔同时用法文和德文来发问。一般来说，我们发问这个问句，说“哲学是什么?”或者“什么是哲学?”就好了，大概最早的中文译名也是这么翻译的①，这也符合我们日常的说话方式。但如果我们足够敏感的话，就会发现，海德格尔的问题不是：Was ist die Philosophie? 而是：Was ist das—die Philosophie? 孙周兴注意到这个细微的差别。这里的原文将“这是什么?”与“哲学”用破折号分开，显

---

* 本文选自 2012 年 8 月在北京大学主办的《人文通识经典讲座》上的讲课稿，后发表在王庆节著《海德格尔与哲学的开端》(北京：生活·读书·新知三联书店，2015 年)中。

① 参见[德] 海德格尔：《哲学是什么》，法柏、舟斋译，载于《国外社会科学》1961 年第 2 期。

示出海德格尔不仅要像一般人那样对哲学概念本身进行发问，而且更为重要的是，他还要对这个传统的“发问方式”，即“这是什么?”进行发问。在海德格尔看来，不仅这个发问句的主题，即“哲学”是希腊式的主题，就连这个发问方式，也是希腊式的。而这种特定的希腊式的发问方式，在某种意义上规定了关于哲学之主题的希腊式理解。孙周兴非常敏感，将海德格尔的这层意思在译文中表现了出来，所以，孙周兴选的译名是：“这是什么—哲学?”但这个翻译还是有点美中不足，因为在中文中乍听起来，可能会让人漏听掉破折号，而听成“这是什么哲学?”所以，我将译名颠倒一下，改为：“哲学，这是什么?”

从文章的结构脉络上说，这篇文章一共有五十八个自然节。为阅读和理解的方便，我将它们大致分为三章，分别讨论三个大的主题：1～9 节为第一章，10～35 节为第二章，36～58 节为第三章。

第一章带有全文导论的性质。它的主题是说，哲学的本质和意义就在于哲学是走上道路。在这里，海德格尔用了一个“上道”的概念，这是贯穿全文的一个核心概念。换句话说，哲学的核心要义说的不是正经在某一条道路上跑，而是“上道”。第二个贯穿全文的核心概念是“触动”。哲学的思不仅仅是知识的概念和逻辑结构的理性分析、推理、论证，而更是那“在本质深处触动我们”的东西。应该说，“上道”与“触动”这两个核心概念，不仅贯穿这篇文章，而且贯穿整个海德格尔的思想。

第二章是海德格尔对哲学的希腊传统，即对希腊人源初性地对“哲学是什么”这个问题的发问以及解答进行了全盘的读解。用今天时髦的话说就是，海德格尔在此对希腊流传下来的主流哲学概念进行“解构”。这一解构不仅针对希腊的哲学概念，而且针对希腊发问哲学的语言发问方式，即我们所说的这个“这是什么?”。

如果第二章是“解构”，第三章就是“建构”。在这里，海德格尔运思的核心概念（如果我们还可以用“概念”这个词的话）是“听”，以及围绕“听音”的一组概念：情调、应合、调音、合辙、定调等，这和传统解释的希腊哲学以柏拉图式的“看”为核心展开的“观念”“理念”“概念”“范畴”等的理性分析、推理、辩论截然有别而又相互对照。

孙周兴教授将后期海德格尔的主要著作《哲学论稿》[①]译成了中文。在那里，海德格尔一反常规哲学运思和论述的方式。他在书中用来“串联”“系结”全部哲思脉络的核心词都不再是传统习用的哲学概念，而是诸如“情调”“回响”“传送”“跳跃”“开裂”“喷涌”“建基”“渊基”“庇护”“将-来者”之类的词语，让人读来云山雾罩，不知所云。海德格尔在那里将其称为有可能与柏拉图、亚里士多德所代表的哲学运思的“第一次开端”相区别的“另一开端”。如果我们将海德格尔的这篇小文章与他的鸿篇巨著《哲学论稿》放在一起阅读，你就会稍微明白一点后期海德格尔的心思。所以，我们不妨将这篇短短万把字的小文章视为导向解读和理解海德格尔《哲学论稿》的入门或者窥见后期海德格尔哲思之堂奥的一个窗口。

二、哲思活动与“上道”

第一章带有全文导论的性质，我在这里将它与苏格拉底《申辩篇》的前五节放在一起对照读解。我不知道海德格尔有否这样的意图，但这样做的结果可以让海德格尔的意图一目了然。海德格尔在谈论一些核心思想话题时，往往都有一些隐藏着的对话对象。这里的对话对象明显是苏格拉底与柏拉图。

---

① 参见［德］海德格尔：《哲学论稿（从本有而来）》，孙周兴译，北京：商务印书馆，2012 年。

从文本上看，海德格尔首先用法文和德文提出了问题：“哲学，这是什么”然后他就说，这个问题非同寻常，它宽广、不确定，可以有谈论的不同角度和方面，也会有不同的观点。从不同的角度，有不同的观点，虽然不无陷入“缺乏确切的汇集之危险”，但也总有让我们说中、切中的地方。海德格尔这里明显是针对苏格拉底在《申辩篇》的开篇谈到哲学活动的目标是真理，（而且只是真理）这一论断来说的。作为哲学家的苏格拉底奉劝众人，不要听从意见，而要听从我，因为我说的才是真的，都是真的，而且仅仅是真的。同样作为哲学家的海德格尔则主张倾听各种各样的意见和观点，因为兼听则明，总有切中的地方。海德格尔也注意到这样做有沦为“相对主义”的危险，因为“缺乏确切的汇集”。所以海德格尔说，我们要把交谈“带上某个确实的方向”，也就是说，要使得哲学的交谈“上道”。不过，海德格尔这里特别指出，这里的“上道”并非指被带上那唯一的道路，而是“某一条道路”，海德格尔专门在“**某一**”上面加了着重号，并说明他并不能确实地保证他所带上的“那条道”就一定可以提出问题和解决问题。这个讲法，和我们在前面提及的、海德格尔在《哲学论稿》中反复召唤的“另一开端”隐隐地呼应。

而且，更进一步说，这个“另一开端”并非指和第一开端相平行的另一个开端，并不是说我们走上的第二条道比第一条道更真确，因为如果这样，那就“立即会出现重大的分歧和异议”。“出现重大分歧和异议”的原因在于我们假设了“可以找到一条更准确地规定问题的道路”。譬如我们原来走的是 A 道，现在要走 B 道，我们一定假设 B 道比 A 道更准确，更具真理性。我们认定牛顿力学比亚里士多德力学更具真理性，爱因斯坦物理学比牛顿物理学更具真理性。依照同一个思路，我们今天几乎同样地假设西医比中医更具有真理性。但真是如此吗？重大分歧由此出现。所以，按照传统的理解，哲学就是“自古华山一条道”，问题只是在于如何走上这条正确的道路。但海德格尔的问题是，如果这样讲的话，你就假设了一个标准，按照这个标准，这条道路一定比那条道路更真。但这就会出现有人同意、有人不同意的分歧和重大异议。所以，海德格尔所谓的哲学作为“上道”，其关键并不在于去探究：究竟是上A道好还是上B道好，而是要去探究：过去的我们怎么就上了A道而不是B道？或者：现在的我们为什么要改道，从现在所行的A道改换到C道或者D道上去？如何才能够顺利地改换“上道”？而且，那些使得A道、B道，甚至C道、D道成为可能的根基和情境究竟是怎样的？所以，哲思活动(philosophieren)的目标就不仅在于“上道”，而且更在于那使得我们“上道”成为可能的“上道之为上道本身”。

例如，在传统的中国儒家哲学思想的发展史上，一个核心的难题就是：人性究竟本善还是本恶？历史上的孟子(372BC—289BC)是著名的性善论者，而荀子(C. 316BC—C. 237BC)则是著名的性恶论者，而且从此以往，究竟人性善还是人性恶的争论在中国思想史上就没有停止过，直到今天，争论还在继续。在我看来，从科学理性的角度讲，这大概是个无解的问题，就像今天也有人说“基因就是自私的”一样。从逻辑形式上看，我们大致可以将这个问题的可能答案做一个简单的排列组合，即或者(1) 性善；(2) 性恶；(3) 不善也不恶；(4) 既善也恶；(5) 部分善部分恶。甚至在部分善部分恶的观点里面，我们还可进一步细分：(5.1) 善多恶少；或者(5.2) 恶多善少等。就中国思想史看，大概这些主要的立场和观点都出现过，结果是大家混战一场，莫衷一是，如今也不能说有一个大家都接受的“正确”答案。对于这类传统的哲学形而上学问题，近现代以来的很多哲学家们认为，这些问题既不能在逻辑上，也不能在经验上被判定真假对错，所以是“无意义的”，应当从哲学思考中去除。但按照海德格尔这里的“上道”的说法给我们的启发，我想说性善性恶问题的本质也许不在问：究竟谁真谁假，谁是谁非？如果说这个问题有“意义”，那么它的意义也许更在于：为什么在中国思想史上出现了这样的大争论？而且，为什么中国人后来的思想主流，即儒家思想的主流，接受了孟子所倡导的性善论，而不是荀子倡导的性恶论，或者告子倡导的性不善不恶论？因为如果我们去读孟子、荀子、孟子与告子关于这个问题的源始争论，你就会发现，如果仅就逻辑论辩言，告子和荀子的理据，对今天的我们来说反而似乎更有“说服力”。在这个意义上，我们来理解海德格尔关于哲学“上道”的说法，也就是说，哲学主要不是要去“判定”哪一条道为真或者更真，而是要去更深处思考：为什么我们就被带上了这条道而不是那条道？以人性问题为例，使我们中国人被带上了性善的道而不是性恶的道的背景、条件，说得清的和说不清的那些缘由、渊源以及这条道路上的可能局限都有哪些？和苏格拉底所讲的“求真”不同，这种求“道之为道”大概才是海德格尔心目中哲学思考的主旨和要害所在。①

三、“在本质的深处触动着我们”

如果哲思的目标不再单纯是“求真”，而更是在哲思活动中被带“上道”(auf einen Weg bringen)，那么，在海德格尔看来，当我们发问“哲学，这是什么”的时候，我们已经在某种意义上偏离了道路。换句话说，“这是什么?”这一发问方式已经将“哲学”作为一个外在对象来谈论，这就是海德格尔所说的“我们谈的是**关于**(über)哲学的什么”。因此，哲思或者进行哲学活动，不仅目标要定在“上道”上，而且，为了能够上道，

---

① 参见王庆节：《真理、道理与思想解放》，载于《哲学分析》2010 年第 1 期，第 17—31 页。

我们必须“在哲学的范围内活动，而不是在哲学的外面围着哲学转”。

什么叫“在哲学的外面围着哲学转”呢？按照我对海德格尔的理解，就是将“哲学所探讨的内容”作为一种对象去研究它、沉思它、观察它、经验它、规定它、限制它、绝对化它、实用它、分析它，甚至纠正、“治疗”它、抛弃它。将所有这些“围着哲学转”的活动串起来，就是一部西方哲学，尤其是西方近代以来哲学的历史。这些活动的核心就都在于，站在它的对面或者外面，将其作为“对象”，来做“关于”它的工作。

什么叫“在哲学的范围内活动”呢？海德格尔在这里自己给出了解释，“哲学所探讨的东西是与我们本身相关涉的，触动着我们的，而且是在我们的本质深处触动我们的东西”。换句话说，正是这种“在我们的本质深处触动我们的东西”，而不是那些概念式、外观式的东西，将我们带上哲思的“某一条道路”。于是乎，海德格尔说，如果我们发问“哲学这是什么？”这个问题，我们就不能延循通常的途径和方法，即“站在哲学之上，哲学之外”，将哲学作为一个研究对象来谈论，而是“来到哲学之中，逗留于哲学中，以哲学的方式来活动，进行哲思”。让我们来想一想，孔子的“仁”怎么会成为中国人的思想、行动和生活的基调和主旋律的呢？就是因为在它之中，总是有某些在本质深处触动着我们中国人的东西，正是这个“在本质深处的触动”与反复的触动，慢慢成为中华民族几千年“心理积淀”之下的思想、文化“基因”。

正如前面海德格尔谈“上道”而不仅仅“求真”时担心被误解和简单归类为相对主义一样，海德格尔这里马上就接着提醒，如果是“触动我们的东西”，那“哲学岂不成了感受、情绪、情感方面的事了吗”？换句话说，海德格尔这里想问：哲学与情感是一种对立的关系吗？现在让我们回到苏格拉底的《申辩篇》，看看哲学的传统是怎样处理情感的话题的。

苏格拉底在为自己申辩的最后部分曾经讲道，他在法庭上比其他人都更有情感上的“理由”求得法庭的宽恕、怜悯和同情，因为他的三个孩子中的两个当时还很幼小，倘若他被判处死刑，会留下孤儿寡母没人照顾。他有足够的理由，像常人一样把孩子、家人、亲朋故旧都带到法庭上来求情，但苏格拉底说不。为什么呢？在苏格拉底看来，法庭的唯一原则是建立在理性基础上的公正，所以法庭必须按照理性公正来判决，而不是按照是否求情来判决。可见哲学从一开始就是要跟情感切割开来的。但如果现在你要说，哲学所探讨的东西就是那触动我心灵深处的东西，那哲学岂不就成了情感和情绪了吗？这样不就陷入了情感主义的泥淖了吗？

四、哲学是执掌理性之权杖的 CEO 吗？

哲学和情感究竟是什么关系？长期以来这似乎由哲学与理性的关系来定位。海德格尔这里借法国作家纪德之口说出了通常人们的看法：“情感，即使最精美的情感，在哲学中也是没有地位的。情感据说是某种非理性的东西。”但如果这样的话，“哲学就不仅是某种理性的东西，而且是理性的真正经管人（Verwalterin der Ratio）”。什么是 Verwalterin？用今天时髦的话来说，就是 CEO，有着执行权杖的执行官。所以，哲学是执行“理性”之意志与命令力的 CEO，而情感在这里是要排除出去的东西，情感只会干扰理性。

情况真的如此吗？尽管现在几乎人人都认同这样的说法，海德格尔却让我们在此之前存一份小心，持一份怀疑。海德格尔认为这是一个“仓促而草率的回答”。因为如果我们用理性来回答“哲学，这是什么”这个问题，我们就会陷入一个无穷后退似的困境。首先，接着来的问题就是：理性，这是什么？谁来决定理性？其次，理性究竟是否已经预先成了哲学的主宰？如果是，凭什么？如果不是，哲学又是从何处获得其理性使命和角色的呢？如果从哲学史中获得（我读哲学的时候就有这样的说法，学习哲学就是学习哲学史），岂不是循环论证？因为所谓的哲学史已经预先按照理性之历史的前提来编撰了。

海德格尔接着说，同理，我们也不能因此将哲学归入“非理性”的范畴，因为这样做的同时也就承认了理性作为划界的尺度，即理性在思考之前就被设为了不言自明的前提。“因为不论谁想把哲学规定为非理性的，他都是把理性当作划界的尺度，这样他就重新假定理性是不言自明的东西了。”换句话说，对理性和非理性，无论我们是持赞颂还是反对的立场，一旦我们开始理性、非理性的划分，就已经将“理性”视为尺度和主宰了。

因此，海德格尔得出结论，哲学是与我们的本质休戚相关的。“触动”明显地和理性不同，它也不可简单地被归结为心理学意义上的、非理性的情绪和情感之类的东西。所以，当我们探讨“哲学，这是什么”这个问题时，不能匆忙草率，必须有“一种更高的谨慎”。对比起苏格拉底在《申辩篇》中对哲学的自信满满和为哲学事业献身的勇气，海德格尔似乎明显地底气不足。但情况真的如此吗？苏格拉底认为唯有理性的生活才是人最好的生活，因为“对人而言，一个未经察验的生活不值得去活”。这个“未经察验”指的就是未经“理性”的察验。但海德格尔在此警告我们，在面对“哲学，这是什么”这个问题时，必须保有“一种更高的谨慎”。什么叫更高的谨慎？怎样才能有更高的谨慎？难道理性不是具有最高谨慎的方式吗？就这样，海德格尔把问题作为悬案留给了我们去思考，并在此“悬案”中结束了全文的导论部分，即从第 1 节到第 9 节的讨论。

五、“倾听”哲学的“开端”

按照我的解读，从海德格尔本文第 10 节开始一直到第 35 节，是文本的第二大部分。这一部分的主题是要对西方哲学和思想文化的希腊根基的传统理解进行一个“解构性”的工作。按照海德格尔的说法，我们现在已经走在了“康庄大道”上，这是自苏格拉底以来的哲学-科学的理性大道，这条大道在今天对我们大多数人来说是如此的“不证自明”，而且它离我们每个人的生活又是那般“切近”，以至于我们走在上面而不自知。这条大道通往的时代就是我们今天的时代，海德格尔称之为“原子时代”，这个时代的基本特征就在于“为科学所发现和释放出来的原子能被当作决定历史进程的力量”。毋庸置疑，这条大道正在而且还会继续给我们人类带来巨大而又几乎无穷无尽的利益和便利，但对它的盲目信赖和过分神化所造成的弊端，灾难和危险也正在、而且将越来越明显和急迫地显露在我们的面前。面对这一情境，海德格尔要求我们保有一种更深刻、更谨慎的思考。但问题在于是什么叫“更高的谨慎”？在面对“哲学，这是什么”这个问题时，我们怎样才算保有了“更高的谨慎”？

海德格尔似乎提出了两个建议。第一，我们需要警醒，不要再从通常理解的、划分出“理性”/“非理性”这样的地方“上道”，即不要从把“哲学当作一个用滥了的名称”的地方“上道”，而是从“与我们人的本质相关的、并且是触-动着（be-ruehren）我们”的地方出发。这里的德文词“beruehren”的意思是“触摸”“触动”“感动”，是一个动词。“beruehren”从另一个词“ruehren”来，后者的意思是活动、拨动、搅动。在很多情况下，德文动词加上一个前缀“be-”往往具有“使动”的含义。但海德格尔在这里有意将“be-”与“ruehren”拆开来，不仅有强调这个“be-”在构词上的“使动”作用，而且更暗含将这个“be-”与印欧语系中表述“存在”的一个主要词根“bhu”或“bheu”联系起来的想法。[①] 这样，海德格尔所谓的“与我们本身相关涉的、在我们的本质深处触动我们的”东西就和整个海德格尔思想的核心词“存在”(Sein/Being)发生了关联，而“存在”也被海德格尔视为全部希腊哲学的核心词。

海德格尔的第二个建议是“从起源处来倾听‘哲学’这个词”。首先，海德格尔这里告诉我们要“听”，而不是“看”[②]。我们知道，哲学的传统从柏拉图开始是“看”，柏拉图“理念”(eidos)的本义就是一种“外观”，就是“看”。柏拉图哲学的大部分的意象都和“看”有关，而海德格尔这里告诉我们要“听”。在文本的第 10～12 节我们可以看到，海德格尔讲我们要从起源处来倾听哲学，就是说，去“倾听”φιλοσοφια(哲学)这个希腊词，海德格尔后面说这个 φιλοσοφια 是我们当今原子时代的生庚证明或者出生证。我们的成就，我们的荣光，都源自这里。海德格尔在探问今天西方文化的渊源地。海德格尔说，这个希腊语词就像一条道路，“它一方面已在我们之前，因为它长期以来就已先行向我们说话”。换句话说，我们过去与今天的一切都预先受到它的影响；“另一方面，它又已在我们的身后，因为我们总是已经在听和说这个语词”。这是什么意思呢？在我看来，海德格尔想说的是，不仅我们的过去和现在受到这个希腊语词的影响，而且我们的未来也已在很大程度上为这个我们日常

① 参见 Martin Heidegger, *Einführung in die Metaphysik*. Frankfurt: Vittorio Klostermann, 1953, SS54。中译文参见[德] 海德格尔：《形而上学导论》(新译本)，王庆节译，北京：商务印书馆，2015 年。

② 维特根斯坦(Ludwig Wittgenstein，1889—1951)也讲过意思大致相当的话，尽管他的原话是“不要去思，要去观！”(Denk nicht, sondern schau!)[逻辑研究，66]，因为哲学的目标在于“让一切如其所是”(Laeßst alles wie es ist.)[逻辑研究，124]。

生活中所听所说的希腊语词规定了。所以海德格尔才说，“希腊词语 φιλοσοφια 是一条我们正在上面行进的道路”。

我们走在大道上，这是一条历史的道路。我们本身就是这条以 φιλοσοφια 为标记的思想文化大道的一部分。一方面我们是它的产儿，另一方面我们又是它的建造者，为它添砖加瓦，夯土筑基。但关于这条道路，海德格尔又说，“尽管我们有关于它的一大套历史学知识，但对其还不甚清楚(nur ganz undeutlich)”。为什么既说“有一大套知识”，又说“不甚清楚”呢？很明显，海德格尔区别了关于 φιλοσοφια 的历史学知识和它本身的“见识”。当海德格尔说“有一大套知识”，他是在说我们对哲学的历史很熟悉，做了很多历史学层面上的研究工作，但我们常常不甚清楚这条道路的“决定性意义”之所在。关于这一点，海德格尔在这里一语道破，“φιλοσοφια 是最初决定希腊人生存的东西，也决定着西方—欧洲历史的最内在的基本走向或基本特征”。在海德格尔的眼中，哲学本质上就是希腊的，而希腊的也就是哲学的。所以他才说，“在其本质的起源中，哲学为了展开自身，首先占用了希腊人、并且仅仅是希腊人”。我们知道，海德格尔曾有过一句著名的话，说不是我们说语言，而是语言让我们说出。φιλοσοφια 是哲学的一种发声，为作为一条道路展开自身，哲学首先占用了希腊来发声。

接着，海德格尔说 φιλοσοφια 的这般源始的属于希腊的生庚，经过中世纪基督教观念的洗礼，逐渐演变为现代的哲学与科学。海德格尔谈这段历史的意思是什么呢？基督教哲学一个根本的特征就是信仰。当哲学选中了希腊人，或者选中了这样一套理性和科学的道路之后，经由中世纪基督教信仰的洗礼，就造成了我们今天有人把理性和科学也当成信仰一样来对待的情况。把科学当成信仰来膜拜，就是所谓的科学拜物教。但海德格尔又说，哲学并不因为经过基督教的洗礼就成为

“非希腊”的，亦即“非哲学”的。现代科学的兴起和能占据西方思想文化中的统治地位，其根本原因还在于现代科学，甚至西方和欧洲，源始的就是“哲学的”。所以，海德格尔才说，“若无哲学出没于前，科学就根本不会存在”。

这样，在海德格尔看来，希腊哲学与现代科学是一体的，希腊的哲学是现代科学的渊源，而现代科学则是希腊哲学的展开与完成。哲学将我们系于一个独一无二的传统上，这就是希腊的传统，现代科学就从这个传统生长出来，所以，希腊传统开辟了一个发问“哲学，这是什么”的道路方向，或者说，哲学在希腊“上”了今天的“道”。所以，海德格尔说要理解我们今天的科技时代，必须回到希腊哲学起源的历史中去。只有这样，我们才能真正发问：“哲学，这是什么？”

如果我们真正倾听“哲学”这个词，并且深思所倾听的东西，那么，这个名称就会把我们召唤入哲学的希腊起源的历史中去。φιλοσοφια这个词仿佛就站在我们自己的历史生庚证明上；我们甚至可以说，它站在被称为原子时代的当代世界历史时代的生庚证明上。因此之故，唯当我们参与一种与希腊人的思想的对话之际，我们才能来追问“哲学，这是什么”这个问题。

六、希腊哲学的发问形式：“这是什么？”

不仅哲学这个主题是希腊的，其发问方式也是希腊式的。也就是说，无论我们要问的那个**什么**还是**如何**发问，乃至于我们今天所用的提问方式都是希腊的，带有希腊的烙印。应该说，看到并强调这一点是海德格尔“倾听”哲学的希腊开端时有别于一众哲学匠人的独具慧眼之处。

哲学的希腊式发问，跟西方思想文化的命运联系在一起。我们今天的语言方式和发问方式都带有希腊的烙印。那这个语言方式与发问方式的核心在哪里呢？海德格尔回答，就在下面这个看似最简单的发问之中：这是什么？

“这是什么？（Was ist das?）”这个发问是希腊文 τιεστιω 在现代语言中的一种表达。按照海德格尔的解释，这个希腊式的发问具有多义性。首先的一个意思就是指我们在日常生活中对某物的发问。例如，远处的那个东西是什么？回答说，一棵树。海德格尔说，当我们沿着这个日常发问继续深入，再对“这是一棵树”的“是”进一步发问时，我们就进入了希腊发问的周边近畿（Naehe）。这就是希腊哲学的发问方式，例如在苏格拉底、柏拉图和亚里士多德那里的发问：“美，这是什么？”“知识，这是什么？”“自然，这是什么？”“运动，这是什么？”我们知道，这是一种追求准确的概念定义的发问方式，也是今天科学发问的最基本方式。

我们知道，通过对“这是什么？”这个希腊式的发问方式的“解构”分析，海德格尔敏锐地指出，这个看似最简单的问题和发问方式实质上包含了西方哲学史上的一个最关键的难题，即本体论或存在论差异。“这是什么？”中的这个“是”实质上就是哲学中一般说的“存在”。用海德格尔的话说，在希腊文中，这个“是”一会儿指具体的存在物，一会儿指这个存在物的存在，它们都是一个语词。但这个看似简单无比的词，甚至直到今天，还在导致理解、解释以及翻译上的混乱和争议。

七、“是”抑或“不是”？

我们一般说海德格尔谈存在，首先区分存在与存在者，并且将其称为存在论差异，这说起来好像挺玄，实际不然。问题从存在者开始，存在者就是存在物，就是一个个具体的、活灵活现的事物，像“这棵树”“这匹马”“这块石头”“这瓶水”“这个人”。这些东西怎么就成为了这些东西？例如，在蚂蚁、蝙蝠的眼中，这也是“一匹马”“一块石头”吗？

大家看见，我手上拿着的是一瓶矿泉水，没有人会有疑问，这是一个存在物。但海德格尔说，希腊人开始发问这个问题，这在什么意义上“是”矿泉水？你会说，这还要问吗？一般人不会问这样的问题，但哲学家要问。哲学家问的是：究竟是什么东西使得这瓶矿泉水成为矿泉水？这就是在发问一个存在者（矿泉水）的存在（那使矿泉水成为矿泉水的东西）。让我们用一个电影故事来说明这个问题，因为这个故事就是从一个“饮料瓶子”开始的。

20 世纪 80 年代，我做学生的时候，看过一部国外的经典喜剧片，叫《上帝也疯狂》①。故事开头讲，在非洲大沙漠中有一个原始部落，这个部落的人，从来没有什么现代文明的概念，也没有接触过任何现代的人和现代的生活。尽管在现代人看来，他们的生活环境相当简陋匮乏，但他们对自然环境的恶劣并没有任何的抱怨。相反，他们自得其乐，自给自足。人们没有私心，之间也无纷争，他们的生活单纯又快乐。突然有一天，从空中偶然经过的飞机上扔下来一个可口可乐瓶子。这个在我们今天的人看来再平常不过的饮料瓶子却给这群原始人的平静质朴生活带来了天翻地覆的变化，也由此展开了一连串让人哭笑不得的故事。

原始人不知道什么叫可口可乐，甚至没见过瓶子。他们的世界里只有沙子、水、树木、飞鸟与野兽，还有他们的保护神……他们从来没有

---

① *The God Must Be Crazy*，南非喜剧影片，1980 年，加美 · 尤伊斯（Jamie Uys）编剧、导演。

见过这么奇怪的东西，像水一般透明，但却坚硬无比，它有一些漂亮的花纹在上面，可以吹出美妙的声音，还可以有许许多多实际的用途。原始人问，这是个什么东西呢？用海德格尔的话，这个问题就是，这是个什么存在物呢？原始人肯定不知道它和“可口可乐”有关，甚至也不会叫它“瓶子”，因为这些原始人没有这些“概念”。原始人有什么样的“概念”呢？他们如何为这个东西命名呢？依照他们的生活经验，既然是从天上来的，又有着这么多的好处，一定是神送来的保佑他们、为他们带来福祉的“神品”。这是他们对它的第一个命名。但是，不幸接二连三地出现。因为随着好处一天天被发现，独占欲也开始出现，纷争、矛盾慢慢地也越来越多，本来单纯质朴的人们发生改变。原始人对它的命名于是发生改变，这不再是神送来的神品，而是个邪恶的东西。于是人们决定，要去天边，将其丢弃，免得它继续给人世间带来灾祸。而影片的整个故事于是展开，原始人遇上文明人，一个个既喜又悲的情节画面在我们面前打开……

我举这个例子并不是想全面讨论这部影片，而是想借这个例子说明，当我们平常说一个东西“是什么”的时候，那个东西既不是天经地义的，也不永远就是“那个什么”。在很多情况下，它有可能恰恰就“不是”它原本所“是”或“应当是”的那个什么。套用哈姆雷特那句著名的台词，“是”还是“不是”，这确实是个问题。而海德格尔抓住的，恰恰就是这个问题！

八、“是什么”与“什么性”

“是什么”是呈现出来的。大千世界变动不居，头绪万端。究竟是什么东西使得一个事物或者事情呈现为这个事物而不是别的事物呢？

就是这个再简单不过的问题标志着希腊哲学的开端，而对这个问题的第一次系统的回答是在苏格拉底、柏拉图、亚里士多德的哲学之中。但在海德格尔眼中，这个回答却标志着希腊哲学，也就是哲学的巅峰，也是它的第一次完成。

例如，亚里士多德回答这个"是什么"的问题的一个主要方式是通过他的"范畴"理论来进行的。那么，什么是亚里士多德的范畴理论呢？

让我们用今天大家都很熟悉的一个新闻学的例子来说明这一点吧。如果你是一个新闻记者，要去报道一个新闻事件。你如何让这个新闻事件如其所"是"地呈现出来呢？需要具备哪些基本的条件或要素，你才算是基本、真实地报道出这个事件呢？新闻学的基本理论告诉我们，需要满足 5 个基本条件，这就是每一个新闻从业人员都耳熟能详的新闻的 5W 要素，即 what（何事）＋when（何时）＋where（何处）＋who（何人）＋why（何因）。这个说法的源头应该就是亚里士多德。这些基本要素大致都是我们认知、把握这个世界以及世界上的万事万物的"范畴"，离开了这些"范畴"，我们既不能说一物"是"，也不能说一物"非"或者"不是"。亚里士多德的范畴理论最早讲，决定一个存在物是一个存在物，是这个存在物而不是那个存在物的东西，是它的"实体""时间""空间""大小""位置""关系""运动或静止"等范畴，而且，在这些范畴中，"实体"范畴起着举足轻重，也就是最重要的作用。这就是亚里士多德非常有名的"十范畴"论。范畴使存在物突显出来，使这个存在者成为这个存在者而不是那个存在者，这在柏拉图、亚里士多德（之间有所不同）那里又叫作"什么性（washeit；quidditas）"。后来的哲学将其称为本质和概念。范畴就是最基本的概念，通过这些范畴、概念我们不仅将事物呈现出来，而且将其组织、整理起来，使其作为一个事物在周遭的世界系统中成立。后来康德的《纯粹理性批判》从判断表推出范畴表，黑格尔的《逻辑学》讲逻辑范畴与本体论以及历史的一致性，都是从柏拉图、亚里士多德的这个传统而来。所以，整个希腊的传统就是从发问“是什么”开始的。

发问一个东西“是什么”，就是发问这个东西之为这个东西的“什么性”。同时，这种发问的形式就是典型的印欧语系的主谓句式，即 Was ist das?（这是什么?）我们问，这是什么？答曰，这是一瓶水。这是什么？这是一支笔。那是什么？那是一个人。我们这里的回答用的都是与概念定义相对应的主谓叠加的句式。在这里，概念是种，种加属差就体现出一个人、一个物的是什么。这是一种特定希腊哲学式的发问。所以，海德格尔说，当人们这么发问“哲学，这是什么”的时候，就已经进入了希腊的轨道。

九、“树是什么?”与“人有几个脚趾头?”

海德格尔举的例子是“树”。我们首先会问：“这是什么?”答案是：这是一棵树。但我们还会按同样的方式接着问：“树是什么?”这种希腊的发问形式就让我们进入发问“树”概念或者“什么性”了。如果我们通过概念范畴来理解甚至定义一个事物，例如这里的树，任何一本字典或者科学教科书都会告诉我们，这是一种在陆地上生长的木本植物，它一般具有树干和树枝，区别于草本植物和水生植物。当然，我们还可以根据不同层面的范畴将其区分为松树、柏树、柳树、杉树等。这个理解过程好像对所有的人来说都是如此，于是，我们对这棵树的理解就来自某种普遍的概念甚至定义。但情况真的是如此吗？还是说在“科学概念”下定义的“树”只是这个东西“所是”的一个方面而已？换句话说，在某个特定的时间、某个特定的地点，对某些特定的人，它常常不仅仅是一棵树，而且主要不是一棵树。比如两口子的金婚纪念日，当年在“树”下海誓山盟，现在又到了这棵“树”下，那么这棵“树”就是他们爱情的见证物。如果有一天我们在森林中迷了路，找到了这棵“树”，发现是来时见到过的，它就不仅仅是“树”，而且更是路标。海德格尔的问题不是这个存在究竟是作为一棵树，还是作为一处定情地，抑或一个路标才是正确的，而是要讨论它怎么就成了一棵树、一个定情地或者路标的，或者究竟是怎样的情境、境域让它作为一棵树、一个定情地或者路标“是”起来或“是”出来的呢？

这样的问题由哲学家们拓展出来。希腊哲学家的问题中隐含有更高一层的问题：即发问那个使得“是什么”成为“是什么”的根据，即“什么性”的问题。所以海德格尔说“……不仅是要寻求对自然、运动或美的一个更准确的界定，而同时也是对这个‘什么’意味着什么、这个‘什么’必须在何种意义上被理解这样的问题给出解释”。海德格尔这里的确切意思是说，当人们在存在者层面上界定“是什么”的时候，已经在存在论层面上给出了某种“预设的解释”。例如，当被问到“树上 10 只鸟，打死一只还剩几只”的问题时，我们一般会脱口而出，马上给出“9 只鸟”的答案，因为我们预设这是一个初等算术计算的情境，或者一个小学算术课的课堂，这时问的只是一个简单的算数关系问题，无须考虑其他的关系。但如果我们不假设这个预设，或者换个预设，答案马上就会不一样。如果我们从逻辑可能性的角度说，上面的答案立刻就会出现问题，它可以是 1，可以是 0，也可以是 9，甚至可以是 0 到 10 之间的任何数，因为这里牵涉很多的预设。但如果你在课堂上这般纠缠，就像我们上面见到的那个“聪明”的学生那样，八成不受老师喜欢，甚至会给你零分，因为这是在小学生的课堂上，老师假设的就是一个单义的情境。所以，当我们发问的时候，往往就已经“上了道”，即已经假设了应该怎么回答。我们不再质疑发问本身，关注的只是答案的对错或者是否有意义。

维特根斯坦也举过相似的例子。他设想遇见一个火星人，火星人发问：“人有几个脚趾头”。他回答说有 10 个，并脱下鞋子让他看。[①] 但我们绝不会向我们的同胞发问这样的问题，更不会脱下鞋子去证明这一点。因为无论发问的人或者将其作为一个问题来回答的人，一般都会被认为是不可思议，这样的人除了是“精神病”，大概就是“哲学家”了。但大家想一想，为什么这个问题就不是问题呢？究竟是什么东西使得这个问题成为有意义的发问呢？人有 10 个脚趾头，这是我们不用扳脚趾头也都知道的事。但如果你现在跟外星人说，告诉你，我们人有 10 个脚趾头，外星人说：“真的吗？我来看看。”你脱下了鞋子，“说明”，甚至“证明”给他看，这无论对发问者还是回答者都是件有意义的事，因为外星人也许根本就没有也不需要脚趾头。

究竟是什么东西使得我们说的一棵树“是”一棵树，一个瓶子“是”一个瓶子，或者使得发问“人有 10 个脚趾头”成为有意义的问题的呢？这背后就是海德格尔所说的“存在”。而这个“存在”，无论我们是否意识到，当我们发问任何一个存在者，并按主谓词的句式说出来之际，我们就已经假设了它。古希腊哲学家以及后世的哲学家们把这个问题解释为“什么性”的问题，他们之间的不同只在于各自的答案而已。问题以及发问的方式都是一个，柏拉图、亚里士多德、康德、黑格尔都是如此，都源自同一个希腊问题。“在任何情形下，当我们联系哲学来问‘这是什么’时，我们便在追问一个源始的希腊的问题。”怀特海（Alfred Whitehead，1861—1947）曾说后世的所有哲学都可视为柏拉图哲学的

① ［英］维特根斯坦：《论确实性》，张金言译，桂林：广西师范大学出版社，2002 年，第 430 节。

注解，他想说的也就是这层意思，即所有的哲学发问都是在柏拉图那里上了道，我们后来就在这条道上行走而已。所以，哲学的发问，要追到根基，必须回到柏拉图发问的希腊时代。

由此，海德格尔得出结论：当我们的发问："哲学，这是什么"无论是其发问的论题（哲学），还是发问的发问方式（这是什么?）都是彻头彻尾希腊式的。所以，"一旦我们发问这个问题，即不仅是在字面上说出'哲学，这是什么'而且还沉思此问题的意义，那我们就被专门召回到这个源头之中，为此源头并被此源头索去了魂"。这就是为什么海德格尔接着说这是决定着西方-欧洲命运的**那个**历史性问题。

十、"我们走在大道上"与"瞥一眼圈子"

海德格尔要我们回到哲学发问的希腊源头，但问题是：在这个源头我们应该怎么做呢？如果希腊的发问方式以及问题本身早已就确定，而且是命运，我们还有什么好做的呢？海德格尔看到这一点，但他仍然说，回到希腊哲学的发问源头并不必然保证我们能够真正地回答这个问题，而只是通过追问其历史性的起源，找到其"指向历史性的未来方向"。我们正行走在这个问题所开展出来"从希腊一直延伸到我们这里"的道路上。这也就是说，我们今天的人们，无论意识到没有，都已行进在希腊哲学的这条道路上。所以，发问就是对这般行走的本质进行发问。我们已经走在这条路上，未来还会继续走，我们要发问的是"走上这条道路之为走上这条道路"是怎么回事，而不是发问在这条道上我们怎么走，那是另外一个层次的问题。尽管这条道路的目标走向非常清晰，"但我们并不因此而得到保证，我们直接地就有这般能耐，能够正确地走上这条道路"。海德格尔的意思是说我们上了这条路，但这并不必然保证我们完全知道我们是怎么上来的。我们正在行走的这条道路，虽然“方向清晰”，即我们将“某物是什么”视为某物的“本质”，但这样一来，其本质之为本质的问题，即我们如何上的道，却变得模糊不清了。只有当这种模糊不清开始出现，被意识到，原本以为“清晰”的本质被动摇、不确定之际，发问才会真正地“觉醒”。

我们今天走在现代科学技术所夯造的“现代性”大道上，这是我们人类的自豪与骄傲。但到了胡塞尔、海德格尔这一代人，他们生活在两次世界大战之间，看到的更多是“欧洲科学的危机”，以及这背后蕴含着的人的危机。所以海德格尔这里说，我们讨论的问题涉及哲学的本质，而这是一个大可被追问的问题，因为它是我们这个时代的亟需。换句话说，当我们发问“上道之能耐”的问题时，我们所问的就不再是存在物层面的问题，而是存在论层面的问题。

现在的问题是，如果要对道路本身进行发问，即对存在本身发问，我们是否会不得不就此进入一个循环圈子？这与海德格尔在《存在与时间》关于“解释学循环”的那个著名发问如出一辙。“于是，我们便奇怪地被逐入一个圈子之中。哲学本身看来就是这个圈子。就算我们不能直接跳出这个圈子，总还可以瞥一眼（blicken）它。”当我们生活在日常状态中时，总有一些先见、偏见、背景作为“前设”“前提”“根据”这些东西规范、引导、影响，同时也遮蔽着我们的眼光和目光。我们就“住在”大大小小的各种“圈子”中，我们觉得理所当然、天经地义。就像地是否真的分南北东西，人是否真有十个脚趾头，这些问题我们从来不会去问的，直到有一天来了外星人。这个发问就使得存在物凸显为存在物的那个存在之背景隐约出现。我们实际上已经处在这个圈子里，跳不出来，就像诗中说的“不识庐山真面目，只缘身在此山中”。不过，虽然我们跳不出来，也看不太清楚，但偶尔还可以瞥上一眼。当我们发问这个问题的时候，实际上就是在“瞥一眼”而已。

既然“瞥一眼”，那我们的目光应该转向何方？海德格尔让我们去看 φιλοσοφια 这个希腊词。这种瞥一眼，或者“瞥一眼圈子”，就是将“目光”从存在者转向存在，真正地去发问存在问题。这个“瞥一眼”不是“概念式”的看，也不是“纯粹语词含义”的分析，而是“希腊式地倾听一个希腊词语”，因为“希腊语，‘而且只有‘希腊语’才是逻各斯”。这样说来，哲学的发问与运思，在海德格尔看来，也许需要语言分析和概念分析，但决不能简单地局限在或归结为一般的语言与概念的分析，尤其是逻辑学分析，而是要深入逻辑学的根基处，深入到希腊人的 logos，只有在那里，我们才能“瞥一眼圈子”，即“希腊式的倾听”和“直接地寓于眼前的事情本身”。

十一、哲学之“爱”的原本：“欲爱”还是“友爱”？

哲学是对智慧的“爱”，这是全部西方哲学和科学思维的开端，这一点，我们在谈到苏格拉底对哲学的“申辩”之际曾反复说明。但究竟什么是“爱”？后来的西方哲学史上，关于“爱”的说法主要有“欲爱”(eros)、“友爱”(friendship)与“(神)恩爱”(agape)三种。苏格拉底所讲的哲学之爱究竟是哪一种呢？苏格拉底语焉不详。从 Φιλοσοφια 这个希腊语词中，海德格尔究竟听到了什么与众不同的关于“爱”与“智慧”的音讯呢？这也就是“哲学，这是什么”一文自第 23 节到第 35 节探讨的主题。

苏格拉底谈哲学，可以说是通篇未著“哲学”一字，但尽得哲学之风流。高手过招，往往非同寻常，出手即见不凡。海德格尔这里是直指 Φιλοσοφια 的源头，指出这个词大概可以追溯到赫拉克利特所创制的 φιλοσοφοζ，而这后一个词的意思就是“热爱智慧的”。海德格尔提出一个很有意思的说法，即赫拉克利特所说的“热爱智慧的人”(αυηρφιλοσοφοζ)与后世所讲的“哲学家式的”人还不太一样。赫拉克利特指出理解这个词的要害在于将“热爱”读解为“协调”“应合”，这也就是赫拉克利特那里的以“逻各斯”(Λογοζ)方式去言说的含义。

我们读苏格拉底、柏拉图，看到他们将哲学理解为一种对知识本身的不断追求和欲求，这是一种“爱欲”的表现，尽管我们必须承认，人的“爱欲”追求，由于人的有限本质，无论达到何种程度，比起无限的知识本身而言，终究还是无知。所以在人的知识(哲学)与神的知识或知识本身之间，永远横亘着一条无法超越的鸿沟。但海德格尔这里关于赫拉克利特“智慧之爱”的解释，重点却不是“爱欲”或“欲求”之爱，而更多的是一种相互间的“应合”“唱和”“调和”以及“谐和”之“友爱”和“关爱”之爱。如果将这层意思突出出来，我们就可以看到，海德格尔解释赫拉克利特的 Λογοζ 的角度为什么是“让……聚合在一起”“让……协调”。“一物与另一物相互榫接铆合，因其相互间的占有而源始地相互榫接铆合起来-这种协调就是赫拉克利特所思的 φιλειυ，即‘热爱’的表征。”

海德格尔说，赫拉克利特这里使用的 σοφου(智慧)一词极难翻译，但我们也许可以将之解释为“那个将那存在者集聚出来”的，“使存在者成为存在者”的“唯一者”“统一一切者”。这也就是海德格所说的“存在”，即集聚着的逻各斯。

存在将那存在者集聚出来，使存在者成为存在者。海德格尔的意思似乎是：正是存在的逻各斯力量，才使得那形形色色的存在者集聚突显出来。所以，赫拉克利特才说：“σοφου(智慧)说的是：一(是)一切。”海德格尔的读解是：“存在将存在者‘**是**’(ist)出来。”①这里的“是”

① 这里的原文为：Das Sein **ist** das Seiende。加上海德格尔在这里的解释，我将之译为“‘是’出来”。

(ist)被加了着重号,海德格尔特地强调应当作“及物动词”使用,所以,我以为这里他想用赫拉克利特对“智慧”与“逻各斯”的解释来说明他自己的关于存在与存在者的关系,即一个个存在者之所以存在着,之所以是这般存在着而不是那般存在着,完全是因为存在自身的逻各斯的“集聚”力道以及在这一力道中的存在与存在者之间的“应合”“谐和”作用和过程。正是在这一“应合”与“谐和”之“爱”中,存在得以打开,用海德格尔的话说就是,存在在“闪现”,在这一存在的“闪现”中,我们也才可能“瞥上一眼”。

十二、从智慧之“惊讶”到哲学之“爱欲”

接着,海德格尔又巧妙地将如此解释的哲学的“智慧之爱”,即“和合”“应合”之“爱”,与希腊关于哲学起源的另一说法连接起来,即哲学源自“惊讶”。按海德格尔的解释,“惊讶”就是那在存在“闪现”之际“瞥上一眼”的运思之开启。“然而,正是存在者于存在中被集聚出来,存在者显现于存在的闪现中这回事情,使希腊人惊讶不已。希腊人最早而且也唯有希腊人才惊讶于此。存在者在存在中——这对希腊人来说成了最可惊讶的事情。”这里的重点应该是放在存在上,思想对闪现中现身的**存在**发生惊讶。

海德格尔说,希腊人的这种最初的“惊讶状态”(Erstaunlichkeit),立即遭到了智术师们的“知性攻击”,而“智术师的这种知性总是为一切备下了人人都能立即理解的说明,并把这种说明放到市场上去兜售”,于是,智慧就变成了人人都可以学、都可以操纵出卖的东西。所以,希腊人最初是惊讶,然后则是在“智术师”的“攻击”下起来“拯救”(retten)与“保护”(schützen),即对那“最可惊讶的事情——存在者在存在中

(Seiendes im Sein)——的拯救”，而这一切，“是由一些人走上通往这最可惊讶的事情——即 σοφου(智慧)——的道路来实现的”。

思想对“智慧”的“惊讶”通过“拯救”活动转向一些希腊人的“追求”和“思慕”活动，即“欲求”，于是，哲学就出现了。海德格尔这样说道，“通过拯救活动，这些人就成了追求(streben)智慧的人，并通过他们自己的追求，在其他人那里唤醒了对智慧的思慕(die Sehnsucht)并使这种思慕保持活力”。所以，最早的“热爱智慧”作为源始地与智慧的“协调”与“和谐”，就变成了一种“思慕”，一种“追求”和“欲求”。“由于热爱不再是一种与智慧的源始协调，而是一种对智慧的特别的欲求，所以，‘热爱智慧’就成了‘哲学’。而哲学的欲求就由 Eros 来规定了。”

这样一种欲求就成为后来哲思活动的主流。哲学成了一种人的思慕，人的欲求和爱欲(Eros)。于是乎，思想就变成了哲学。在海德格尔的眼中，从 φιλοσοφια 作为“一即一切”的智慧中的“协调”“和谐”到对智慧的“欲求”，同时也是一个希腊思想史的历程。前面关注的是“存在者在存在中”，重点在存在，而后面则是“存在中的存在者”，重点在存在者。就在这一演变过程中，“思想”变成了“哲学”，哲学的基本问题成了“就存在者的存在而言，存在者是什么”。所以，海德格尔说赫拉克利特与巴门尼德尚不是哲学家，他在这里并无任何贬斥之意，恰恰相反，这两位先贤被赞颂为更伟大的思者。而又过了大约 200 年，哲学才在苏格拉底和柏拉图手中(经由智辩术的酝酿准备)走向完成。

十三、亚里士多德：哲学的完结者和西方哲学传统的开启者

希腊哲学的这一进程被海德格尔用一段亚里士多德著名的话表述

如下："自古至今，（哲学）一路直行去向那里（sich begeben）而却总又在那里找不着入口（den Zugang nicht finden）的东西（发问的问之所问）乃是，存在者是什么?"在海德格尔看来，希腊哲学在亚里士多德这里达到高峰并终结。这里的"sich begeben"既有"着手去做某事"，也有"自愿放弃"的意思。这个词讲的就是一种"目不斜视，一路直行，自愿放弃其他的东西"的状况。而这句话的后半句是说希腊哲学自柏拉图、亚里士多德之后都将存在问题的"问之所问"定位在存在者层面，所以总也找不到问题的"入口"。

换句话说，通过这个译文，海德格尔想说，第一，存在问题在亚里士多德那里已经变得不甚清楚，变成了"存在者是什么?"的问题。是这个问题在哲学中被不断欲求，这表明哲学已从思处堕落；第二，这样的欲求，因为压根儿就不对道路本身进行发问，所以总也找不到"入口"，即找不到对道路之为道路的发问"入口"或"通道"；第三，所以问题不在于"不断地"去"欲求"，而在于从这样的层面去发问问题，从一开始就走入迷途，层次不对，必定"南辕北辙"，因此，无论人们如何努力"欲求"，总是不得其门而入。就像前面我举的猴王的例子，因为人和猴子在不同层次上，所以即使上帝把猴子变成了人，它还是想做回猴子。

按照海德格尔的说法，这就是以柏拉图、亚里士多德为代表的哲学存在论本质主义传统的开端。在这里，哲学的根本问题成了"存在者的存在问题"。关于这个问题的答案，亚里士多德提供的是"存在者性"（Seiendheit），这也就是柏拉图的"ουσια"（在场）。不同仅仅在于两人对其规定的不同，在柏拉图，它是"eidos"（相），而在亚里士多德，则为"实现"。

海德格尔举出亚里士多德《形而上学》第一卷中关于哲学的定义来说明这个开端。这个定义照字面意思一般说的是：哲学是"关于第一根据和原因的智识”。海德格尔首先解读，这里的“智识”说得并非是我们今天的人们在现代哲学与科学影响下所理解的“知识”或者“科学”概念，它讲的首先是一种人的能耐，一种“精通”和“胜任”或“管辖(力)”(Zuständigkeit)，而这种“胜任”“管辖”又通过“观看”“思考”来实现。按照这一理解，哲学首先是“能观看的胜任管辖(力)”。其次，这种“观看”“思考”的是存在者的“第一根据和原因”，亚里士多德正是将它们“铸刻”并“接纳”为“存在者的存在着的存在”。将上述两点结合起来，海德格尔得出结论，“上面所引的亚里士多德的话告诉我们，从柏拉图以降一直被称为‘哲学’的东西是在向哪个方向行进。这句话给出了一个关于‘哲学，这是什么’的答复。哲学是一种胜任管辖，它有能耐把存在者收入眼帘，亦即有能耐就存在者的存在来洞观存在者**是什么**”。

海德格尔这里的意思很清楚，一旦柏拉图、亚里士多德哲学将“人的眼帘”以及与此相应的作为“存在者的存在者性”的“第一根据与原因”视为哲学发问的“问之所问”，整个西方哲学的命运或者道路也就确定了。

海德格尔接着又问，亚里士多德对“哲学，这是什么”这个引起不安和激动的问题给出了一个回答。但这是不是想说，进一步的讨论不再有必要了呢？有一种观点认为，亚里士多德并没有终结讨论，他只是给出了诸多答案中的一种而已。但海德格尔不这样认为，他认为亚里士多德给出的答案的确是众多答案的一种，但亚里士多德给出的答案是致命性的，它具有“分水岭”般的作用。就像孟子“人性本善”的回答，尽管这是当时回答中的一种，但这个回答对中国思想也极具“命运性”。亚里士多德的回答“铸刻”了西方的整个思想道路，它可以用来作为标准，设想、解释之前和之后的哲学。海德格尔说，我们并不否认直到尼采的两千多年的西方哲学史中有变化，但主调是“同一”，所谓变化只是“同一中的亲缘之保证”而已，这个“同一”的源头就是亚里士多德。

亚里士多德对“哲学，这是什么”的回答是“致命性”的，这并不意味着它是对赫拉克利特、巴门尼德开始的问题的唯一和绝对的回答。海德格尔说，它只是希腊思想和使命的一种特定解释和“自由结果”。也就是说，这个回答并不具有必然性。这里似乎隐含着对黑格尔式的哲学辩证发展史观的批评。另一方面，它也不是历史学式的通过比较前后定义，然后加以归纳演绎的结果。譬如我们首先统计在希腊有多少种关于哲学的定义，最后到了亚里士多德的时代，他加以总结，归纳比较，抽象推论，最终得出具有共性的一般结论。海德格尔也不认可这种说法。因为，“在这条道路上，我们决不能获得对这个问题的真正的也即合法的答案”。

可见，对问题的真正答案只能是“进行着哲思的(philosophieren)答案”，海德格尔将其描述为“一个作为应答(Ant-wort)而在自身中进行哲思的答案”。那么，什么是“一个作为应答而在自身中进行哲思的答案”呢？海德格尔这里暗指他在下面将要对“哲学，这是什么”这个问题给出的正面回答。海德格尔想说，亚里士多德的回应，也就是说，希腊哲学的以亚里士多德、柏拉图为巅峰的关于这个问题的回应，虽然并非如黑格尔所说的那样出于必然，但也绝非偶然，而是在当时希腊面临“存在的闪现”的“惊讶”情境与情景下，各种因素、力量之间协调、集聚、争执、对应、呼应、应合过程的结果，而这后来就铸成了西方的命运。所以“哲学”在最根本上无非就是这样的一种呼应、应合与协调、定音的关系和过程。

十四、哲学的“对话”：对存在之“劝说”的“应合”与“调音”

海德格尔这里开始从正面谈他对“哲学，这是什么”这一问题的回答。应当说，这是海德格尔本文最后的任务。

在这里，海德格尔首先说，要想对“哲学，这是什么”进行哲思式的应答，我们唯有与历史上的哲学家进行“对话”。这种对话同“确定和描写哲学家们的意见”的哲学历史研究完全不是一回事。哲学是一种思想的对话。哲学家的思想是由召唤他们思想的存在所启动的，所以，与哲学家对话就是应答那个东西的召唤，就是真正地应答“哲学，这是什么”的问题。所以，回答“哲学，这是什么”这个问题需要的不是答案，而是“对话式的”“应合”或者“应和”(Ent-sprechen)。

回答(antworten)与应合(entsprechen)不同。我们平常发问一个问题，总期待有一个解答，有一个答案。但海德格尔认为，疑难是一个问题，但疑难不一定有答案，而且往往没有答案，疑难召唤和唤起应合。所以，问题(Frage)与疑难(Problem)的区别就像回答与应合的区别。

所以，“对‘哲学，这是什么’这个问题的回答就在于：我们应合于哲学向之行进的那个东西。而且，这个东西就是存在者之存在。在这种应合中，我们自始就倾听着哲学已经向我们劝说的那个东西了；这个**哲学**就是希腊所理解的 φιλοσοφια。因此，我们只有进入了应合之中，即获得了对我们的问题的回答，我们才会保持在与哲学传统递送，即释放我们去往那里的那个东西的交谈之中”。

这种交谈、应合不是抛弃、断裂历史传统，而是“解构”。“解构”(Destruktion)是海德格尔早年常用的一个概念，例如在《存在与时间》第 6 节、《现象学基本问题》第 7 节、以及在《康德与形而上学疑难》等著作中，海德格尔都有专门论述。在这里，海德格尔将其与他的“应合”的说法呼应起来，“解构的意思不是摧毁，而是拆解、肃清和撇开那些关于哲学史的纯粹历史学陈述。解构意谓：开启我们的耳朵，精心倾听在传统中作为存在者之存在向我们劝说的东西。通过倾听这种劝说，我们便得以应合了”。

考证性的历史学研究当然很重要，但海德格尔讲的不是这个。海德格尔说我们作为人，“早已”并且随时随地都在应合之中。这是人之为人的本质。所以，哲学不是人去追求，而是人去回应和呼应。海德格尔说，不是我们原先没有应合，通过学习哲学，我们就应合了。我们每时每刻都在回应存在对我们的召唤，只是有时候我们意识到了，有时候我们没意识到罢了。我们的生活存在每时每刻都在变化，都会有新的情况在向我们“劝说”，而我们的每一个行为，在本质上都是一种应合。“哲学”活动只不过是将这种我们先前没有注意或关注的应合去突显、展现出来而已。这样看来，应合是一种更源始的概念。也许古代人的第一次直立行走、第一次用火、第一次穿衣服、第一次……都是一种应合。当然，当我们回答“哲学，这是什么”的时候也是一种应合。因为每个时代的自然存在以及人类的生生不息，永远在变动之中，也不时出现召唤和“劝说”，如果我们倾听，我们就呼应、就应合。运思的思者当然就是在倾听那最“触动”我们内心本然的呼唤和劝说。这种倾听并不仅仅是后来苏格拉底讲的不断“追求”，更不局限于一种理性的察验，而是一种回应，一种协调定音。这里应该说有点像我们中国人讲的天人合一。人与我们的周遭环境有一种相互呼应的关系，而这种呼应协调的本质，就是对智慧的爱。应合有不同的方式，“这种应合以不同的方式发生，依存在之劝说如何说话；依这种劝说被听到与否；依被听到的东西被道说了，抑或被保持着沉默”。我们前面讲到，牛顿和爱因斯坦是哲学家也可以是在这个意义上说，他们实际是对那个时代出现的这样一个存在的呼唤或者劝说所生发的一种人类的应合。这一呼唤出现了，人听到了，“在内心深处触动”，于是应合它，这就出现了一种协调的关系，在海德格尔看来，这才是哲学与科学，乃至全部人类生活与生存的本质。

十五、哲学之“调谐—定音”的“情调”

这样说来，“哲学”在海德格尔的这般解读中，就成了一种存在“劝说”与存在者的“应合”之间的“调谐-定音”的“情调”过程。这不仅回应文章开始时通过引述著名作家纪德的诗句所隐含的对哲学与“情感”关系的传统偏见，而且更直指后期海德格尔关于哲学运思与诗意情调之间本质关联的基本立场。

让我们全文引述下面这一段，它在全文中应该属于最为重要和核心的段落：

> φιλοσοφια 是真正实行了的应合(Entsprechen)，这种应合由于关注着存在者之存在的劝说(Zusrpuch)而说话(spricht)。这种应合倾听着劝说的声音(Stimme)。作为存在之声音(Stimme)向我们劝说(zuspricht)的东西定调着(be-stimmt)我们的应合。于是，“应合”便意味着：从存在者之存在而来被定调(be-stimmt sein)，即 etre dispose(安排调整)。Etre dispose 的字面意思是：被分解、被澄清，并由此而被置入某某存在的关联中。存在者之为存在者定调着(bestimmt)言说(Das Sprechen)，其方式是：道说(das Sagen)调谐(abstimmt)(协调/accorder)于存在者之存在。应合(Entsprechen)必然而且始终就是一种合辙的(gestimmt)应合，而并非仅仅偶然地和间或是一种合辙的(gestimmt)应合。它在一种合辙状态(Gestimmtheit)中存在。而且，唯有在这种合辙状态(安排)的基础上，这种应合的道说才获得它的精确性，它的音准(Be-stimmtheit)。

这一段具体述说了哲学运思如何“应合”来自存在的“呼唤”与“劝说”，而这里的核心词为德文词“Stimme”（音）。在德文中，Stimme 是“声音”，Stimmung 是“情绪”“情调”“情感”，而 bestimmen 是“规定”，这是概念范畴和逻辑推论的本质。请注意海德格尔这里将前缀“be-”与“stimmen”分开，中间加上破折号。他的意图无非有二：第一，任何作为理性思考的概念范畴和逻辑推论的“规定性”（bestimmen），本质都来源于作为词根的“声音”（Stimme）以及与此相关的“情感”/“情调”（Stimmung）；第二，这种由“音”和“情”生发来到概念、逻辑的过程乃是出于对“存在”（be-/bha）的“呼唤”和“劝说”的“应答”和“唱和”最后被“定音”“定调”“合辙”的结果。所以，be-stimmen 不仅是定调、定音，又慢慢成了安排、调整、规定。这里，海德格尔将以“stimm-”作为词干的一个系列的词族，用一个哲学的解释串联起来，于是，我们不仅有“声音”（Stimme），“定调”（be-stimmen），“被定调”（be-stimmt sein），“调谐”（abstimmen），还有“合辙的”（gestimmt），“合辙”（Gestimmtheit），“音准”（Be-stimmtheit）等。

通过用一套近乎描述音响和音乐的词汇来说哲学，解说哲学的“智慧之爱”，海德格尔想传达的信息是：哲学首先不是概念逻辑，不是分析、推理、演绎之类的东西，而是一个应合、调音的过程，是存在者和存在者之间“劝说”和“应合”的谐音和唱和。只有当这种调谐经过历史的慢慢定音合辙，沉淀下来才形成我们今天讲的逻辑概念和理性规则的规定性。哲学运思的本质是定调定音，是协调谐音。用这样一种方式解释哲学的诞生与哲学的本原，就是回归到前苏格拉底希腊哲学的源头。在海德格尔的这一古朴而又极具创造性精神的读解中，蕴含着一种对现存的哲学理念，特别是经由启蒙精神洗礼的哲学概念之理解的批判。在这里，哲学运思首先不再是对象性的“看”，因为这种“看”，无论采用“第一人称”还是“第三人称”，都隐含有极强的“主体性”的意味。这种“看”教导我们去看我们人怎么去“为自然立法”，怎样用先天的“范畴”“概念”“形式”去规范、整理作为“对象”的“感觉与料”或者“质料”。哲学运思首先要舍弃“主体性”的强势，放下身段去倾听，去协调、融合、调音。在这种磨合、对应、呼应中，慢慢形成一曲天地人神、自然万物间的互动、互振，互响、互应式的共响和谐，这才是真正作为哲学之思的“智慧之爱”。

所以，海德格尔在回应“哲学，这是什么”的时候，要回到的是比亚里士多德、柏拉图的年代更古老的那个“思”的时代，他想我们返回到那个时代最源初的思考。

十六、哲学：“惊讶”中的“开端”

存在不断在闪现中露面。我们整个哲学的历史就是在这样一种对存在露面的“惊讶”之“情调”中的不断调谐和定音的过程。哲学的历史，不是像某些哲学家，例如黑格尔所断定的那样，只是概念精神演变的历史。在海德格尔眼中，它不是范畴推演的辩证逻辑过程，而是在存在之惊讶的情调中反复进行的调谐、定音、谐和、定调的过程。所以海德格尔说“应合”本质上就是一种情调的不断调谐与合辙。但这也并不稀奇，希腊人早就有了这样的理解，因为希腊人最早表示的惊讶实质上就是一种情调。

柏拉图、亚里士多德都将“惊讶”视为哲学的“开端”。在柏拉图那里，“惊讶”就是一种“情调”。而这个“开端”并非简单指最初发生过就了事，就成为多余的情况，而是说“惊讶”不断发生，“开端”也一直不断地出现，这就是“哲学”。换句话说，“惊讶承载着哲学，一直贯通并支配哲学的每一步骤”。

惊讶作为情调首先说的不是现代心理学意义上的“情感”“情绪”“激情”，而是在哲学存在论意义上的调谐、调整、定音、定调。在这样的“惊讶”之“情调”(Stimmung)中，存在者的存在开放出来。

海德格尔接着又说：“我们在惊讶中保持住自己(etre en arret)。我们仿佛是从存在者那里退回来——从存在者存在并如是存在而不是别样存在这回事情那里退回来。但惊讶也不全然地从存在者之存在那里退回来。相反，作为这种退却和自我保持，惊讶同时好像被扯拉向和被系执于它所退出的地方。因此，惊讶就是一种调整安排(dis-position)，在这一调整中并为了这种调整，存在者之存在自行开启出来。惊讶乃是一种情调，在其中，希腊哲学家获得了与存在者之存在的应合。”

这一段话讲的是什么意思呢？这里，海德格尔是从一种心理惊讶状态的描述说起的。“惊讶”在这里可以首先在某种意义上被理解为是心理的“惊诧”。当惊诧的时候，我们往往都会情不自禁地缩回到自己，保持住自己。我们会从外物退回来，因为这个外物突然与我们原先以为的不一样了。譬如我一直以为我手中拿着麦克风，但突然间觉察到这似乎是一条蛇，我就会惊诧，立即将它扔掉，就会退回来，退回到自己本身。海德格尔分析说，当我们使用某个东西，与之打交道时，我们往往习以为常，沉溺于其中，这时我们不会惊讶，但一旦遇到跟我们的预设相反或者完全不同的时候，我们就会退回来。当我不把麦克风当麦克风的时候，我就会退回来，这时候，存在就显现了，因为你突然发现这可能不是话筒，而是……海德格尔说就仿佛我们从存在者那里退回来，即从通常的存在论设定的那个样子那里退回，不再信任那本来相信的样子。而这种“退回”到“自身保持”的同时，又有一种力量要将我们往回“扯拉”与“系执”，这就是“惊讶”的实情。海德格尔说退回的只是某种存在论解释之下的存在者，而非全然地从存在那里退回。我们在本性上无论如何都要有一种存在论支撑着，所以，在惊讶的同时，我们既退回又被拉向那个地方。海德格尔的原话是“作为这种退却和自我保持，惊讶同时好像被拉向和被系执于它所退出的地方”。这个意思是说，你总要有一种存在，即使不把麦克风当成麦克风，总要把它当成一个东西，一方面你要退回，一方面你又被拉回去，不用这个设定就得用别个设定，只不过传统的设定没有了，也要有一个新的设定。就在这个转换之中，“存在闪现”。所以海德格尔说在这种“既退又拉”中，调谐、调整、定音似的应合发生。哲学起源于惊讶，这种惊讶让我们抛弃传统的习得。在进入、酝酿新习得的惊讶中，新习得调谐、调整、定音，而在这中间，存在显现。所以海德格尔才会说正是在这般的应合中，存在之存在自行开显出来。

海德格尔这里讲得比较抽象，但我觉得似乎并不难理解。这样的例子太多了，比如说中国的现代化进程。从当年的鸦片战争到甲午战争、戊戌变法、辛亥革命，那标明的是中华民族的“大惊讶”，按照当时时兴的说法是“三千年未有之大变局”。在这场变局中，我们曾经习以为常的诸如君君、臣臣、父父、子子这样一套观念、制度以及这套观念制度赖以为基的那些东西，即“存在论”层面上的东西，一下子都靠不住，土崩瓦解了，整个中华民族处在大惊讶、大惊诧中。而在这个“惊诧”中，另外有一套“存在论”向我们显现出来，这套“存在论”告诉我们来自西方的自由、平等、民主、科学、个体、权利、进步、市场、竞争等不同的观念与道理。我想今天我们民族的文化就处在这样的一个惊讶、调谐的历史进程中。传统的那套东西已经没有太多的人去信了。虽然也有不少人认为，我们干脆就把西方的那套东西整个地搬过来算了，但这似乎也不太成功，现在也有越来越多的人开始怀疑。也许这个调谐、应合的过程还得要几十年，上百年才能“定音”或者“定形”，就像传统中国文化奠立时的调谐、定音，经历了几百年，经历了春秋战国以及秦汉之际的“大惊诧”一样。

海德格尔讲的也许就是这样一个浅显的道理。哲学家作为“爱智者”并不是什么手握作为“世界观”“方法论”的至上真理，引领民众，向民众颁布，受民众膜拜的“先知”“导师”“圣人”，而只是那少数敏感的、在存在之“闪现”面前比他人先感受“惊诧”的“哲思者”“闻讯者”而已。我想，当尼采、胡塞尔、海德格尔这些我们这个科技鼎盛时代的“哲思者”们发出“惊诧”的声音时，就是如此。用海德格尔的话说就是，这是哲思者们对“存在之情调”发出的和合、呼应之音。当然，在很多情况下，这种“惊诧”之声被社会大众和主流话语视为“异端”甚至“疯人之语”也就不足为怪了。

十七、近现代哲学的“情调”与“走向语言”/“召唤诗人”

海德格尔说哲学的历史就是存在的情调不断谐调、和合和定音、定调的过程。众所周知，近现代哲学的开山，笛卡尔的哲学就是从怀疑开始。什么是“怀疑”？海德格尔这里说，“怀疑”也是一种存在“惊讶”之“情调”。这种特别的情调构成了近现代哲学的开端，在其中回响着那种对 ens centum（确定之物），即在确定性中存在的东西合辙。因为，怀疑的情调就是对确定性的肯定性的承认，即对人的自我，对主体的无可怀疑的确定。“由此，确定性就成了真理的决定性形式。对在任何时候都可以获得的认识的绝对确定性的信念的情调就保持为一种情调，从而是近现代哲学的开端。”

那么，我们今天的后现代哲学的情调是什么？海德格尔发问存在之声音，“把今天的思想带入何种情调中去了？此问题是不会有清晰明白的单一答案的……我们所碰到的不过是思想的各种情调。一方面是怀疑和失望；另一方面是对那些未尽检验的原则的盲目醉心，这两方面相互对立着。（看看海德格尔这里的描述和现在思想界的情形是否相符。）怕和畏交织着希望和信心。所到之处，思想看来似乎都按照它的推理性表象和计算方式而完全摆脱了任何一种情调。（有些哲学家很乐观，以为上帝之眼可以排除一切情调。）但是，就连计算之冷峻，计划之实际而清醒，也是一种合辙的标志。不止如此，甚至连摆脱了一切情绪影响的理性，作为理性，也还合辙于那种对它的各种原理和规则的逻辑-数学上的明澈性的信念”。

明显，海德格尔这里用“情调”与“合辙”来解释现代的科技理性在思想中的统治地位。海德格尔认为这种统治地位的形成本身就是存在之“情调”的定调（be-stimmen）与合辙（Gestimmtheit）的过程和结果。所以海德格尔提出，在希望和无望之中，哪里去“应合”存在者之存在的“劝说”呢？

海德格尔最后给出的建议是回到希腊语言的道说（Sagen）的根源处，即返归到希腊语言的 Logos 之中去倾听。倾听什么？海德格尔说，倾听“思”和“诗”对存在之“情调”的源始“应合”之音，“在思和诗两者之间有一种隐秘的亲缘在起主导作用，因为这两者都在效力于语言之中，为语言所用并耗尽自己。但思和诗之间同时也有一道鸿沟，因为它们‘居住在遥遥相隔的两座山上’”。

海德格尔这里大概是想说，自从柏拉图要把诗人赶出哲学王主宰的“共和国”之后，就在“思”与“诗”之间掘下了深深的“鸿沟”，而且这道鸿沟越掘越深，乃至于今日哲学家与诗人好像居住在“遥遥相隔的两座山上”，但殊不知两者之间“本是同根生”，同出一源，“之间有一种隐秘的亲缘在起主导作用”，这个“起主导作用的亲缘”体就是“隐秘的”大地，就是“存在”。而“思”与“诗”都是那作为“智慧之爱”的存在之 λογοζ 的“聚集”“展开”“闪亮”的多样性的方式罢了。所以，无论将哲学的本质理解为以概念分析和逻辑演算为核心的绝对主义、理性主义，还是理解为以诗意抒情为核心的相对主义、非理性主义，都迷失了“哲学，这是什么”这个源初问题的真正要害，遗忘了去发问那个构成两者之间“隐秘亲缘”并起着“主导作用的”存在之“大地”。

所以，最后的一节，第 58 节无疑是点睛之语。这里只有一句话，这是亚里士多德的名言，“存在着的存在，多样性地闪现出来”。这句话与全文的第一节，也是一句话，即“哲学，这是什么”遥相呼应，突显出全文的主题，即哲思乃存在之情调的应合！整篇文章的第一句用的是法文和德文，这是现代的欧洲语言，但作者要求我们按希腊文的发声去倾听；最后一句用的是德文与希腊文，并且将希腊文放在最后，这是存在本身的声音，一个是“劝说”，一个是“应合”，两者琴瑟相和、谐趣相投，可见海德格尔之用心良苦！

在这里，听到了什么吗？

第二编

从亲临存在到自在起来

第三节 “Transzendental”概念的三重定义与超越论现象学的康德批判*

一、从译名之争开始

Transzendental 是康德哲学的核心概念。正如康德哲学所使用的许多重要的概念一样，transzendental 这个概念也可以溯源到中世纪哲学。在中世纪哲学中，transzendental 与 Transzendenz 都是形而上学讨论的重要概念。相应于具体存在物所使用的范畴概念，存在物之一般是超出一切范畴之外和之上的，所以又被称为 transzendentale 的规定性，而超越一切存在物的神或上帝就成了 Transzendenz。康德在建构自己的批判哲学体系时，从中世纪形而上学中借用了这个概念，但他在全新的背景和意义下使用它。由此，它作为康德哲学最核心的概念，并通过康德哲学，作为近现代哲学思考和争辩中最重要也是最具歧义的概念之一发挥作用。大概也正因如此，康德哲学往往又被称为是 Transzendentalphilosophie。

---

* 本文曾发表在《世界哲学》4(2012)，第 5—23 页。

Transzendental 在康德哲学中的重要性人人皆知，但对其意义的解释和理解却恐怕各不相同。从费希特（Johann Gottlieb Fichte，1762—1814）、谢林、黑格尔代表的德国唯心论，到柯亨（Hermann Cohen，1842—1918）、纳托尔普（Paul Natorp，1854—1924）领军的新康德主义，再到胡塞尔、海德格尔的现象学哲学，对 transzendental 以及 Transzendentalphilosophie 的不同解释，展现了近现代德国哲学发展和思想批判相互联系而又各自不同的视域和境域。

按照倪梁康先生的说法，关于 transzendental 以及相近概念的意义在汉语中的翻译和理解的争论，“从康德哲学引入中国之日起就再也没有停止过”。[①] 也许这样说有点夸张，但确也反映出不争的事实，即康德哲学的汉语研究者们对这一重要概念之意义的理解及接受至今仍然未能达成共识。

据我陋知，迄今为止，transzendental 在汉语中的主要译名之争在传统上就有“先验说”“超验说”和“超越说”之分。一般来说，中国大陆的康德学者倾向于将 transzendental 译为“先验的”，例如较早的蓝公武（1887—1957）先生[②]、韦卓民（1888—1976）先生[③]在《纯粹理性批判》的翻译中和庞景仁（1910—1985）先生在《任何一种能够作为科学出现的未来形而上学导论》（*Prolegomena to Any Future Metaphysics*）[④]的翻译中，都持这种译法。近些年来，邓晓芒先生[⑤]和李

① 参见倪梁康：《意识的向度》，北京：北京大学出版社，2007 年，第 306 页。
② 参见［德］康德：《纯粹理性批判》，蓝公武译，北京：商务印书馆，1960 年。
③ 参见［德］康德：《纯粹理性批判》，韦卓民译，武汉：华中师范大学出版社，1980 年。
④ 参见［德］康德：《任何一种能够作为科学出现的未来形而上学导论》，庞景仁译，北京：商务印书馆，1978 年。下面本书中关于此书（简称《导论》）的中文引文，均参照此译本，但页码据德文标准本，译文或据德文有更动。
⑤ 参见［德］康德：《纯粹理性批判》，邓晓芒译，北京：人民出版社，2004 年。

秋零先生[①]对《纯粹理性批判》的新译也基本循此译名。与之相应，transzendent 被译为“超验的”，而 a priori 被译为“先天的”。[②] 对于 transzendental 这个概念，港台学者过去传统上有的将其译为“超越的”，例如牟宗三（1909—1995）先生[③]；有的将之译为“超验的”，如劳思光（1927—2012）先生[④]等。与之相应，牟将 transzendent 译为“超绝的”；劳将 transzendent 译为“超离的”；牟和劳均将“a priori”译为“先验的”。不过现今，很多台湾学者也逐渐倾向于大陆学者的译法，将 transzendental 译为“先验的”，“a prirori”译为“先天的”，transzendent 译为“超越的”。[⑤] 尽管这些理解和译法有所不同，但应当说，他们基本上都还是

---

① 参见［德］康德：《纯粹理性批判》，李秋零译，北京：中国人民大学出版社，2004 年。

② 应当指出，关于康德的“transzendental”“transzendent”“a priori”这组概念的汉语译名及其意义理解的分歧与争执，大多来源于日译。关于这组译名在日本的最早出现以及在中国的传入、理解和解释的源流考证，我迄今看到的最详尽研究，当属重庆交通大学外国语学院文炳先生以此为题的博士论文。根据文炳的研究，“最早将 a priori 译为‘先天’始于日本‘近代哲学之父’—哲学家西周（Nishi Amane，1829—1897），而将 transzendental 与 transzendent 译为‘先验’与‘超验’的多半是日本康德专家桑木严翼，时间大致在 1914 年至 1917 年间。国内最早采用‘先验’‘超验’‘先天’这三个译名的应该是 1924 年《学艺》六卷五号上一篇署名为‘云庄’的‘康德诞生二百年纪念号弁言’。在汉译康德著作中最早采用‘先验’‘超验’‘先天’的应该是蓝公武翻译的《纯粹理性批判》。”文炳是陈嘉映教授的博士生。2010 年底在和嘉映的一次交谈中，我提到我正在进行关于现象学对康德的“transzendental”概念的批判研究，嘉映提及文炳的工作，随后寄来文炳的论文初稿。尽管本文的基本观点和架构在我于 2009 年 5 月中国人民大学关于海德格尔与康德的系列演讲中，以及在 2009 年 10 月台湾大学关于“康德之传承”国际学术研讨会上宣读的论文《“Transzendental”：现象学对先验哲学的批判及其意义》中就已成形，但新近在论文的修改阶段中，我从文炳的论文，尤其在有关译名讨论的文献资料支持方面得益良多。感谢嘉映及文炳先生让我得以先睹当时尚未完成和发表的博士论文初稿。

③ 参见牟宗三：《智的直觉与中国哲学》，台北：台北商务印书馆，1971 年；《现象与物自身》，台北：学生书局，1990 年。

④ 参见劳思光：《康德知识论要义》，台北：河洛图书出版社，1974 年。

⑤ 参见例如［德］鲍姆加特纳（Hans Michael Baumgartner，1933—1999）：《康德〈纯粹理性批判〉导读》，李明辉译，台北：联经出版事业公司，1988 年。

在康德哲学知识论的框架内来解释康德。

可是近十几年来，几位研究和翻译胡塞尔现象学的学者，例如倪梁康先生、王炳文先生①，根据现象学哲学对康德的理解，提出要参照日本学者的译法，②将 transzendental 这个概念，至少在翻译胡塞尔的 Transzendentale Phänomenologie 时，译为“超越论的”，而不是“先验的”“超越的”或者“超验的”。倪梁康③后来甚至更进一步提出，即使翻译和理解康德，transzendental 也应当被理解和翻译为“超越论的”而不是其他。

问题从译名之争开始，但我们知道，transzendental 不仅是康德哲学的关键词，也是贯穿自康德以来一直到胡塞尔、海德格尔的整个德国哲学的关键词。所以，要想更好地理解和解释这一概念，按照现代哲学解释学的观点，我们的任务不仅仅在于挖掘这一概念的对象性的客观含义，而更在于跟随这一概念进入它得以生存与生长的“效应历史”的境域和视域中④，让其意义展现和彰显出来。

---

① 参见倪梁康：《胡塞尔现象学概念通释》，北京：商务印书馆，1999 年；[奥] 胡塞尔：《欧洲科学的危机与超越论的现象学》，王炳文译，北京：商务印书馆，2002 年，译后记。

② 根据文炳和陈嘉映，日本 20 世纪初著名康德学者桑木严翼(Gen'yoku Kuwaki，1874—1946)在其 1917 年出版的著作《康德与现代哲学》中，最早将 transzendental 译为“先验的”。后来，日本著名的现象学哲学家，海德格尔的日本学生九鬼周造(Shuzo Kuki，1888—1941)最先(大约是 1922 年至 1930 年间)将康德的“transzendental”改译为“超越论的”。由九鬼周造开始的这一将康德“transzendental”概念予以现象学的理解并译为“超越论的”，从 20 世纪 70 年代开始就逐渐代替“先验的”，成为日本学界的主流译名。关于这一过程的具体考证，参见文炳、陈嘉映，“日译名‘超越论的’与‘超越的’源流考”载于《世界哲学》，2011(1)，第 132—142 页。

③ 参见倪梁康：《Transzendental：含义与中译》，《南京大学学报》，2004(3)，后收入《意识的向度》，北京：北京大学出版社，2007 年，第 306—314 页。

④ 参见 Hans-Georg Gadamer, *Truth and Method*, trans. & revised by Joel Weinsheimer and Donald G. Marshall, second revised edition. New York: Continuum, 1990, p. 270；亦见洪汉鼎译，《真理与方法》(修订译本)，北京：商务印书馆，2007 年，第 368 页。

借助于伽达默尔(Hans-Georg Gadamer,1900—2002)解释学的“效应历史”观念,我们来看看康德究竟是在什么意义和背景下使用 transzendental 这一哲学概念,以及康德后学们,尤其是当今的现象学哲学,又是在怎样的意义和背景下对此概念进行着创造性批判、发掘和拓展的。这也就是说,通过对 transzendental 这一概念在其效应历史中生长过程的考察,我们企图展示,transzendental,作为现代德国哲学,乃至现代西方哲学的一个核心概念,就像一粒“种子”,如何在不同的历史情境和历史阶段中,生根、发芽、生长,开出不同的景观和景象。[①]

二、康德在《纯粹理性批判》中对 transzendental 的定位

康德虽然在他的前批判哲学时期偶有提及 transzendental 这一概念,但他对其进行明确解释、定义以及使用大概是在他 1781 年出版的著作《纯粹理性批判》中。按照一般的说法,康德在《纯粹理性批判》中关于 transzendental 的最明确和最具关键性的说明有两处,一处在全书导论的第七节处,另一处在第一部 Transzendentale Elementarlehre 的第二部分:Die transzendentale Logik 导论的第二节处。康德的研究者们常常将前一个定义称为“导论定义”(Einleitungsdefinition),而把后一个定义称为“体

① 关于“transzendental”概念在康德哲学中的含义以及其在康德之前的形成历史、之后的演变和发展过程,详见 von Joachim Ritter, Karlfried Gruender, Gottfried Gabriel 主编的《历史的哲学词典》中有关 transzendental/Transzendentalphilosophy 的词条。*Historisches Wörterbuch der Philosophie* ,Schwabe Verlag (Maerz, 1999), Bd.10, pp. 1358—1436.

系定义”(Systemdefinition)。①

让我们先来看康德关于 transzendental 的第一个定义。大概因为这个定义出现在全书的导论处，有引导走向全书主题的重要意义，所以又称导论定义。在这里，康德说：

> 我把一切不那么与对象打交道，而是与**我们认知**这些对象的**方式**打交道的认知——**只要这一方式是先天可能的**——称为 **transzendental** 的。②

我们知道，康德在《纯粹理性批判》导论第 7 节谈论的是纯粹理性批判之为一门特别科学的理念。在康德看来，纯粹理性的批判首先不是一门学说，而是批判，“因为它不以扩展认知自身，而仅仅以校正认知为目标，它应该为一切先天认知是否具有价值提供试金石”③。这也就是说，纯粹理性批判作为 **transzendental** 的认知，首先不是和认知的**对象**直接打交道，而是返回头来和我们的**认知方式**打交道，即对纯粹理性本身的来源及其界限进行批判性的考察。而这一认知方式，相应于认知对象，是先天可能的。也就是说，不依赖于认知对象的经验存在而存在。这就使我们想起在《纯粹理性批判》第 2 版序言中，康德将自己的工作与哥白尼的工作所做的著名比较：

---

① 参见 Nobert Hinske 为 Historisches Wörterbuch der Philosophie 所写的有关康德的 transzendental 的词条部分。*Historisches Wörterbuch der Philosophie*, Bd.10，1382－1383.

② 参见[德] 康德：《纯粹理性批判》，A11-12/B25。德文第 2 版原文为：Ich nenne alle Erkenntnis *transzendental*，die sich nicht so wohl mit Gegenstaenden, sondern mit *unserer Erkenntnisart* von Gegenstaenden，*so fern diese* a priori *moeglich sein soll*，überhaupt beschäftigt.

③ 同上书，A12/B26。

> 迄今为止，人们假定，我们的一切认知都必须以对象为准，可是，通过概念先天地构成有关对象的某物，并由此来扩展我们的认知的所有尝试，都在这一假定下以失败告终。因此，不妨尝试一下，倘若我们假设，对象必须以我们的判认（sich nach unserem Erkenntnis richten）为准，形而上学的任务是否可以得到更好的进展呢？这样的假设已经更好地与所要求的关于对象的先天性认知的可能性一致。这一认知应当在对象被给予我们之前，就已确立了关于对象的某种东西。这里的情况与哥白尼最初进行思考……时是相同的。①

这样看来，康德的 transzendental 认知，首先应当被理解为一种批判，然后才是在这一批判基础上的以及伴随着这一批判而来的哲学知识体系的建构，即 Transzendentale Philosophie。Transzendental 认知作为批判是 Transzendentale Philosophie 的入门和预备，它只具有消极的意义。我想正是在这一消极的意义上，这一定义被称为“导论定义”或“准备论定义”。要想从“消极”方面转到 transzendental 的“积极”方面，我们必须转到康德的第二个定义。

康德的第二个定义又称“体系定义”，因为它出现在康德用来构筑自己的哲学知识体系，即 Transzendentale Philosophie 的 Transzendentale Logik 的导论处。康德说：

> 并非任何一种先天的认知都必须被称为 transzendental 的。唯有那种认知才必定可被称为是 transzendental 的，即通过这一认

① 参见[德] 康德：《纯粹理性批判》，BXVI。

知，我们认识到，某个特定的表象（直观或概念）只是以及怎样只是被先天地应用，或者说它是以及如何是可能的（这也就是说，我们由此而认识到认知的可能性以及这同一个认知的先天应用）。①

似乎和第一个定义的着眼点不同，第二个定义谈的是 Transzendentale Logik，即所谓 transzendental 的认知是如何在积极和正面的意义上推衍和扩展的，这也就是要回答，我们如何才可能正面地建构 Transzendental Philosophie 的完备知识体系？大概也正因为如此，康德的第二个定义被认为是“体系定义”。在给出了定义之后，康德列举了几何学的例子来说明，几何学的先天规定，尽管是先天的（a priori），但并非是 transzendental 的认知，因为几何学的认知仍然具有经验性的起源，“而唯有关于这些表象根本不具有经验性的源头的认知，以及这些表象，尽管如此却依然能够先天地与经验对象相关涉的可能性，才可以叫作 transzendental 的”。这也就是说，几何学，因为其具有经验性的来源，在某种程度上仍然是经验性的科学知识，而 transzendentale Aesthetik，则完全不涉及空间对象，它仅考察和说明几何学作为空间科学所以可能的先天方式、基础和根据，所以属于 Transzendentale Philosophie。Transzendentale Logik 也是一样的道理。换用康德自己的话来说就是，作为纯粹理性批判的 Transzendentale Philosophie，其目光并不着眼在分析判断或者综合判断上，甚至也不在“先天综合判断”上，它所要回答的问题要高出一个层次，即在于“先天综合判断**如何可能**”，以及“**如何不可能**”，而这两个问

① 参见［德］康德：《纯粹理性批判》，A56/B80。德文原文为：“ … dass nicht eine jede Erkenntnis a priori, sondern nur die, dadurch wir erkennen, dass und wie gewisse Vorstellung (Anschauung oder Begriffe) lediglich a priori angewandt werden, oder möglich sein, transzendental (d.i. die Möglichkeit der Erkenntnis oder der Gebrauch der selben a priori) heißen müßte.”

题加起来就是：任何一种**能够作为科学出现的未来形而上学如何可能**？

这里我想进一步指出，关于 **transzendental**，除了上面两个学界公认的定义之外，康德还在《任何一种能够作为科学出现的未来形而上学导论》的附录注释中给出了一个额外的定义或解释。我们知道，这个定义在某种意义上更清楚明晓，也在日后的康德哲学的解释中广为流行。康德给出这个额外定义的目的是为了将 transzendental 和 transzendent 这两个概念区别开来，借此批评那些对他的哲学的误解和糟蹋。针对那种将他的 Transzendentale Philosophie 错解为 transzendent 而非 transzendental 的体系，康德说道：

> (transzendental)这个词并不意味着超出一切经验的什么东西，而是指那种虽然先于经验(先天的)，但却是使经验认知成为可能的东西。除此之外，绝无它义。如果这些概念越出经验之外，它们的使用就叫作 transzendent 的使用。这种 transzendent 的使用同内在的使用，即限制在经验之上的使用，是有区别的。①

在我看来，这个额外的定义实际上是对第二个定义的进一步强调、说明和澄清，并将作为“纯粹理性批判”的 Transzendentale Philosophie 的知识合法性限定在为纯粹数学和纯粹自然科学的经验认知奠基的范

① 参见[德] 康德：《导论》，A204。德文原文：“ ... das Wort transzendental ... bedeuted nicht etwas, das ueber alle Erfahrung hinausgeht, sondern, was vor ihr (a priori) zwar vorhergeht, aber doch zu nichts Mehrerem bestimmt ist, als lediglich Erfahrungserkenntnis moeglich zu machen. Wenn diese Begriffe die Erfahrung ueberschreiten, dann heisset ihr Gebrauch transzendent, welcher von dem immanenten, d.i. auf Erfahrung eingeschraenkenten Gebrauch unterschieden wird.”

围之内，从而避免落入像传统形而上学对纯粹理性的逾越使用而导致理性幻相陷阱那样的困境。也就是说，Transzendentale Philosophie 不仅要回答“如何可能”的问题，也要回答“如何不可能”的问题。基于这一考虑，我们不妨将康德的这个第三定义称为“界限定义”。[①]

因为 transzendental 这一概念在康德哲学思想中核心地位，康德尽管在其他地方也不断有说明和解释，但总体来说，上述关于 transzendental 的三个定义[②]，大致可以说是囊括了康德作为纯粹理性批判的 Transzendentale Philosophie 的三个主要方面或主要角度，我们不妨将其分别称为康德的纯粹理性批判哲学的或 Transzendentale Philosophie 的**起点**、**过程**和**界限**。而作为康德之后的后康德哲学的发展和“传承”，也可以被看作是在这三个方向上的展开和延伸，只是在不同的历史时期和背景下，它们各自有着不同的着力点和着重点罢了。

三、德国唯心论与新康德主义哲学对康德 transzendental 的理解和批判

在以胡塞尔为代表的现象学哲学对康德的批判性解释出现之前，

① 应当指出，这一定义中的思想，尽管尚不是以严格定义的形式，在《纯粹理性批判》中 Die transzendentale Logik 部分的第二编 Transzendentale Dialektik 的导论处，也已明确表述了出来。康德说：“因此，*transzendental* 与 *transzendent* 并不是一回事。我们上面所陈述的纯粹知性的原理只应当有经验性的应用，而不应当有 transzendental 的，亦即超出经验界限的应用。但是，一个取消这些界限，甚至要求逾越这些界限的原理，就叫作 *transzendent* 的。”参见康德：《纯粹理性批判》，A297/B353。

② 刘创馥在论文《康德超验哲学的自我认知问题》中也引述并讨论了上述三个定义。尽管他并无这般归纳，但他实际上从这三个定义出发，指出康德的“transzendentale Erkenntnis”有五个方面的基本特征，我们可以根据这些特征来辨明和理解康德 transzendental 概念的真实含义。参见刘创馥：《康德超验哲学的自我认知问题》，载于《台湾大学哲学论评》2008 年第 35 期，第 38—82 页。

德国哲学中对康德的 Transzendentalphilosophie 的理解和解释曾经出现过两个高峰[①],那就是以费希特、谢林、黑格尔为代表的德国唯心论和 19 世纪中叶之后流行于德国思想界的新康德主义哲学。[②]

德国唯心论对康德 Transzendentalphilosophie 以及他的 transzendental 解释和批评的基础在于将其视为 Transzendentaler Idealismus 的开端[③]。在自笛卡尔以来的现代哲学主体-客体二元模式的框架下,**这一解释的特点在于强调康德哲学之为主体性哲学的特征,并将康德的哥白尼式的革命理解为由客体性向主体性的倒转。**这也就是说,康德的

---

① 德国唯心论的在康德解释之前,即在康德的 Transzendentalphilosophie 出现同时以及稍后一段时间,就已开始了对康德哲学的批判。其中最为著名的为 Karl Leonhold Reinhold, Friedrich Heinrich Jacobi and Salomon Maimon。因为它们基本上属于解释性的批评,而非出于某种特别的哲学立场或成体系性的批评,所以并未包含在本文讨论的范围之内。关于这些批评,具体参见 Rolf-Peter Horstmann, “The Reception of *Critique of Pure Reason* in German Idealism”,载于 *The Cambridge Companion to Kant's Critique of Pure Reason*, ed. Paul Guyer. Cambridge: Cambridge University Press, 2010, pp. 329 - 334; Dieter Henrich, *Between Kant and Hegel: Lectures on German Idealism*, ed. David S. Pacini. Cambridge: Harvard University Press, 2003, pp.65 - 156; Frederick Beiser, *German Idealism: The Struggle against Subjectivism*. Cambridge: Harvard University Press, 2002, pp.1781 - 1801。

② 鉴于本节的篇幅和目的有限,我们这里只会对后康德哲学对 transzendental 的解释历史给出一种粗线条框架性的、针对其基本特质而言的整体叙述和把握,而不可能是逐家逐派的历史细节辨析。新近的有关德国古典哲学方面的研究,例如以 Dieter Henrich 为代表的“海德堡学派”以及 Manfred Frank 在关于“自身意识”和费希特“自我学”解释方面的工作,还有分析哲学家们关于“transcendental methods”所提出的讨论,尽管不无新意,但在笔者看来,在整体框架上,并没有完全超出“主体性哲学”(自身意识与自身认识)的理解层面。这些问题的具体讨论,也许尚留待日后的进一步工作去完成。

③ 关于德国唯心论对康德 transzendental 概念及其 Transzendentalphilosphie 的理解与解释,黑格尔在其著名的《哲学史讲演录》中有过详细的讨论,本文的解释取相似的立场。参见[德] 黑格尔:《哲学史讲演录》,贺麟、王太庆译,北京:商务印书馆,1983 年,第 254—372 页。还可参见 Rolf-Peter Horstmann, “The Reception of *Critique of Pure Reason* in German Idealism”, 载于 *The Cambridge Companion to Kant's Critique of Pure Reason*, ed. Paul Guyer. Cambridge: Cambridge University Press, 2010, pp.334 - 345。

transzendental被解释为一种从主体产生、发展出全部客体的过程，是某种绝对性精神和理念的生成、运动过程。

沿着这一思路，例如费希特就认为，全部Transzendentalphilosophie应当而且只能够是某种遭遇着的、发生着的一般人类精神的“图式”。费希特指出，从transzendental的观点来看，所有我们的经验都无外乎只是我们的“自我”（Ich）的设定和扩展而已。这也就是说，不仅认知的形式是绝对自我，认知的客体对象作为“非我”也只不过是这个绝对的、反思着的自我的纯粹创造物而已。例如，费希特《知识学》的三条基本原理表明的就是这一“自我”展现的过程，即（1）我与我自身同一，自我＝自我；（2）自我对设非我；（3）自我在自我之中对设一个可分的非我以与可分的自我相对立。[①]

如果说transzendental在费希特那里主要体现为主观精神，那么，在谢林哲学中，这种主观精神必须通过立基于一种**自由的自然客观精神**才能成立和表现出来，而这种自由的自然客观精神，同时又是神秘的智性直观。这样，谢林就认为，如果我们没有显现着自然客观精神的智性直观，我们就会每每拘囿于我们的客观表象，我们也就不可能有transzendental的思想，不可能有transzendental的想象力，因而也就根本不可能有哲学本身的存在。在其著名的《先验唯心论体系》（*System des transzendentalen Idealismus*）一书中，谢林这样写道：“理智直观是一切transzendental思维的官能。因为transzendental思维的目标正在于通过自由使那非对象的东西成为自己的对象；transzendental思维以一种在产生某种精神行动同时又直观这种行动的能力为前提，致使对象的产生和直观本身绝对是一个东西，而这种能力也正是理智直观的

---

① 参见[德]费希特：《全部知识学的基础》，王玖兴译，北京：商务印书馆，1997年，第6—40页。

能力……没有理智直观，哲学思维本身就根本没有什么基底，没有什么承担和支持思维活动的东西；在 transzendental 思维里取代客观世界，仿佛能使思辨展翅翱翔的东西，正是这种直观。”①

黑格尔沿着费希特的解释与谢林的批判性发挥，继续往前走。一方面，黑格尔指出康德的 Transzendentalphilosophie 是要去揭示“什么会成为 Transzendenz 的源泉的哲学”，但另一方面又说，“这哲学只是指出那些规定之所以成为 transzendent，其源泉是在意识里，在主观思想里”。② 黑格尔虽然看到了 transzendental 概念在康德的科学经验认知的可能性问题中的“界限”作用，但他将其视为康德哲学的一个缺陷。正因为如此，康德的 Transzendentalphilosophie 才会“转变成一个主观的独断主义”，陷入“二律背反”，因为它通过“物自身”的概念而“放弃了追问什么是自在自为的真理的问题”③。因此，黑格尔说：“在谈到认知时，康德总是把那能认知的主体了解为个别的主体。认知本身就已经是那两个环节的真理性；于是被认知者只是现象，认知便又落到主体方面了。主体的这种认知作用因此只包含现象，不包含自在存在，因为它所包含的事物只是在直观和感性的形式内……因此我们所认识的、所规定的都只是现象。在这个意义下康德哲学被叫作唯心主义：我们只是与我们的规定打交道，不能达到自在存在；我们不能达到真正的客观事物。”④黑格尔批评康德哲学的核心在于提出了他的“实体即主体”的辩证运动命题。按照黑格尔的说法：

① 参见[德] 谢林：《先验唯心论体系》，梁志学、石泉译，北京：商务印书馆，1977年，第 35 页。
② 参见[德] 黑格尔：《哲学史讲演录》，第 262 页。
③ 同上书，第 258 页。
④ 同上书，第 274 页。

> 一切问题的关键在于：不仅把真实的东西或真理理解和表述为实体，而且同样理解和表述为主体。同时还必须注意到，实体性自身既包含着共相（或普遍）或知识本身的直接性，也包含着存在或作为知识之对象的那种直接性。……实体作为主体是纯粹的简单的否定性，唯有如此，它是单一的东西的分裂为二的过程或树立对立面的双重化过程，而这种过程又是这种漠不相干的区别及其对立的否定。所以唯有这种正在重建其自身的同一性或在他物中的自身反映，才是绝对的真理，而源始的或直接的统一性，就其本身而言，则不是绝对的真理。①

这样，黑格尔的辩证唯心论似乎就这样既超出了康德、费希特的主观唯心论，又超出了谢林的客观唯心论，达到了德国唯心论的巅峰。

和德国唯心论无视或者力求在本质上取消康德关于 transzendental 的第三个定义相反，19 世纪中叶以后，在科学主义背景下兴起的新康德主义哲学，恰恰主要是从这个定义出发来理解康德 Transzendentalphilosophie 的真髓。

在新康德主义的解释下，康德的 Transzendentalphilosophie 所进行的"纯粹理性批判"被主要理解为一种关于"经验的学说"。② 当然，这里的经验不完全是在英国经验论者那里理解的"经验"，即纯粹感官感觉，而主要是指数学和自然科学知识意义上的经验知识。和科学的经验知识相对应，作为经验知识的对象的实在世界也就不再是那存在于

---

① 参见[德] 黑格尔：《精神现象学》，贺麟、王玖兴译，北京：商务印书馆，1983 年，第 10—11 页。

② 例如，新康德主义马堡学派的创始人柯亨在解释康德哲学方面的最重要著作之一就是 1871 年发表的《康德的经验学说》。这里主要讨论以柯亨、纳托尔普为代表的新康德主义马堡学派。

意识之外的东西，而是数学和自然科学为我们所构造出的那个实在世界。

在科学理性构造对象实在之际，先天的直观形式和概念范畴起着主要的作用，它们形成实在世界的逻辑骨架。而 transzendentale Aesthetik 与 transzendentale Logik 中的 transzendentale Analytik 的任务就在于通过对这些先天直观形式和理性范畴的 transzendental 应用考察，阐明数学和自然科学世界之必要的逻辑条件。

这样，作为 Transzendentalphilosophie 的核心的认知主体，就不是德国唯心论所理解和批评的心理认知主体，而是**作为科学判断主词的逻辑认知主体**。正是在这一意义上，新康德主义解释康德的 transzendental 为“那种虽然先于经验（先天的），但却仅仅是使经验认知成为可能的东西”。[①] 这样理解的 transzendentale Logik 就又有了 transzendental 方法的含义。所谓 transzendental 方法，说的就是在将科学存在视为事实的前提下，去找出为论证科学事实所必需的要素。

另一方面，形而上学是在数学和自然科学的经验知识领域之外的一个领域，它处理诸如不死的灵魂、世界本质和上帝这样一些理性的观念。但是，按照新康德主义的解释，对这些观念的 transzendental 应用超出了科学经验知识的范围，因而是不合法的，导致纯粹理性的谬误和 transzendental 幻象的出现。这样，原先被解释为存在于意识之外，作

① 例如，波洛克（Konstantin Pollok）在一篇综述新康德主义的康德解释的基本立场的文章中就这样说道，在新康德主义看来，康德的“认知主体的概念就是逻辑主体，说得更好一点，就是逻辑- transcendental 的主体，而不是一经验主体，一个人或人格……正是一个主体的概念才蕴含着知识的普遍概念，并因此才被视为建立任何认知的客观有效性的基本原理的必要条件”。参见 Konstantin Pollok, “The ‘Transcendental Method’—On the Reception of the *Critique of Pure Reason* in Neo-Kantianism”，载于 *The Cambridge Companion to Kant's Critique of Pure Reason*, ed. Paul Guyer. Cambridge: Cambridge University Press, p.350。

用于意识并在其中引起感觉的“自在之物”就又作为“界限的概念”被引入，成为不可知的“自在之物”。他们之所以不可知，是因为它们超出了科学经验知识的范围。①

四、现象学哲学的 transzendental 概念②及其对康德哲学的批判与发展

德国唯心论对康德 Transzendentalphilosophie 的批评，在喧嚣了几十年后，逐渐被人遗忘。现代哲学中，很少有人还在根本上认同费希特、谢林、黑格尔对康德的解释和批判。一百多年后，德国哲学的后起之秀，现象学哲学家海德格尔曾经用一种调侃的口吻，但却一针见血地指明了德国唯心论康德批判的要害。在海德格尔看来，康德以后德国唯心论的哲学家们，虽然声势浩大，一时间甚至都在声望上超过了康德，可他们的批评甚至没能抨击到康德哲学的真正立场。康德在德国

① 关于新康德主义，尤其是马堡学派将康德的 Transzendentalphilosophy 主要理解为实证经验科学之形上学后设基础的基本立场，海德格尔曾有过专文讨论。参见[德] 海德格尔：《自 1866 年以来的(马堡)哲学讲座教席的历史》，收入[德] 海德格尔：《康德与形而上学疑难》，附录 VI，王庆节译，上海：上海译文出版社，2011 年，第 291—297 页。

② 严格来说，现象学哲学作为 20 世纪上半叶在欧洲兴起的哲学思想运动，其主要代表人物，如胡塞尔、海德格尔、萨特、梅洛-庞蒂等，虽然也都使用 transzendental 这一核心概念，但均有自己独特的理解和解释。这里的讨论将现象学作为一个整体来考察其对 transzendental 理解的基本倾向，而且主要依据胡塞尔和海德格尔对康德哲学传统的解释，并不涉及和讨论现象学内部对此概念解释的具体差异。关于胡塞尔现象学的 transzendental 概念理解及其和康德哲学的关系，可主要参见胡塞尔，《康德与超越论哲学的理念》；《我的超越论现象学与康德的超越论哲学之争论》，分别载于胡塞尔：《第一哲学》上卷，王炳文译，北京：商务印书馆，2006 年，第 296—362 页、第 501—521 页；Iso Kern, *Husserl und Kant-Eine Untersuchung ueber Husserls Verhältnis zu Kant und Neukantianismus*. The Hague: Martinus Nijhoff, 1964; Elisabeth Stroeker, *Husserl's Transcendental Phenomenology*, trans. Lee Hardy, Stanford: Stanford University Press, 1993。

唯心论中只是被绕过了、被遗弃了,或者甚至不可以说被遗弃,因为他从来就没有被拥有过!康德的著作就像是一座从未被攻克过的要塞,屹立在新的前线阵地的背后。后来的整整一代人对这一前线阵地尽管攻击猛烈,但却是在无的放矢,因为这里事实上没有让真正有战斗力的敌手出现。①

那么,在“回到康德去!”的口号下集聚起来的新康德主义哲学家的解释和发挥,是否也迷失了康德 transzendental 的要义呢?他们是不是也像他们德国唯心论的前辈们一样只是绕了过去呢?海德格尔的回答也是肯定的。海德格尔甚至借用了康德晚年关于他的哲学被时人误解和糟蹋的感叹:“我和我的著作早到了一百多年。一百年后,我才会被正确理解,然后,才会有人来重新研究我的书,承认它们的价值。”②

由胡塞尔开始和领军的 transzendentale Phänomenologie 和康德的 Transzendentalphilosophie 有着根本性的关联。这不仅表现在胡塞尔、海德格尔等人的基本哲学立场从一开始就是在和新康德主义的论辩背景中发展出来,也不仅表现在胡塞尔和海德格尔的基本著作里,康德始终作为思想的渊源和对话的对象存在,而且还在于“所有那些在理论上为康德与他的后继者在 transzendental 标题下所曾探讨的有

① 参见 Martin Heidegger, *Die Frage nach dem Ding-Zur Kants Lehre von den transzendentalen Grundsaetzen*, Tuebingen: Max Niemeyer Verlag, 1987, SS. 44 - 45。中译(译文或有更动)亦可参见[德] 海德格尔:《物的追问——康德关于先验原理的学说》,赵卫国译,上海:上海译文出版社,2010 年。胡塞尔也曾对德国唯心论的康德解释做过相似的批评。他说:“不幸的是,德国唯心论的重要哲学家们,尽管是从康德出发,却完全不能理解康德哲学的真正内容,不能从对经验着自然的理性之批判中成就的东西吸取方法上的好处。他们完全缺少这种理解的前提。”参见[德] 胡塞尔:《第一哲学》,上卷,王炳文译,北京:商务印书馆,2006 年,第 538—539 页。

② 转引自海德格尔,参见 *Die Frage nach dem Ding*,S.43。

意义的问题，最终都可以回溯到纯粹现象学这门新的基础科学之上”。[①]

既然德国唯心论和新康德主义的哲学家们都没有能抓住康德哲学以及 transzendental 的要义，那么，在一百多年后才姗姗来迟的，像胡塞尔、海德格尔这样一些现象学哲学家的眼中，这个要义究竟是什么呢？要想理解这个问题，我想不可以脱离从康德哲学到胡塞尔、海德格尔哲学得以生发的大背景。而这个大的背景，我以为用一句话来说，就是**知识/科学(Wissenschaft)[②]的“傲慢”**！这种知识（科学）的“傲慢”体现在从费希特到黑格尔的德国唯心论哲学中就是作为绝对精神之大全和概念知识体系的传统型形而上学知识的“傲慢”，而体现在新康德主义哲学中就是作为现代型经验科学知识的“傲慢”。而这样两种对知识本性的理解，在以胡塞尔和海德格尔为代表的当代现象学哲学看来，都和康德所孜孜追求的为“一种能够作为 Wissenschaft（知识）出现的未来形而上学”奠基，即 Transzendentalphilosophie 毫无瓜葛。当然，这里需要注意的是，一百年后姗姗来迟的现象学哲学家们，所面临的已不再是康德年代和新康德主义年代的以数理科学为代表的现代科学理性的一路高歌。他们的哲学本身就是在作为科学世界观危机之表现的两次世界性大战之间发生和发展起来的。所以，现象学哲学的问题意识不再是为科学知识的合法性或它如何可能进行乐观的辩护，而是要对所谓科学知识的意义及其真理性本身进行质疑和悬置，并以此为出发点，对科学知识所以发生的根本渊源和根据进行考察，从而探究科学知识的界限、重新确立人类“理性”的信仰并企求找

① 参见[德] 胡塞尔：《第一哲学》上卷，王炳文译，北京：商务印书馆，2006 年，第 296 页。

② 德文词 Wissenschaft 在中文中或者译为“知识”，或者译为“科学”。

出克服整个欧洲科学危机的道路。①

应当说，以胡塞尔为代表的现象学哲学的突破是从通过“现象学的悬置”打破关于世界外物的“自然”“素朴”态度开始的。这种以主体-客体、主观-客观的截然二分为基本特征的自然素朴态度是现代科学世界观赖以成立的哲学认识论前提。但我们知道，这个作为现代自然科学世界观基础的自然、素朴态度绝不是毫无问题的。近代哲学知识论的大部分问题，例如号称哲学理性之“丑闻”的外部世界存在的证明问题，笛卡尔哲学中的心物二元论问题，洛克哲学中关于感觉的第一、第二性质的问题，休谟哲学中的怀疑论问题等，都和此不无干系。不仅如此，和我们的讨论有直接关联的康德哲学中的“自在之物”的问题，transzendental 和 transzendent、transzendent 和 immanent 之间的划界，也是从这个未经省视而直接设为前提的自然素朴态度出发的。正因为如此，胡塞尔的现象学哲学对康德的 transzendental 的第一个理解和解释就是强调 transzendentale Phänomenologie 这种批判性、怀疑性的“悬置”“悬搁”态度，不预设任何立场，要求对所有知识形成的源泉进行最彻底的发问。在这里，我们可以说胡塞尔采纳了康德自己说的 transzendental 的认知只是一种消极性的“批判性”开端的说法。胡塞尔非常赞同康德所说的他的全部哲学只是想在哲学中实行一种哥白尼式的反转型革命，即将哲学的目光从认知客体、认知对象转向主体、自我的认知方式的说法，因为只有这样才能将哲学的思考引向全部问题的源头。但是，胡塞尔认为这一转向并不是从康德才开始的，这一路向在现代欧洲哲学的第一人——笛卡尔——哲学那里就已经开端。这一开端，

① 参见[德]胡塞尔：《欧洲科学的危机与超越论的现象学》，王炳文译，北京：商务印书馆，2009 年，第 15—32 页。

通过自我反思和对主体性发问的方式，经过贝克莱、休谟、莱布尼茨再到康德，就从一股潜流开出后来 transzendentale Phänomenologie 的万千气象。[①] 所以胡塞尔后来说 transzendental“就是一个动机，一个去刨根问底，追问所有认知之形成活动的最后源泉，追问认知者对自己本身以及对其认知着的生命的自我思考之最后源泉的动机。”[②]在这个意义上，transzendental 就不再像在康德那里，相应地“先于”或“超（越）于”“经验”或者“经验知识”，而是相应地“先于”或“超（越）于”“自然的”“尘世间的”意识方式或存在方式。这也就是 Transzendentalphilosophie/Phänomenologie 不仅要问作为科学知识的“经验知识”如何可能，**而且要问作为“经验知识”赖以为基础和前提的“自然的”“尘世间的”意识方式（胡塞尔）和存在方式（海德格尔）是如何可能的原因。**[③] 所不同的地方在于，在新康德主义的康德那里，这种科学的“经验知识”及其基础的合法性是无须发问的，它已经是真理，Transzendentalphilosophie 只需对之进行论证，说明其如何可能。而在现象学的康德那里，Transzendentale

---

① 参见[德] 胡塞尔：《康德的哥白尼式反转以及这种哥白尼反转的意义》，收入氏著《第一哲学》上卷，王炳文译，第 271—295 页。

② 参见[德] 胡塞尔：《欧洲科学的危机与超越论的现象学》，王炳文译，北京：商务印书馆，2009 年，第 126 页（译文据德文原文有改动）。

③ 耿宁（Iso Kern）曾借用芬克（Eugen Fink，1905—1975）的话将胡塞尔的现象学哲学与康德主义的批判哲学关于 transzendental 理解的根本性区别明白地表述如下：“欧・芬克曾以这样的方式说明了两者之间的区别，即对于批判主义来说，和 transzendental 相对立的概念是‘经验的’，而在胡塞尔那里，transzendental 的对立概念则是‘世间的’：批判主义的 transzendental 概念通过先天的世界形式（这对胡塞尔来说仍是世间的）得到规定，而对于胡塞尔来说，transzendental 关涉的是那建构着从世界到世界的超逾，但本身却不在世间的主体性，transzendental 最终指的就是这种主体性本身。”E. Fink，*Die Phaenomenologische Philosophie Edmund Husserl in der gegenwaertigen Kritik*，S. 376，转引自 Iso Kern，*Husserl und Kant*，S.239。需要指出，耿宁本人并不完全认同芬克的这一对胡塞尔“transzendental”概念的解释，关于耿宁本人的具体立场，参见 Iso Kern，*Husserl und Kant*，第 19 节：“Kants Begriff des Transzendentalen”，S.239 - 245。

Phänomenology 则要对其“质疑”“悬搁”“打括号”，对其可能性和合法性进行拷问、进行刨根究底式的追问。[①]

但是，这一条道路，按照胡塞尔的说法，由于它的心理学研究取向的缺陷，起初并不能在自我的概念中区分出“心理的”和“transzendental”自我，或者将两者混淆起来，这就导致了 transzendental 现象学真理在康德那里实际上被遮蔽。因此，Transzendentale Phänomenologie 的一个主要任务就在于，通过对 transzendental 的主体性（Subjektivität）或“自我”（Ego）与心理学/逻辑学的心灵主体的区分，来揭示康德的 Transzendentalphilosophie 中隐藏的真理。胡塞尔接受并对他的老师布伦塔诺关于意识现象的意向性本质的说法进行了现象学的改造，并使其成为他的现象学的心理学哲学的基本概念。这样，传统二元分割的“主体”“客体”、“自我”“世界”的传统说法就在现象学哲学中为“noetisch-noematisch”式的意向性关联的说法所替代。正如海德格尔在《存在与时间》中对“世界之为世界”的因缘关联现象所分析的那样，作为“世界之为世界”本质的“在-世界-之中”说的并不是什么先有一个世界，一个主体，然后再有“主体”在“世界”之中，似乎一个物体被置入一个容器一样。“在-世界-之中”说的是：当说到一个存在者或存在

① 例如，胡塞尔专门提道，“全部——被康德多次使用的，在新康德主义那里几乎是唯一被偏爱的——在特殊词义上的回溯的‘transzendental’方法论，都使用了一些从来也没有系统研究过的，从来也没有科学地确定的，没有首先在纯粹超越论基础上确定的前提”。参见[德] 胡塞尔：《第一哲学》上卷，王炳文译，第484—485 页。与胡塞尔等现象学哲学家不屑新康德主义所强调的康德 transzendental 概念中包含的 transzendental 方法的态度不同，现代英美哲学传统中康德解释的主流却对康德的 transzendental 方法独有情衷，并将之作为理解康德 transcendental 概念的一个主要线索。可参见 Henry E. Allison, *Kant's Transcendental Idealism*. New Haven: Yale University Press, revised edition, 2004。中国社会科学院的赵汀阳先生也曾对此有精到的见解，并从“知识问题”与“意识问题”的区分对胡塞尔关于 traszendental 概念的理解进行批评。参见赵汀阳：《再论先验论证》，载《世界哲学》2006 年第 3 期。

物，它就其本性而言，总已经在-世界-之中，总已经和世界有着各种各样的因缘关联，否则它不可能作为这个或那个存在物出现或在场。这样，始终困惑着从笛卡尔以来的全部传统近代哲学的“唯物-唯心”“外部世界存在”问题以及尤其是康德哲学中的“自在之物”，transzendental/transzendent/immanent 等疑难问题就不再成其为问题，而是得到化解。这就是为什么海德格尔说，哲学的丑闻不在于我们人的哲学理性不能证明“外部世界存在”的难题，而在于我们一而再、再而三地期待和尝试回答“这样的证明”！①

Transzendentale Phänomenologie 就是要对这种源初性的意向因缘相关关系进行哲学的描述和分析。纯粹意识现象（胡塞尔）或生存现象（海德格尔）的这种意向性因缘关联关系就其本性而言，总是“逾越”“超越”“绽出”自身。这样，传统康德 Transzendentalphilosophie 的知识论的 transzendental 的“认知主体”和客观的“认知客体”的说法，就为胡塞尔的 transzendentale Phänomnologie 的“das transzendentale erkennende Bewußtsein”和“die transzendente Welt”所替代。这里，“das transzendentale erkennende Bewußtsein 与 die transzendente Welt”的关系显明或明证出一个“transzendentale Ego”，而正是这一“transzendentale Ego”使得“das transzendentale erkennende Bewusstsein 与 die transzendente Welt”之间的这种“transzendent”的关系成为可能。于是，传统认知模式中的“主体-客体”关系无外乎也应属于这种“das transzendentale erkennende Bewußtsein 与 die transzendente

① 参见［德］海德格尔：《存在与时间》，陈嘉映、王庆节译，北京：生活·读书·新知三联书店，1987 年，第 286 页。关于 transzendental 在海德格尔哲学中的意义以及其与康德、胡塞尔的联系与差别，参见 *Transzendental Heidegger*, ed. Steven Crowell and Jeff Malpas. Stanford: Stanford University Press, 2007。

Welt”的 transzendental 意向“超越”关系，只是现在它不再是唯一的一种方式，而且是一种，用海德格尔的语言，“非本真”的“意向”或存在方式。我理解这个思路也应该是海德格尔在《存在与时间》中区分“ontisch”（存在物层面上的）/“ontologisch”（存在论的）、“existentiell”（生存活动上的）/“existential”（生存论上的）的基本思路。①

五、关于“transzendental”“transzendent”和“a priori”等汉语译名的一些想法

显然，在现象学的康德解释中，“transzendental”与“transzendent”的关系与新康德主义、德国唯心论的解释都不相同。也许可以说，德国唯心论取消两者之间的不同，批评康德的这一区分是其哲学不彻底性的表现，而新康德主义强调两者之间的绝对分离，即强调这个区分乃是科学经验认知的先天应用究竟合法还是不合法的绝对界限。与两者不同，现象学的理解和解释一方面承认两者之间的区别，但又强调这一区别并不是在同一平面上，由于使用在不同的“对象”身上而产生的区别，而是在不同位阶上的区别。胡塞尔本人也曾经用几何学中的平面与立体的关系以及赫尔姆霍茨（Hermann von Helmholtz，1821—1894）著名的有关平面生物的比喻来说明这个问题：“人们-科学家和其他人-在他们的自然世界生活中，通过经验认识实际的计划，行动，作为外部世界的对象领域，作为与他们有关的目的，作为手段，作为行为过程，作为最后结果能意识到的所有东西；另一方面，还有在反思中，作为在这里发挥功能的精神生活而能被意识到的所有东西，所有这些都停留在这个

① 参见[德] 海德格尔：《存在与时间》，陈嘉映、王庆节译，北京：生活·读书·新知三联书店，1987 年，第 14、16—17、63—64 页等。

‘平面’上，这个平面（即使觉察不到）仍然只不过是一个无限丰富的深层维度上的平面。”①

这一平面就是“超越”着的（transzendent）和不断“超越”着的平面，而使得这一“超越”成为可能的就是“transzendental”。如此理解，“transzendental”在胡塞尔那里对应的不再是“经验科学”意义上的“经验”概念，而是意向因缘不断发散、外扩中“逾越”的、“超越”的关联。也就是说，**“超越论”所关注的不再是超越活动或超越行为中的任何一方，无论是主体方还是客体方，而是超越活动本身，是在更高的层次上对超越活动自身及其可能性的“反思”。**因此，“transzendental”就不仅仅是一个“知识论”的范畴，不仅仅局限在传统知识论的认知领域内发挥作用，而是作为一个哲学存在论的概念在更加宽广的领域中以及在更高的位阶上作用。正是在这个意义上，我赞同将现象学中使用的“transzendental”概念在汉语中译为“超越论的”。而这样一来，我们就把“超越论的/transzendental”这一概念与将“transzendent”译为“超越的”对应起来，这就如同在海德格尔哲学概念的汉语译名中用“存在论的”与“存在物（者）层面的”相对应，“生存论的”与“生存状态的”相对应一样。当然，这里理解的“transzendent”（超越的）也和康德对此词的专门使用有所不同，它在某种意义上回复到此词的传统意义，即不再局限于康德式的“超离于”经验知识的领域这一意义，因为在现象学哲学家看来，任何一种经验知识活动本身，就已经是一种“超越的活动”。这样，**现象学哲学的任务，就不在于如何避免这种超越的发生，而在于去反思和说明包括经验知识这种超越活动在内的所有超越性活动是如何可能的。**

① 参见［德］胡塞尔：《欧洲科学的危机与超越论的现象学》，王炳文译，北京：商务印书馆，2009年，第151页。

尽管我们需要考虑现象学哲学与康德哲学对“transzendental”理解的这一根本性区别，但对“transzendental”在康德哲学本身中的汉语译名，我以为还是保留传统译名“先验的”为佳。[①] 关于这一点，我大致有两方面的考虑：第一，译名和其他名称一样，有着极强的约定俗成的性质。特别是对待重要的和基础性的哲学概念的译名，若非有极特殊的以及得到了清晰表述的缘由，不宜频繁更动，否则容易引起思想或概念理解上的混乱；第二，即使按照胡塞尔、海德格尔的说法，康德的Transzendentalphilosophie中有可能存在超越论现象学的“隐蔽真相”，但这一现象学的“真相”毕竟也还是“隐蔽的”，而且，康德本人未必就喜欢这一现象学真相的名号。

基于上述的理解，我同样也不赞同有些传统学者主张将康德哲学中的“transzendental”译为“超验的”的做法。[②] 据我陋知，“超验

① 如前所述，关于transzendental的汉语译名，倪梁康教授建议在翻译康德哲学以及以胡塞尔为代表的现象学哲学时，均作“超越论的”，而我的另一位老朋友孙周兴教授则持完全相反的意见，主张无论在康德还是胡塞尔、海德格尔，都保持传统译名为“先验的”。我的立场可以说是介于两者之间，即将这一译名在康德哲学与现象学哲学之间的译法区别开来，前者译为“先验的”，后者译为“超越论的”。有人可能会质疑这样会导致“一词两译”，但一词两译在汉语译史上也并非罕见，近期就有Dasein在德国古典哲学中与在海德格尔哲学中的理解和翻译的截然不同。考虑到transzendental在康德哲学的主流解释中与在现象学哲学中的本质性差别，以及其在康德之前中世纪哲学中的不同含义，对其一词两译，甚至多译并非不是没有理由的，而且，这对于我们从效应历史的角度来理解这个重要的哲学概念，也应当是利大于弊。记得前些年见到主持《康德全集》中译工作的李秋零教授，他也赞同这样的处理。孙周兴关于“transzendental”汉译的见解，参见孙周兴：《超越·先验·超验》，载于氏著《后哲学的哲学问题》，北京：商务印书馆，2009年，第20—41页。

② 参见刘创馥：《康德超验哲学的自我认知问题》，第38—82页。据我所知，刘创馥的译法大概受到其老师关子尹教授的影响，以及关子尹的老师劳思光教授的影响。在汉语中，用“超验”和“先验”分别来译“transzendental”与“a priori”大概最早可追溯到熊伟先生1933年7月20日在《天津大公报》上发表的《先验与超验》一文。该文后来收入熊伟：《熊伟文选：自由的真谛》，北京：中央编译出版社，1997年，第17—22页。

说”的理据大致有二：一是相较于“先验说”有优越之处，二是较易于区别和对应康德的另一重要概念“a priori”的中文译名。我们知道，“超验说”的拥护者们一般又将“a priori”译为“先验的”。

现在让我们来看看“超验说”的第一个理据。我们知道，无论“先验说”还是“超验说”，都旨在强调康德哲学对于科学经验知识的“在先的奠基性”，即“使之成为可能”的奠基作用，其区别只在于如何理解和表述这种“在先的奠基性作用”。强调汉语中的“超”字无非是想说“先”字的“奠基性”色彩不够明显，而“超”字则有明显的“高出”“超出”之义，在表达康德“transzendental”的含义，即“虽然先于经验(先天的)，但**却是使经验认知成为可能的东西”**方面似乎更为恰当。[①] 这一理据不能说完全没有道理，但在我看来，其理由似乎还不足以强到让我们更改传统译名的程度。因为“超验说”也有很明显的弱点。“先验说”的拥护者可能会反驳说，一方面，“超验说”强调“超”字，就有可能忽略“先”字，因为，“超”字在汉语中没有“在先”的含义，而且这样一来，还有可能导致混淆康德所强调的“transzendental”与“transzendent”，以及“transzendent”与“immanent”之间的区别。我们知道，“超验说”主张将“transzendent”译为“超离的”，“超然的”或“超绝的”，但无论“超离”“超然”还是“超绝”，说的都是“超(离/绝)于”经验知识，涵盖于汉语词“超验”的概念范围之

① 例如，熊伟先生用康德理解的“transzendental”范畴为例，说明“transzendental”不仅有“a priori”义，而且更有不同于“a priori”的、在位阶层次上的“超”义，尽管这一“超”不是“超然”(transzendent)。熊伟写道，“‘transzendental’虽亦有‘先验’(a priori)之意，但又不止于先验之意；它实在又比‘先验’更‘超’一等”。(参见《先验与超验》，第20页。)刘创馥也说：“transzendental 认知作为一种先验的后设认知(meta-cognition a priori)，它研究的对象显然不是经验对象一般，而是所有对象认知和客观经验所假设的条件。”(参见《康德超验哲学的自我认知问题》，第45页。)

内。[1] 另一方面,“先”字在汉语中,尤其是在当下汉语的哲学理解中,未必就完全没有“奠基性”或“使之成为可能”的含义。我们知道,在现代哲学的概念分疏以及言语过程中,当解释汉语中“在先”的含义时,一般都有“时间在先”与“逻辑在先”两层含义。[2] 固然,transzendental 在康德处的含义不仅是逻辑在“先”,但随着对这个概念的解释以及对康德哲学的整体理解在汉语世界中的加深,我们也不可否认,这一作为“使之成为可能”的奠基义已经渗入到汉语词“先验”的“先”字中。考虑到这些,再加上我前面所说的尊重“约定俗成”的翻译原则,我以为在康德的“transzendental”的汉语翻译上,“超验说”并未给出比“先验说”更强的理由。[3]

最后,关于 a priori 在康德哲学中的中文翻译。现在一般流行将之译为“先天的”,与将“transzendental”译为“先验的”相呼应。这样的译法我也大致赞同。有些传统学者,以及当前很多港台学者,

① 例如熊伟先生的老师张颐先生就曾持这一看法。张评论熊文道:“说‘超验’就已经似在说‘超然于经验’,故以译‘transzendental’,不如以译‘transzendent’。”具体参见《先验与超验》,第 21 页。

② 例如,贺麟先生对此曾有说明。“逻辑在经验之先者,第一即是普遍者,而经验为特殊者。第二即是解释或构成经验之必然的理或原理。”参见贺麟:《康德译名的商榷》,原载《东方杂志》,1936(33)17:187。此处转引自文炳博士论文初稿。关于这一点,新近孙周兴教授也持相似的观点,例如他说:“‘先验’之‘先’固然没有很好地传达出‘超’的意义,但只要用心,也许我们仍旧能够体会到它的‘逻辑在先’意义上的‘超’。”参见孙周兴:《超越・先验・超验》,载于《后哲学的哲学问题》,北京:商务印书馆,2009 年,第 23 页。

③ 文炳的论文初稿中,提到了张东荪(1886—1973)先生关于“transzendental”的一个理解。在 1939 年发表的《康特哲学之专门名词》一文里,张说:“然康氏所谓 transcendental 又往往兼含了 Transcendentalismus(先验论)之义。故其书章目有 Die Transcendentale Aestheik 与 Die transcendentale Logik 等。前者旧译为‘超验的感性论’,后者为‘超验的论理学’。实则仅为先验论上之感觉论与先验论上之思维论而已。”尽管张本人关于 transzendental 的译名似乎前后并不一致,但这一见解无疑是精到的。如果不考虑翻译中的“约定俗成”的因素,以及如果 a priori 日后能被接受译为“先验的”,我以为将康德的“transzendental”译为“先验论的”尚不失为一个较好的选择。

极力主张将之译为“先验的”，与将“transzendental”译为“超验的”相呼应。如前所述，这也是在翻译“transzendental”时“超验说”反对“先验说”的一个主要理由。但在我看来，这个理由未必充分。因为第一，“a priori”并不像“transzendental”那样，基本上是康德哲学的一个专用概念，它既不是从康德才开始使用的，康德似乎也未赋予它以有别于其他学者对之使用的意义。在拉丁文中，“a priori”与“a posteriori”是一组词，意思大概是“根据在先者得出的”与“根据在后者得出的”。① 明显，这里的“在先”并非一定是经验意义上在先，也可能“逻辑在先”“时间在先”“存在在先”等。② 因此，即使我们说康德的先验论哲学主要是在知识论讨论的范围内来探讨经验知识之来源和可能性，即在“经验在先”意义上使用“a priori”概念，但因为这不是康德所特有的概念，所以我们大概不能、也不宜说所有在康德之前、与康德同时以及在康德之后的学者们都在此意义上使用这一概念。第二，即便在康德那里，“a priori”似乎也不在绝对独立或完全先于经验的意义上使用，例如几何学无疑是“a priori”的知识，但在康德眼中，决不是完全“先于经验”的。再考虑到这个词在哲学史中(包括在康德那里)往往还和“必然性”“普遍性”等概念相联系，将之译为“先天的”就更加有根据了。至于说在中文里“先天的”易

---

① 关于 a priori 在哲学史上由证明论的“在先”向认知基础论的“在先”过渡，《历史哲学辞典》中在词条 a priori/a posteriori 下有相关的讨论，参见 *Historisches Woerterbuch der Philosophie*, ed. Joachim Ritter, Karlfried Gründer and Gottfried Gabriel. Chicago: University of Chicago Press, 2007, pp.462 - 473。

② 倪梁康曾举过类似的例子说明这一点。例如 2 的 10 次方是 1 024。这是一个“先天”(a priori)命题，但很难说是“先于/后于”经验，但却可以说它独立于经验，与经验无关。参见倪梁康：《Transzendental：含义与中译》，收入《意识的向度》，北京：北京大学出版社，2007 年，第 311 页。

和“与生俱来”意义上的“天赋”(innate)/“天生”(eingeboren)概念相混淆,[①]虽然不无道理,但它们之间,无论在西文里还是在汉语中,也都绝不是完全不可区分的。

① 参见刘创馥:《康德超验哲学的自我认知问题》,载于《台湾大学哲学论评》1997年第35期,第41—42页注。

第四节　现象学的现象概念*

一、对象的道路与现象的道路

“现象学的现象概念”是海德格尔在《存在与时间》中谈论他的现象学方法有别于以康德哲学为代表的现代哲学知识论的基本思路时所使用的一个概念。[①] 海德格尔的这一概念，在我看来，不仅将他自己的现象学哲学的基本立场与传统哲学所理解的康德哲学基本立场区别开来，也将他的存在论现象学的立场，与他的老师胡塞尔的意识论现象学的立场区分开来。据此完全可以说，现象学哲学的发展通过海德格尔的这一概念呈现出完全不同的气象。

简略地说来，从笛卡尔到康德的整个西方哲学所遵循的基本思路是一条知识论的思路，这一思路不妨被称为是一条**对象的道路**。这条道路的存在论起点是预设作为认知意识主体物的**人**与作为认知意识客体物的**实在事物**之间的截然二分。例如，在康德哲学的眼中，我们人类

---

* 本文选自王庆节：《现象学的现象，海德格尔与王阳明的致良知》，《广西大学学报》，2015 年第 2 期，7—22。

① 参见[德] 马丁·海德格尔：《存在与时间》，第 7 节。

的科学认知的本质或者说科学知识如何可能的过程就是一个认知对象如何被认知主体，或者经由认知主体建构形成的过程，我们不妨将之称为“对象化”[①]的过程，这个“对象化”过程及其结果就是康德意义上的Erscheinung，这个词传统上被译为“现象”[②]或“显象”。[③] 但是长久以来，这个对象的或者对象化思路的根本性困难就在于Erscheinung的边界问题，即如何处理在Erscheinung之先的“物自身”与在其之上的“本体”，诸如“上帝存在”“灵魂不死”“自由意志”等等的问题，前者涉及的是人类感性的界限，而后者则是人类理性的界限，这也就是康德所谓transcendental object＝X的著名难题的关键之所在。[④]

和笛卡尔、康德的对象化思路，亦即知识论的思路有别，以胡塞尔、海德格尔为代表的现代现象学哲学，所沿循的基本上可以说是一条现象学的“**现象思路**”。这条思路非但不以现代知识论哲学的主体—客体、主体—对象之间的二分为起点，相反，它将前者视为是一种流俗的，以未经严格哲学精神考察的、自然素朴的态度为基础的世界观和方法论，所以需要对之加以“悬置”或“加括号”，将之判为无效，以求达到现象学的“向着事情本身”的终极目标。所以，在海德格尔看来，认知过程和意识过程，归根结蒂都是某种意义上的人的生存存在过程。从一种存在论、生存论的立场来看，也即是一种“事情本身”的自身显现过程和自身展开过程。这一过程，在海德格尔的《存在与时间》的现象学解释中，被称为是一种“**现象出来**”的过程，这也是海德格尔在《存在与时间》

① 参见[德] 马丁·海德格尔：《康德与形而上学疑难》，王庆节译，上海：上海译文出版社，2011年，64—70页。
② 参见[德] 康德：《纯粹理性批判》，蓝公武译，北京：商务印书馆，1960年。
③ 参见[德] 康德：《纯粹理性批判》，邓晓芒译，北京：人民出版社，2004年；《纯粹理性批判》，李秋零译，北京：中国人民大学出版社，2004年。
④ 参见[德] 康德：《纯粹理性批判》，A108页及以下。

的写作前后所力图拓展和践行的现象学存在论的道路。

二、“现象”(Phänomen)与“现像”(Erscheinung)

如此理解的现象学哲学的道路，其核心概念 Phänomen 就和也作为康德哲学之核心概念的 Erscheinung 就有了本质性的区别。本来在德文的日常用法中，Phänomen 与 Erscheinung 这两个词的意思没有根本性的区别，一般都将之理解为同义词，只不过前者更为古朴一些，直接源出于它的希腊文原文，而后者则是前者的现代德文用法而已。在康德那里，“现象”一般用来意指在我们的感觉认知活动中，主体通过我们的先天时空直观形式和先验范畴，在感觉预料的基础上整理综合而来的、作为经验的感受感觉，印像、表像、意像以及由此而来的全部科学经验与科学知识。这样，按照康德的说法，这些“现象”，即“现象化出来的东西”就不仅构成了我们全部的经验和科学知识的范围，而且也构成了我们全部经验知识的对象本身。①

海德格尔在《存在与时间》中首先对康德哲学乃至受到康德影响的一般德国思想中将 Phänomen 与 Erscheinung 两个概念的混用和混乱进行了澄清和批判。按照海德格尔的疏解，Phänomen 说的是这个词的希腊文原义，即“自己显现自身”(sich zeigen)，而 Erscheinung 指的主要不是自己显现，而是通过某个他者的自己显现而得到间接地呈示和报告。这里海德格尔想说的是，任何一种作为 Erscheinung 的呈示，实质上都必须要在“自身显示”，即 Phänomen 的基础和前提下方才成为可能。换句话说，近现代知识论语境中的 Erscheinung 概念就是这样

① 参见[德] 康德：《纯粹理性批判》，A158/B197。

的一种经由认知主体建构而来的间接呈示，它们唯有在现象学存在论的 Phänomen 的思路上方可得到真正的理解。海德格尔在这里所用的著名例子是我们关于身体内部机体失调或者发烧的病症认知，即 Erscheinung，必须要在诸如“面颊赤红”这样的 Phänomen 显现的基础上才能达成。[①]

基于这一对 Phänomen 与 Erscheinung 关系的理解，我曾借中国古代思想家韩非子关于“象”字在古代含有“象”和“像”两层含义来说明这一点，并将之分别翻译为“现象”与“现像”。[②] 古汉语中的“象”字同时含有作为实物的动物之“象”以及作为象征、符号的“象”，后者在现代汉语中又作“像”，即“图像”“照像”之“像”。汉语中“象”和“像”这两种含义的最早区分可见韩非。韩非在《解老·二十》中说：“人希见生象也，而得死象之骨，案其图以想其生也，故诸人之所以意想者皆谓之象(像)也。”显然，这里的第一个“象”字指的是活生生的“生象”，对应于海德格尔所讲的原本的、存在物意义上的“Phänomen”或“Erscheinen”，而第二个“象”字，现代汉语中为“像”，则是从前者中衍生出来的，在认识论意义上的间接之“象”，即意像之像。

海德格尔的这一区别，直接影响到他在《存在与时间》以及其他著作中对现代哲学从笛卡尔到康德的主流知识论思路的批评和清算，而这一批评又进一步激发和影响 20 世纪其他思想家对这个问题不同角度的思考。例如，美国哲学家罗蒂在论述 20 世纪哲学中的“语言学转向”时，就曾将从笛卡尔到康德的西方近现代哲学主流描画为“镜像式哲学”，[③]这

① 参见[德] 海德格尔：《存在与时间》，第 36 页。

② 参见[德] 海德格尔：《存在与时间》，1987 年版中译本，附录一：关于本书一些重要译名的讨论。

③ Richard Rorty, *Philosophy and the Mirror of Nature*. Princeton, NJ: Princeton University Press, 1979.

明显是受到了海德格尔上述区分的启发。

三、现象学的“心学”与“性学”

严格说来，将“现象”与“现像”区别开来，并不完全是海德格尔的首创和独创。这实际上是从他的老师胡塞尔的“意向性”概念中的“noesis”/“noema”的著名区分发展而来。在1917年发表的《现象学的观念——五篇讲座》中，胡塞尔就明确指出，“现象”(Phänomen)这个语词，本质上有着“das Erscheinen”和“das Erscheinende”两层紧密相关的含义。尽管它原本说的是“das Erscheinende”，即显现、现象出来的那个东西，但这个现象出来的东西，却必须是**先为着**(vorzugsweise ... fuer)那现象活动自身(das Erscheinen selbest)，才被产生的东西。因此，在现象活动与现象出来的东西的本质性的相关关联中，这个“现象活动自身”有着更为根本和重要的意义。①

因此，关键在于这个“现象活动自身”是什么东西？和传统意义上的康德哲学将之定位为“认识”“知识”活动不同，胡塞尔明显是在更宽泛、更深层的“意识”活动的意义上来探究它。更为重要的是，这个“意识”首先不是在一般心理学意义上使用的意识概念，而是胡塞尔所关注的“纯粹意识”，或者“超越论自我”的“意识活动”。正是在这个意义上，胡塞尔又将上述的“现象活动自身”称之为非心理，或者更确切地说，“前心理”意义上的“主体性现象”(das subjective Phänomen)。

按照海德格尔的说法，现象学哲学中的现象活动自身，即胡塞尔所用的Erscheinen和海德格尔自己所用的Phänomen概念不应与康德知

① Edmund Husserl, *Die Idee der Phänomenologie*. Fuenf Vorlesungen, Husserliana II, hrsg.von Walter Biemel, Den Haag, 1950, 14.

识论的先验哲学中的“现像”概念，即镜像概念相混淆。《时间概念历史导论》是海德格尔在《存在与时间》发表之前的一个讲课稿，《存在与时间》的很多内容都已在这部讲稿里得到事先讲授和讨论。在这部著名的，后来作为《海德格尔全集》第 20 卷出版的讲演稿中，海德格尔首先从胡塞尔现象学哲学的三个基本概念开始谈他所理解的现象学的现象概念，即现象学的“意向性”“范畴直观”与“先天”。不过很明显，在这里，这些胡塞尔的“意识现象学”，即“现象学心学”的基本概念都不再在传统哲学知识论问题的背景下，也甚至不在更宽泛的心理意识哲学框架中来思考，而是被引到了哲学本体论或存在论的思路上来理解和领会。换句话说，如果将现象学视为一般性哲学的基本研究，那么，作为其基本课题的现象学的现象就既不再主要是认知现象，也不再是意识现象，而是活泼泼的，充满生机和灵动的生存、存在现象。在这个意义上，如果我们将“心的现象”视为胡塞尔的超越论意象性的“心学现象学”的核心概念的话，这个“现象学心学”的传统，在海德格尔的手中，就被改造成为以“存在现象”，而且首先是以人的存在，即“生存现象”为核心的“存在论现象学”的传统。如果套用中国哲学思想中熟悉的语言，也许我们可以说，通过现象学的存在现象的引进，胡塞尔“现象学心学”就演变成了海德格尔的“现象学性学”。①

简略地说，在海德格尔的眼中，“意向性”“范畴直观”“先天”，这些胡塞尔现象学的核心概念，讲的无疑都基本是同一个东西，只是从不同的角度和方面讲而已。不过在这一解释中，胡塞尔的纯粹意识或超越论意识的意向性为海德格尔的存在“意蕴”概念所替代。这个存在“意蕴”乃世间万事万物之间的“因缘”关涉的基础或底蕴，所以，更为重要

① 在中国现象学专业委员会 2013 年兰州年会的一个即席发言中，复旦大学哲学系的丁耘教授曾提及这个概念的可能性。

的不是纯粹意识活动的“意向”以及由此而来的“意像”，而是存在本身的“意蕴”关联，它经由 Dasein 的活生生的时间性、历史性的在世生存活动，“关涉”“指向”这个 Dasein 的周遭环境，使之能够与其他的 Dasein 以及与非 Dasein 式的存在物在此中共存共在。这就是人生在世的本来处境，我们从一出生，就被抛入此中，身处在此中，上下折腾，浮现沉沦，并对此有着一种发自“先天”的感受和领会，尽管这种感受和领会常常并非必然伴随有一种自觉的、明确的、专题性的理智认知和意识。基于这一思路，胡塞尔的纯粹意识的“意向性”概念，可以说就为海德格尔的，通过 Dasein 的在世生存活动中的“因缘关涉”的“指向性”而显现出来的“底蕴关联”或“世界之为世界”所推进和替代；胡塞尔的超越论意识层面的“范畴直观”概念，就为海德格尔之 Dasein 在存在之疏朗真理中的存在之领会与超越所推进和替代；而胡塞尔的纯粹意识的“先天”概念，就为海德格尔的，在存在论/生存论层面上的“超越论存在”概念所推进和替代。这也就是海德格尔后来谈及现象学的基本问题和方法时，说他所理解的现象学还原不仅是要还原到胡塞尔的纯粹意识，纯粹自我，而且更要超出这一层面，进入存在论的存在，而且，现象学的方法也不仅仅是一种纯意识层面的质疑、悬置，描述和分析，更是存在历史之展示过程中的建构—解构之道路的缘故。①

四、海德格尔的“现象学的现象概念”

基于上述的分析和理解，现在让我们来看看究竟什么是海德格尔在《存在与时间》中所说的“现象学的现象概念”。

---

① 参见[德] 马丁·海德格尔：《现象学的基本问题》，丁耘译，上海：上海译文出版社，2008 年，第 22—27 页。

"现象学的现象概念"这个海德格尔的术语出现在《存在与时间》第7节。在那里,海德挌尔首先区分了以康德(新康德主义)为代表的近现代知识论哲学意义上的、混乱不堪的"现像"概念与原本希腊文中的现象概念,即作为"现象出来""显现出来"的"现象"概念。在此之后,海德格尔提出了他所理解的"现象学的现象概念"(der phänomenologische Begriff von Phänomen)。和这个概念同时提出的还有:形式的现象概念(der formale Phänomenbegriff)和流俗的现象概念(der volgäre Phänomenbegriff)。这三者各是什么意思?三者之间的关系究竟何在?几十年来,东西方关于《存在与时间》的解读与解释汗牛充栋,但似乎很少有人真正涉及这个问题,大都对之视而不见。即便少许有所涉及,但也多语焉不详。难道是海德格尔在这里故作玄虚吗?抑或这里隐含有海德格尔的现象学的现象概念与胡塞尔现象学的现象概念之根本性区别的全部秘密?而且,这个秘密的揭示,正如我们将要在下面看到的那样,可能会对我们如何理解和展开由阳明哲学所开端的"致良知"学说产生重大的意义。

在试图回答上述问题之前,让我们回到《存在与时间》文本本身,先看看海德格尔究竟是怎样刻画他的所谓"现象学的现象概念"的?

海德格尔说:

> ……唯当我们从一开始就把现象概念领会为:"在其自身显现自身",由此而生的混乱才能够得到廓清。
>
> 如果在这样把捉现象概念的时候始终不确定,何种存在者是所谈及的现象,而且对这显现者究竟是某个存在者还是存在者的某种存在特性在根本上不置可否,那么,我们所赢获的就还只是**形式的**现象概念。如果把这里的显现者领会为某种通过康德意义上

> 的经验直观来通达的存在者，那么，这个形式的现象概念就算有了个正确的运用。在这一用法中的现象就充实了**流俗的**现象概念的意义，但这个流俗的现象概念还不是现象学的现象概念。在康德的发问境域范围内来看，关于这个在现象学上来把握的现象概念，如果先撇开其他的区别不谈，我们可以这样来说明：在现像，即在流俗领会的现象中，向来就已经有某种东西，先行地且始终地，尽管是以非专题的方式，自行显现着。这东西是可能被专题性地带入自身显现的，而这个如此这般—在自己本身那里—自行—显现的家伙(直观形相)就是现象学的现象。[①]

现在让我们用一个具体的例子来尝试说明这个问题，即用类似王阳明所说的“观花”。[②] 譬如林黛玉在大观园中赏花，一袭悲伤孤寂的感受涌上心头，让之伤悲欲绝。此花作为“现像”，乃林黛玉观花、赏花、惜花、悲花、叹花、哭花、葬花的“对象”。在这里，这个对象主要指我们情感移情之对象。让我们再来想象一位植物分类学家，例如著名的林奈(Linnaeus，1707—1778)[③]来看花。林奈会根据生物学、植物学的类型学分类，冷静地告诉你这是牡丹花，那是玫瑰花，还有的是桃花、梅花、杜鹃花、百合花、樱花，甚至还有油菜花。林奈眼中的“花”作为“现像”显然不同于林黛玉的“花”，这是科学家眼中的花，各自间有着明确的定义和意义分界。但它们有一点是共同的，即花在这里均是认知的对象，所不同的地方仅仅在于，一是个体感觉感受的对象，一是科学理

---

① 参见[德] 海德格尔：《存在与时间》，第 36 页。

② 参见王阳明：《王阳明全集》，卷 3《传习录下》，吴光、钱明等编校，上海：上海古籍出版社，1992 年。

③ 林奈，瑞典博物学家，动、植物分类学和双名制命名法的创始人。

性范畴整理综合的对象。换句话说，它们都是康德意义上的“现像”，属于流俗的现象概念。那么，什么会是这个例子中的“形式的现象概念”呢？海德格尔说：“如果在这样把捉现象概念的时候始终不确定，何种存在者是所谈及的现象，而且对这显现者究竟是某个存在者还是存在者的一种存在特性在根本上不置可否，那么，我们所赢获的就还只是形式的现象概念。”这也就是说，当我们尚无确定在此“显现的”或者“谈及的”究竟是何种存在者，以及究竟是存在者还是存在者的存在特质时，这里作为显现的“现象”就还只是“形式的”。换句话说，在这里“显现的”究竟是作为“客观”存在者的“花”，还是作为“主观”存在者的“人”，抑或是“人—在—看—花”这一人的生存事件的存在特质呢？当这一切尚无确定之际，我们得到的就只是“形式的现象概念”。需要注意的是，海德格尔提到，流俗的现象概念，即康德意义上的“现像”仅仅是“形式的现象概念”的“正确运用”与“充实”(erfuellen)。这里似乎指的不仅仅是康德，而且更是胡塞尔著名的现象学意向性学说中的“noesis”与“noema”。前者是任何意识现象的“意向展开”，而后者则是作为其相关项的“充实”和“完成”，尽管这种充实与展开不仅仅是静态的，内在性的，而且更是动态的和超越性的纯粹意识行为。

海德格尔的这一说法同时让我们想到在《存在与时间》导论第 2 节谈到一般问题乃至存在问题发问之结构时的相似说法。在那里，海德格尔说，任何发问都有这样的结构，即发问之所问(das Gefragte)，发问所问及 (das Befragte)和发问之所得(das Erfragte)。这个结构具体到“存在之发问”就是：发问之所问是存在；发问之所及是存在者；发问之所得是存在之意义。[①] 这里的关键是“发问之所及”。存在一定是存在

---

① 参见[德] 海德格尔：《存在与时间》，第 6—9 页。

者的存在，所以，发问存在，一定从存在者开始问及。例如发问“这朵花”的存在，一定要从“这朵花”这个存在者开始问起，我们得到的一个答案是：“这是一朵玫瑰花，一株蔷薇科的木本植物”，这就是这朵花的某个存在之意义。但是，我们真的是在问“这朵花”吗？还是实际在发问这朵花的存在之意义的赋予者，一个特殊的存在者，即存在问题的发问者——人？所以，任何存在者的存在之意义问题就变成为要从人这个特殊的存在者的存在开始问起，因为我们无论意识到与否，人的存在即 Dasein 已经在任何存在者的显现中事先并始终一道显现出来，它是所有存在者得以显现出来的存在论、生存论前提和根基。这就是海德格尔在《存在与时间》反复强调的 Dasein 在存在问题发问中的优先地位。所以，任何存在者要作为流俗领会的现象，即现像，或者它要得到意义的充实，即海德格尔后面所讲的“去形式化”，必须以现象学的现象，即以 Dasein 的自身显现作为前提。因此，海德格尔才说：“在现像，即在流俗领会的现象中，向来就已经有某种东西，先行地且自始至终地，尽管是以非专题的方式，自行显现着。这东西是可能被专题性地带入自身显现，而这个如此这般—在自己本身那里—自行—显现的家伙（直观形相）就是现象学的现象”。①

胡塞尔和海德格尔共同反对近现代哲学主流的主客二分的“对象化思路”，强调更为本原的现象学的“现象化”或者“现象出来”的思路。但关于这个“现象出来”，胡塞尔理解的主要是纯粹意识的超越论自我，所以意识现象乃至其结构的分析和描述就自然成为胡塞尔现象学工作的主线，而海德格尔则不然。倘若现象的本原状态，即现象学的现象是人在这周遭和共同世界中的生存活动本身，即亲在、此在、缘在的在—

① 参见[德] 海德格尔：《存在与时间》，第 36 页。

世界—之中—存在着，那么，纯粹意识的意向结构分析和描述势必要为亲在的生存论—存在论分析所取代。如果套用一个中国哲学的传统概念，我们不妨说，通过现象学的纯粹意识分析，我们走向的是一个现象学的心的传统，即心的现象学，而通过现象学的生存论分析，我们走向的则是一个现象学的"性"的传统，即性的现象学。这里的性，指的不单单是心之本性或本质，而是生之本来性状，是生命、生活之活泼泼的本源状态，这也即是《中庸》所讲的"天命之为性"之性。所以，当我们今天讲"心性现象学"，应当不是像倪梁康教授所理解的那样，仅仅是说"心的现象"，或者"心之本质"的现象，①而是同时包含有"心(的现)象"与"性(的现)象"这样两个在现象学运动内部发展的传统。当然，在我看来，阳明哲学的问题意识及其传统，也在这两个方向上，不仅有着丰富的思想资源，而且，其本身也在这两个方向的纠结、紧张中前行、发展。

---

① 倪梁康教授曾用佛学中的法相宗与法性宗之争来说明胡塞尔的现象学心学与海德格尔的现象学性学之分。这是一个非常有趣的观点。但在我看来，胡和海的根本区别并不在"性—相"之别，而在于"心—性"之别，也就是说，现象出来的东西，或者说，使得这个"现象出来"成为可能的超越性的活动，其本身究竟是纯粹的心识，还是生存着的生命存在的性状本身。参见倪梁康：《海德格尔思想的佛学因缘》，载于《求是学刊》，2004 年，Vol. 31，No. 6，20—32。

第五节　海德格尔哲学中的社会存在论*

长久以来，对海德格尔《存在与时间》中的"亲在"的生存论分析的一个主要批评在于亲在概念的主体性性质。这一批评指出，海德格尔的亲在在生存论上向着被抛的实际可能性的筹划终究未能超出胡塞尔的先验唯心论的局限。海德格尔在《存在与时间》中所做的充其量只是用一种绝对性的源头，即建构性的实践生存自我，取代了胡塞尔以及自康德以来的先验性精神自我而已。① 如果说海德格尔亲在生存论分析的这一唯我论性质在其《存在与时间》中的"世界之分析"部分尚不明朗的话，这一性质在其后的"谁之在"分析中就完全暴露出来了。这一批评还认为，正是这一亲在生存论分析的唯我论性质最终导致了《存在与时间》走入歧途，以及整个计划半途而废。

通过对《存在与时间》中"谁之在"分析的具体讨论，本节旨在针对

---

* 本文发表在《中国现象学与哲学评论》2001 年第 4 期，上海：上海译文出版社。

① 关于这一批评的主要代表，参见哈贝马斯（Jürgen Habermas），trans. Fredrick Lawrence，*The Philosophical Disourse of Modernity*. Cambridge：The MIT Press，1987；特尼森（Michael Theunissen），trans. Christopher Macann，*The other—Studies in the Social Ontology of Husserl*，*Heidegger*，*Sartre and Buber*. Cambridge：The MIT Press，1984。

上述指责对海德格尔哲学中的社会存在论作一重新的解释。[①] 本节的主要论点如下：第一，在《存在与时间》中，"世界之分析"和"谁之在"分析两部分之间并无根本的不兼容性，这两个部分相辅相成，构成了亲在在世分析中不可或缺的部分。应当说，海德格尔"谁之在"分析中的"他人"与"共在"理论是其"世界之分析"中反主体主义的"在世"理论的延续、展开而非背离。第二，海德格尔的"共在"理论以及他在"谁之在"分析中对"常人"和"公共性"的批评并非误入唯我论的例证，恰恰相反，此乃海德格尔独辟新径，反近代主观性哲学传统的证明。笔者力求指出，对海德格尔的批评大多在这里混淆了"公共性"与"公众性"、"唯我性"与"自主性"之间的区别。在海德格尔看来，对"公共性"的批评并不必然导致对"唯我论"的肯定。真正的"公众性"和"共在"应当建立在"自主性"之上，而日常生活中的"常人"的公共性"独裁"则植基于"唯我性"之上。第三，海德格尔"谁之在"分析中的"共在"概念不仅是对"常人"以及"唯我性"的批判，而且这一概念建立在海德格尔对语言双重本质的特定理解之上。如果人不仅仅是"理性的生物"（亚里士多德），而且更是"能说话的生物"，那如何道说就不仅规定着人之为个体生存的本质，它更决定着、影响着人之为社群生存的本质。第四，本节结论，深入地批判性地考察和理解海德格尔的"共在"概念将有助于我们建立现代社会生活"共同体"的观念以及重新定位个体在其中的独特地位。

一、海德格尔的"谁之在"分析真是唯我论的吗？

在现代西方学者中，哈贝马斯是批评海德格尔"谁之在"分析的唯

① 鉴于篇幅关系，本文的讨论范围集中于[德] 海德格尔：《存在与时间》，陈嘉映、王庆节译，北京：生活·读书·新知三联书店，1987 年，第 25—27、34—38 节。

我论性质的主要代表之一。在其著名的《现代性的哲学话语》(*The Philosophical Discourse of Modernity*)一书中，哈贝马斯首先正确地指出，海德格尔的亲在在世学说中的“世界之分析”在现代西方哲学中开了反传统主客体截然二分的心物二元论的先河。哈贝马斯说道：

> 显而易见，海德格尔在有关主体性哲学方面取得了关键性的概念突破：不应当再从主客体关系的角度来考虑知与行。知乃是建立在在世基础上的亲在的一种方式，而亲在不再是一种面对作为存在着的事态总和的客观世界的知和行的主体。知和行的客观化行为过程现在反倒可以被认为是从作为背景基础且可直观把捉的生活世界的基本模式中生发出来。[①]

但是，按照哈贝马斯的说法，海德格尔的成功局限于他的世界性分析。当海德格尔的分析进入亲在在世的“谁之在”问题时，就“立即不再行得通了”，由此，海德格尔径直退回到了胡塞尔的主体性哲学。

> 在《存在与时间》中，海德格尔并未以任何不同于胡塞尔在《笛卡尔沉思》中的方式来建构主体问题：亲在在任何情况下总是自我的，这种(海德格尔式的)亲在构成共在的方式和(胡塞尔的)先验自我建构自我与他人共享世界的主体间性如出一辙。结果，海德格尔对共在的分析就在回答世界如何构成与保持自身的问题上

① See Jürgen Habermas, trans.Fredrick Lawrence, *The Philosophical Disourse of Modernity*. Cambridge: The MIT Press, 1987, p.147.

一无所得。[1]

哈贝马斯还说：

> 尽管海德格尔在迈出第一步时摧毁了主体性哲学，并用使主客体关系成为可能的关联构架取而代之。但在走第二步时，当他力求使周遭世界按照自身的呈现过程合理化时，他又坠回到主体性哲学的窠臼，这是因为以唯我论方式建立起来的亲在重又占据了先验主体性的位置的缘故。[2]

因此，哈贝马斯得出结论，海德格尔的"共在"仅仅是一海市蜃楼般的虚幻。这一概念不可能引导我们走向哈贝马斯所理想的"言语交往主体的生活世界"，而在后者中，先验的主体性不再被设定，而是被"悬置"和"取消"，不了解这一点正是海德格尔哲学的最大失误所在。

海德格尔"谁之在"分析真的未能超出胡塞尔的先验唯心主义的自我吗？哈贝马斯引证了《存在与时间》第 25 节开头的一段话，用以支持他对海德格尔的批评。

> "谁之在"问题中的这个谁是用我自己、用"主体"、用我来回答的。这个谁就是那个在变居不定的行为体验中保持其为同一的东西，就是那个因此而同这种多样性发生关系的东西。[3]

---

① Jürgen Habermas, trans. Fredrick Lawrence, *The Philosophical Discourse of Modernity*. Cambridge: The MIT Press, 1987, pp.149 – 150.

② 同上书，p.150.

③ [德] 海德格尔：《存在与时间》，陈嘉映、王庆节译，北京：生活 · 读书 · 新知三联书店，1987 年，第 141 页。

倘若我们仅就这段话的字面意思来理解，似乎海德格尔与现代哲学唯我论难脱干系。但是，问题在于，这是海德格尔本人的立场还是他用以作为对立面进行批判对照的靶子以及进一步哲学思考的起始点？如果我们把《存在与时间》第 25 节作为一个整体并结合此段引文的上下文来阅读，不难看出，海德格尔在这里是想通过对近代西方哲学史中有关“自我”问题的未经考察的出发点的批判与质疑来重新询问“谁之在”问题中的这个“谁”、这个自我的问题。因为海德格尔在第二段中紧接着就说：

> 亲在向来所是者就是我——这是一个在存在者状态上具有自明性的一个命题。但我们切不可因这一命题在存在者状态上的自明性而取一种意见，即仿佛这样一来，从存在论上阐释如此这般“给予的东西”的道路就可靠无误地先行描绘出来了。也许，甚至就连上述命题的存在者状态上的内容是否适合于重现日常亲在的现象实情也还颇成疑问呢？也有可能日常亲在的这个“谁”恰恰就向来不是我自己哩！①

海德格尔这一段话清楚地表明，“谁之在”分析中“谁”的问题也就是近代哲学中作为中心议题讨论的“自我”或“主体”问题。在海德格尔看来，这一问题的关键并不在于如何理解这个“谁”、这个“自我”，不在于将之理解为素朴的、经验的自我，还是形式的、抽象的逻辑自我、先验自我。问题的关键在于提出这一问题的方式本身。传统近代哲学在“自我”问题上的失误，就在于总是从一种“给定了”的自我出发，而不

① ［德］海德格尔：《存在与时间》，陈嘉映、王庆节译，北京：生活·读书·新知三联书店，1987 年，第 141—142 页。

是对这一自我本身以及对设定这一自我的方式进行发问，因此，这种“自我给定”势必导致“自我失落”，所以海德格尔说：

> 最为自明的答案自古流行，至今不灭。从这些答案中又派生出问题的种种提法。从将要提出的问题来看，我们若要在这种答案和种种问题提法面前保持现象展示的优越性，亲在的现象学阐释就必须始终谨防问题提法的颠倒。①

所谓“问题提法的颠倒”，无非是说，近代哲学史种种关于“自我”的讨论，无论“经验自我”，还是“逻辑自我”，抑或“先验自我”，都是一种“给定了的自我”。从这些给定了的自我出发，而不是对这些自我本身发问，就使得这种对自我的哲学讨论在存在论上成为“无根的”。因此，它们应当成为真正的哲学讨论与思考的结果，而非天经地义，无须批判性考察的起点。

海德格尔这里不仅指出了近代哲学对“主体”或“自我”问题思考路向的失足所在，而且更进一步从其“世界之分析”的生存论现象学的立场出发，力求为亲在在世的“谁之在”问题重新奠定研究探索的出发点。于是，在第 25 节的结尾处，海德格尔说：

> 如果我们想从现象上充分回答“谁”的问题，那么前面提供的有关亲在的正面阐释就已经禁止我们从自我的形式给定性出发了。关于在世的澄清曾显示出：无世界的单纯主体并不首先“存在”，也从不会给定。同样，无他人的绝缘的自我归根到底也并不

① [德] 海德格尔：《存在与时间》，陈嘉映、王庆节译，北京：生活·读书·新知三联书店，1987 年，第 142 页。

> 首先"给定"，虽说于在世之际"他人"向来已经共同亲(临存)在，虽说在现象层次上这是确定不疑的。但是，这却不可误使我们认为如此这般"给定的东西"的存在论上的结构也是不言自明、无须探究的。我们的任务是要把在切近的日常生活中的这种共同亲(临存)在的方式从现象上收入眼帘并在存在论上加以恰当地解释。①

由此可见，第一，《存在与时间》第 25 节不应被视为海德格尔对自己立场的正面表述。这是海德格尔对哲学史上迄今为止讨论"自我"与"主体"问题混乱与失误处的批判与澄清，这一批判与澄清恰恰为海德格尔对此问题的进一步讨论与思考开辟道路。第二，在海德格尔这里，"世界之分析"与"谁之在"之分析并不像哈贝马斯认为的那样前后矛盾、缺乏一贯性。恰恰相反，这两部分在海德格尔的亲在在世的生存论分析中，语气上前后呼应，方法上一脉相承。在实际的分析过程中，它们也是相辅相成、不可分割的。

然而，哈贝马斯对海德格尔"谁之在"分析的误解似乎并不能简单地仅仅归结为"误读"。自从《存在与时间》问世以来，许多哲学家，无论赞同还是反对海德格尔，从萨特到哈贝马斯，均从这一角度来理解海德格尔，由此，海德格尔被认为是主观唯心主义的存在主义哲学的主要奠基人之一。同时，他也被认为是胡塞尔的以先验主体行为特征的现象学哲学的传人和现象学人类学的主要代表。例如，另一当今著名的德国哲学家、曾任柏林大学哲学系主任的米歇尔·特尼森(Michael Theunissen，1932—2015)，在讨论胡塞尔先验主体性现象学与海德

① [德] 海德格尔：《存在与时间》，陈嘉映、王庆节译，北京：生活·读书·新知三联书店，1987 年，第 143 页。

格尔基本存在论的关系时指出，一方面，海德格尔关于共在分析的“新探索更深地奠定在亲在之上而非像在胡塞尔那里奠定在自我之上”。[①] 与哈贝马斯不同，特尼森在这里看到了海德格尔与胡塞尔的关于“主体”理解的不同。胡塞尔的意向性理论依旧立足于先验自我，因此，仍停留在笛卡尔主体性哲学的传统中，而海德格尔的亲在则是对这一传统的反叛与断裂。但另一方面，特尼森还说，作为胡塞尔最有创见性的学生，海德格尔尽管不再将其与“世界”和“他人”共在的亲在视为精神性的或先验的主体，他仍将其视为具有构建性、创造性的“实践行动的主体”。基于这一理解，特尼森得出结论，胡塞尔以先验自我为中心的现象学与海德格尔的亲在在世为出发点的基本存在论之间的关系乃是“抽象的意指”与“具体的实现”之间的关系。因此，海德格尔的所谓“新探索”，在特尼森看来，说到底并不是什么真正全新的创见，它不过是“胡塞尔的理论经过修正的再现”而已。海德格尔对共在概念的分析终于未能克服胡塞尔先验自我“主体间性”的困境，相反，它最后成为其一个变种。[②] 特尼森认为，这里的根本原因就在于海德格尔的共在分析仍然是以“‘筹划着的亲在’作为其先验性构建世界的出发点”。从这里可以看出，特尼森与哈贝马斯对海德格尔的共在概念的理解并没有根本的区别。所以，对海德格尔“共在”理论的误读并不能简简单单地归结为诸如哈贝马斯、特尼森这样的学者对文献的误读和错解，而在于他们的整个提出问题、思考问题的方式，从一开始就仍还局限于从笛卡尔、康德以来的近代哲学中主体性认识论的模式，从而并不能真正地领会和正确地评估海德格尔哲学新探索的革命性意义。

---

① Michael Theunissen, *The Other — Studies in the Social Ontology of Husserl, Heidegger, Satre and Buber*. Cambridge: The MIT Press, 1984, p.174.

② 同上书，第 167 页。

二、自我、共在、常人

如前所述，海德格尔《存在与时间》中"谁之在"分析的关键在于从存在论高度重新发问传统哲学史上"自我的问题"。这个"自我"无论是"心理自我"还是"物理自我"，"感性自我"还是"理性自我"，"经验自我"还是"先验自我"，在海德格尔看来，在存在论上都还是无根据的，即都是在存在论上先假定了个体性自我，然后以此出发来发问，建构存在与他人。海德格尔的"谁之在"分析则是对这一出发点的合法性本身提出疑问与挑战。按照海德格尔在《存在与时间》第 9 节中对亲在本性的描述，亲在的日常存在是以"总是我的在"的方式出现。[①] 倘若亲在作为"谁之在"分析中的"总是我的在"并非、也不应作为一预先的设定，那么这个"总是我的在"从何而来，又如何设定呢？他和他存在于其中的周遭世界，与其总是相遇且共存的其他的"总是我的在"又是何种关系？这正是海德格尔的"共在"理论所要讨论的问题。

正如许多学者已经指出的那样，海德格尔在《存在与时间》中选用亲在来指称"我的在"，这在 20 世纪思想的发展进程中具有突破性的意义。亲在确是"我的在"，但这个自我首先决不是什么给定了的或已经在了的实体，而是我的如何如何去存在。这一种"如何去存在"，用海德格尔的话说就是"在世界之中与他人共在"。离开了周遭世界与周围人群，何处去寻我的在？纵然是远离闹市、避居林泉，依然不失为"共在"的一种方式。

概括地说，海德格尔《存在与时间》中的"共在"理论大约可以简要

---

① 见[德] 海德格尔：《存在与时间》，陈嘉映、王庆节译，北京：生活·读书·新知三联书店，1987 年，第 53 页。

地归结为以下几个要点：

第一，“共在”作为“在世界之中与他人共在”，讲的首先是“自我”与“外物”以及与“他人”之间的、在日常生活世界中的活生生的、不可切断的关系。他们之间相互蕴含、相互依赖、相互作用与影响，任何一方须臾不可或缺。依照海德格尔自己的说法，我们在使用任何一件用具之际就已经揭示出了亲在这一既被抛出，又不断筹划着的亲在在世的整体关系意蕴场。这就是说，不仅这用具本身，不仅与此用具连带关联着的其他诸用具，使用着这一用具的自我，而且还有与我、与此用具相关联的他人，均在这使用的当下来照面，从而得到理解与定位，关于这一意蕴关联在我们日常生活中的表现，海德格尔举的例子是：

> 对最切近的周围世界进行描写的结果是：他人随同在劳动中供使用的用具，共同来照面了……例如我们“在外面”沿着走的这块地显然属于某某人的，是由他来进行保管的；这本正在使用着的书是在某处买来的，是由某人赠送的，诸如此类。靠岸停泊的小船在它的自在中就指向一个已知的、用它来代步的人，即使这只船是“陌生的”，它仍然指向其他的人。①

第二，“共在”的这种“自我”“物”“他人”的关系就其实质而言是一种存在论上的关系，先于一切实体存在。“自我”“他人”“物”首先不仅仅是一个个固定的实体，而是生活世界“关系场”中一个个既不可或缺又变动不居的组成部分，这种存在论层面上的关系，不论我们是否意识或愿否承认，均已经在那里并成为我们思索与处理自我与周遭世界，自

① ［德］海德格尔：《存在与时间》，陈嘉映、王庆节译，北京：生活·读书·新知三联书店，1987年，第145页。

我与周围他人世俗关系的背景、基础与出发点。从这一理解出发，并不是先有了一个个实体，然后诸实体间产生关系。实体的意义与存在本身倒是应从“关系”来说明和理解。例如，倘若没有读书的行为，很难想象书与读者以及作者存在的意义，同一本书，相对于读者而言，是读物，相对于作者而言，是作品，而对于印刷工人而言，则是印刷品。同时，怎样读书则又产生对此书以及对作者、读者的不同理解。这也就是海德格尔为什么说我们并不是首先听“纯粹的声响”，而是“辘辘的车轱声，轰鸣的马达声，林中的鸟鸣与山间的流泉”。即使所谓“纯粹的声响”实质上也并不纯粹，那只是从科学家、现有物理声学理论、声学试验室仪器设备之间的特有关系及行为方式的“共在”中衍生出来的一种特殊的听觉对象而已。

第三，共在关系中的自我与物，自我与他人具有不同的特质。在《存在与时间》的世界之分析中，海德格尔将通常理解的外部世界中的“物”界定为“用具”，并力图从“在世界之中”的操劳(Besorgen)关系意蕴场来理解与领会“用具物”。因此，自我与用具的上手关系比传统哲学认识论所理解的主客体现成关系更为本源。进到“谁之在”分析的部分，“亲在在世”作为共在关系就不仅包含了自我与外物世界，而且也还包含有“他人”。“自我”与“他人”的关系一方面不应是现成的主客体对象关系；另一方面，也不应仅仅是用具型的上手使用的关系。在这里，海德格尔强调他人就像自我一样，也应当“总是我的在”，具有不可剥夺的自主性，是共同存在着的“共同亲在”(Mit-Dasein)。与人、与周遭世界用具的“操劳”关系相应但有别，人与他人之间的关系被海德格尔称为“操持”(Fuersorge)。它们构成了亲在在世生存论整体关系，即“操心”(Sorge)的两个有所不同而又相互关联的生存状态模式。

第四，海德格尔不仅在“谁之在”分析中将人与人之间的共同亲在关系界定为操心的关系，而且更进一步具体说明人们的日常世间生活相处中往往介于“操心”的两处极端的可能性，即“代庖”（einspringen）与“率先”（vorausspringen）之间。“代庖”意为“我”跃入他人的位置，替他人作决定、拿主意、干事情。这也就是说，我或者“迫使”，或者“诱使”，或者“不知不觉地”使他人按照我的意愿成为“我的他人”。这种“操心”作为“代庖”实质上取消了他人之为他人的自主存在。与“代庖”不同，“率先”式的操心认定“他人”的不可替代性和不应替代性。自然，这里的“自我”与“他人”并非意指一个个先行独立设定的实体，然后相互之间发生一种操心的关系。“自我”与“他人”作为共同亲在首先是一种在世之中不断成为“自我”与成为“他人”的过程，是一种“跃”（springen）“先”（voraus）作为表率。这种“率先”不是替代他人，而是“走在他人面前”做示范，为榜样，为他人之为他人的“跃前”创造条件。同时，因为“率先”的方式各各不同、时时不同，任何代庖，即任何将此自我化或将他人化的前行过程固定化、程序化、普遍化的企图都可能实际导致将此不断跃出过程的生命力扼杀的后果。另一方面，承认在世过程中亲在不断跃前的可能性与特殊性、个别性，并不抹煞相互之间的关联性。但这种关联性不再是一种强制性的、哪怕是好意的代庖关系，而是一种率先、示范引导关系。在这种共在关系中，他人作为共同亲在，不再是自我用以实现自身的用具，而是一种自主性的过程，是一种自由自在的目的本身。

第五，无论代庖式还是率先式的操心都首先不应被理解为一种社会个体在人类学、心理学意义上的素质，譬如我们说某某人具有操纵或压迫他人的恶习或具有尊重或宽容他人的美德。在海德格尔的眼里，“代庖”与“率先”均为某种社会共在生存论的方式。他所要询问的是：究竟什么样的社会共在生存论方式能够产生并保持不断产生更多的具有自主性的个体？诸共同亲在以率先方式实现的操心的本质状态预设一种存在论上的自由自在，而对这种自由自在的否定，海德格尔称为“常人的独裁”。常人并非指某一个外在于我的“他人”。常人往往意味着我在其中的一种生存方式。在这种生存方式中，不仅“我之为我”，而且“他人之为他人”的自主性，均被一个无名的“谁”所剥夺。正如海德格尔所言，“这个谁不是这个人，不是那个人，不是人本身，不是有些人，也不是一切人的总和，这个谁是个中性的存在：常人”。①

海德格尔对常人的描述显现出常人有至少以下三个方面的特点。首先，常人的独裁是伴随着公共世界（现代公共通信与交通）而来的公共意见的产物。

> 在利用公共交通工具的情况下，在运用公共通信设施（报纸）的情况下，每一个他人都和其他人一样。这样的共同处在把本己的亲在完全消解在他人的存在方式中，而各具差别和突出之处的他人则又更加消失不见了。在这种不触目而又不能定局的情况下，常人展开了他的真正独裁。②

我们生活于其中的社会现在越来越成为一个公共意见的产物，这种公共意见以及作为其基础的公共生活又通过现代社会标准化的生产与集团性的消费而产生、持存与增强。其次，常人的功用在于“卸除每

① ［德］海德格尔：《存在与时间》，陈嘉映、王庆节译，北京：生活·读书·新知三联书店，1987 年，第 155 页。
② 同上书，第 156 页。

一单个亲在在其日常生活中的责任”。在卸除每一个亲在责任的同时,他也就将其自主性一同去除了。“凡是亲在挺而出来决断之处,常人已经溜走了。然而,因为常人预订了一切判断与决定,他也就从每一个亲在那里把责任拿走了。”再次,常人的统治乃是亲在在世的日常状态或常驻状态。用海德格尔的话说就是:“常人把自己展露为日常生活中‘最实在的主体’”,尽管他同时又认为这一“最实在的主体”构成了亲在共在在世的非本真状态。此外,常人通常在亲在毫无所知与习以为常的情况下建立起自己的统治。

由此可见,海德格尔的共在理论并不是像哈贝马斯所批评的那样以一种唯我论的自我为导向建立起来的。恰恰相反,这种唯我论正是海德格尔的共在理论所要力图阐释清楚的。相对于共在而言,任何一种自我和他人均是一种存在论上不断涌出的个体。这些个体,一方面共同构成了作为共在的整体的部分;另一方面,却又形形色色、个性十足、不可替代。在海德格尔看来,一种理想的共在应当是包容、培育与生发这些各个不同个性的个体的大地。但是,现代社会生活的现实日常性则每每通过常人的存在形态抹平或扼杀这种种个别性。在这一过程中,本真的生活与存在异化“我”与“大地”隔离。在海德格尔的描述中,这种“异化”形态作为常态并不是偶然的现象。这种趋向常态本来就是人的生存过程中不可或缺的一部分。但现代社会生活中的常人独裁却将这种形态唯一化、合理化与常态化,从而遮蔽了作为社会生活活力之源头的共在的本相。

三、“谁之在”分析的言语本质

就其对现代社会生活现实的观察的敏锐度与批判的激烈程度而

言，海德格尔似乎并不比他同时代的许多哲人更突出。但是，海德格尔批判与分析的别具一格之处就在于，他第一次把这种批判提高到了存在论的高度并试图将此与他理解的人类生存的言语本质联系起来，这其中所蕴含的结论就是，社会改造与革命的任务并不仅仅在于社会个人的英雄式反抗，或者从政治上推翻某个独裁者的暴政，而在于从根基上澄清与改变英雄与独裁者均由之生发的现存的存在方式，这包括思的方式，行的方式与说的方式。

根据海德格尔后来的说法，他从其哲学生涯的起初就苦苦思索语言在人类生存过程中的关键性作用。因此，海德格尔在《存在与时间》中对亲在生存的"在之中"分析的结局部分加入对亲在生存的语言分析一节(第 34 节：亲在与言谈——语言)的布局就绝不是什么偶然的现象，这表明海德格尔试图从语言分析的角度阐明亲在生存本质的最初尝试。

自古以来，语言现象就被认为是人类生存所独有的现象，人因此被描述为"会说话的动物"。但自从亚里士多德关于人的著名定义"人是理性动物"问世以来，"人是会说话的动物"就演变为"人是理性动物"的一个脚注，于是乎，"会说话"、有语言只是理性的一个象征、一个证明而已。也正因如此，作为语言现象的逻各斯演变为作为理性方法的逻辑也就天经地义、顺理成章了。海德格尔对人的语言本质的思考和分析从一开始就突破了这一传统的框架，会说话与有理性并不相等，理性逻辑仅只是说话的一种方式，而且是某一种后起方式而已。前者比后者更为源初和根本。所以，"人是什么?"人的现代生存为何必然沦入"常人"的统治淫威之下？这些问题势必从"人如何说话?"开始研究与考察。

在《存在与时间》第 34 节，海德格尔将人的说话行为称为"言谈"

(Rede),并将其细分为三个组成部分。首先,言谈包括谈什么(das Beredete);其次,"就什么而谈"(angeredete);再次,言谈之道出本身(ein Geredetes als solches)。言谈的这种三位一体的结构与海德格尔在前面论述领会的三层结构遥相呼应。如我们所知,整个领会理解过程在《存在与时间》中被分别叙述为领会(Verstehen,第 31 节),解释(Auslegung,第 32 节)与陈述(Aussage,第 33 节)。因此,为了弄清海德格尔的言谈理论及其与常人暴政的关系,我们在这里应当简略地讨论一下"领会""解释"与"陈述"三者之间的关系,尤其是海德格尔有关陈述的讨论。概括地说,在生存论的层面上,"领会""解释"与"陈述"是一种"源生"或衍生的关系。解释通过其"前结构"(Vorstrukture)植基于领会,而陈述则源出于解释。与这种领会的三层结构相应,我们通常所言的陈述也应有三层意义。陈述的深层,也是其源初意义为显明(aufzeigen),显明什么?显明的是亲在在世的源初境况!这就是海德格尔意义上的真理与逻各斯——让事情展现自身!陈述的第二层意义是称谓(Predikation)。称谓在"显明"的背景下发生,通过"前结构"的作用,称谓将显明的内容狭窄化,使之主题凸显,正如海德格尔所述:

> 相对于在陈述这一名称的第一种含义上被说出的东西,在陈述的第二层含义上被说出的东西亦即被称为的东西本身,就内容而言,总已经变得比较狭窄,任何称谓都只有作为"显明"才是它所是的东西。陈述的第二种含义奠基于第一种含义,称谓加以勾连的环节,即主语和谓语,是在显明的过程中生长出来的。[①]

① [德]海德格尔:《存在与时间》,陈嘉映、王庆节译,北京:生活·读书·新知三联书店,1987 年,第 189 页。

通过称谓，言谈主体凸显、明确，从而与他人之间的沟通、传达成为可能，“沟通传达”(Kommunikation)作为陈述的第三层含义说的是“与他人共同看”，“与他人共享”其在第一与第二层含义上所看到的东西，这三层含义乃一整体，不可分割。所以，海德格尔说陈述就是“让他人共同看那以称谓方式显明的东西”。①

如此看来，海德格尔的“陈述”概念似可分为两个层次来理解。在其深层意义上，陈述应当作为一种生存论现象来把握。陈述的本质在于言谈，具有生存筹划(领会)、解析构建(解释)与述谓沟通(陈述)三重性环环相扣的结构。但在其浅层意义上，陈述作为言谈之“道出”(Geredete)或陈述(Aussage)则着重于述谓沟通乃至传播流传的生存状态上的功能。正是在这一意义上，言谈作为陈述在自身中具有“浅薄化”以及将自身“连根拔起”的倾向。

现在让我们来看看海德格尔的这一对言谈以及陈述内在构架的分析在何种程度上影响他对现代社会生活的“公共性”及其“常人独裁”现象的思考。首先，海德格尔问道：

> 常人具有某种特殊的现身状态吗？具有某种特定的领会、言谈与解释方式吗？倘若我们回想一下亲在首先与通常总是混迹于常人中，为常人所宰治，那么上述问题的回答就变得愈发紧迫了。亲在地被抛在世不正是首先被抛入常人的公共性之中吗？这种公共性不意味着常人的特定展开状态还能意味着什么呢？②

---

① [德] 海德格尔：《存在与时间》，陈嘉映、王庆节译，北京：生活·读书·新知三联书店，1987年，第190页。

② 同上书，第203页。

海德格尔在这里的思路是，亲在在其被抛在世中通常以常人的方式出现，而常人的表达方式则在于“公共性”，海德格尔于是接着分析这种“公共性”的“说话方式”“领会方式”与“解释方式”，即“闲谈”“好奇”与“两可”。

“闲谈”（Gerede）被海德格尔用来表明我们最普通的日常说话和交谈的方式。显而易见，无论“闲谈”在中文里，还是“Gerede”在德文中，都有较强的谈论无关紧要、无聊乏味之事的贬义，但海德格尔这里似乎更强调此词词根的中性含义以及它与言谈（Rede）的关系。“‘Gerede’这个词在这里不应用于位卑一等的含义之下。作为术语，它意味着一种正面现象，这种现象组建着日常亲在领会与解释的存在样式。”“言谈通常说出自身，而且也已说出了自身。”①所以，闲谈就其存在论的意义而言，不过是作为亲在在世的生成过程的言谈（Rede）之道出（Geredete）以及在这种道出之际对其渊源处的遮蔽与遗忘。

可是，这种由“言谈”变成“闲谈”、言谈之渊源处被遮蔽与遗忘的情况又是如何在我们的谈话过程中发生的呢？

我们日常交谈、谈话的目的是领会与交流。海德格尔认为作为这种领会与交流的言谈有两种形式：其一，是在生存论根基上的相互摩荡、激发与交融。这种方式牵涉到的是“言谈之所及”（Beredete）；其二，则是在表层上的传达与流通，注重的乃是作为闲谈的“言谈之所云”（Gerede）。闲谈之所以成为我们日常交谈中的主要方式，其原因就在于我们的日常谈话中往往有一种趋于“相同化”“平均化”的倾向，正是这种“相同化”“平均化”的倾向——海德格尔又称之为“平均的可领会性”，“……传达出来的言谈可达乎远方而为人理解”，但同时：

---

① ［德］海德格尔：《存在与时间》，陈嘉映、王庆节译，北京：生活·读书·新知三联书店，1987年，第203页。

> 听者却不见得进入了源始领会着的言谈之所及的存在。人们对所谈及的存在者不甚了了，我们所听闻到的只是言谈之所云本身。所云得到理解，而所及的则只是浮皮潦草的差不离。人们的意思总是同样的，那是因为人们共同地在同样的平均性中领会所说的事情。①

由此可见，“闲谈”作为人们日常的谈话方式，其本质就在于其“无根基状态”(Bodenlosigkeit)。由于其无根基状态，闲谈通过人云亦云的方式传播与流行，并建立起公共性的权威。这种公共性的权威反过来增大与加深着闲谈的无根基状态。因为：

> ……谁都可以振振而谈。它不仅使人免于真实领会的任务，而且还培养了一种漠无差别的理解力。对于这种理解力来说，再没有任何东西是深深锁闭的。②

倘若说公共性的言谈方式是“闲谈”，其领会方式则是“好奇”(Neugier)。按照海德格尔的分析，好奇乃是亲在生存在世的一种照面方式，一种视或看的方式。它是和以公共性为其特征的闲谈相对应的。这也就是说，公共性的统治不仅影响、规定着我们如何言谈，同时也“规定着我们‘看’什么，怎样‘看’”。③ 正像闲谈是言谈的浅薄化、庸俗化，“好奇”则是走马观花，无驻足之地(Aufenthaltslosigkeit)的“观看”。这

① [德] 海德格尔：《存在与时间》，陈嘉映、王庆节译，北京：生活·读书·新知三联书店，1987 年，第 204 页。
② 同上书，第 205 页。
③ 同上书，第 206 页。

种观看只“就其外观看世界……(亲在)在这种存在样式中繁忙着摆脱它自身,摆脱在世,摆脱对日常切近上手的东西的依存”。由于这种观看的性质,“好奇到处都在而无一处(真在)……亲在在这种样式中不断地被连根拔起”。[1]

存在论的无根基状态不仅规定着公共性的说话方式、领会方式,而且也规定着公共性的解释方式。依照海德格尔的语言理论,“解释”相应于“称谓”,其功能之一在于定位自我与他人在生存共在中的地位与关系。但由于存在论上的无根基状态,真正的解释无从下手。由于好奇与险滩,人人都热衷于追新骛奇,似乎人人都可以信口开河而完全不必担心负任何责任。这样一来,“我们很快就无法断定什么东西在真实的领会中展开了而什么东西却不会”。于是乎,所有的事情都变成亦是亦非,无可无不可。海德格尔将这种状态称为“两可”(Zweideutigkeit)。在我看来,两可现象反映出以脱离共在的绝对个体为本位的现代社会生活真相。孤立原子型的个人相互间由于暂时利益而苟合,但实质上却各自为政、自以为是、相互拆台、勾心斗角。存在论上的无根基以及分离状态导致亲在在世中与他人的共处仅仅只是一种由于闲谈与好奇而在表面上拢集起来的“共在群集”(Mit-dabei-sein)。就其本质而言,亲在的亲临到此,作为共在群集,总是两可的。在这种两可状态中,公共性的常人实施它的统治,真正的他人作为共同亲在并不亲临现场,他人首先从作为常人的大家“听说”他、谈论他以及知悉他的角度到场。由于“自我”与“他人”的这种在存在论根基上的分离,现代社会生活的“共在群集”就只能是“一种紧张的,不知可否的相互窥测,一种互相对对方的偷听。在相互赞同的幌子底下演互相拆

---

① [德] 海德格尔:《存在与时间》,陈嘉映、王庆节译,北京:生活·读书·新知三联书店,1987年,第210页。

台的戏”。[1]

马克思曾经有过一句名言，人生在世，并非一堆孤立的、互不相干的社会原子。人，就其本质与在其现实性上，乃是一切社会关系的总和。海德格尔的批判性的思路在这里与马克思有几分相像。无论自我，还是他人，在存在论的层次上，均非预先给定的、孤零零的、鲁滨逊式的原子型存在实体。就其本质与现实性而言，他们是从特定的共处同在的在世关联中生成出来的亲临到此(Da-sein)。闲谈、好奇与两可，作为现今日常生活中占统治地位的说话方式、领会方式与解释方式，均只是这种种在世关联的不同形式罢了。在现今的社会生活中，它们构成了我们亲在日常在世的常态。海德格尔又将其称为“沉沦”(Verfallen)。

不可否认，“沉沦”一词具有较强的伦理评价的意味。但海德格尔这里首先想强调的则是其存在论上的意义，“沉沦是亲在本身的生存论规定”[2]。这句话的意思是说，亲在在世并无选择沉沦或不沉沦的自由。亲在本身注定要“沉沦”，要“亲临到场”，正如孩童注定要长大。在这一生成长大的过程中，一种生存可能性的实现势必导致许多其他生存可能性的丧失。这恐怕就是为什么海德格尔称为“沉沦”或“堕落”的原因。但是，亲在命中注定要沉沦，要亲临到场并不意味着亲在在世必须且永远以某一种特定的或规定好的方式去沉沦，去亲临到场。闲谈、好奇、两可，这些亲在在世的日常存在方式，即说话方式、领会方式与解释方式，以及与这些方式相应的原子式的个人、常人所主宰的社会，均是一种历史性的现象与产物，正是这些，在海德格尔看来，构成了所谓现代性的根基。

---

① [德] 海德格尔：《存在与时间》，陈嘉映、王庆节译，北京：生活·读书·新知三联书店，1987 年，第 210—212 页。

② 同上书，第 214 页。

四、公共性与公众性，自我与自主

当今有些西方研究海德格尔的学者，例如美国加州大学伯克利分校哲学系已故教授德莱弗斯(Hubert Dreyfus，1929—2017)一方面充分地肯定海德格尔的“谁之在”分析的重要性，这乃是其在《存在与时间》中反笛卡尔主义主客两分的哲学认识论传统的“世界之分析”的继续。用德莱弗斯的话说就是，“谁之在分析实际上乃是在笛卡尔哲学传统的棺材上钉上的最后一颗铆钉”。[①] 但另一方面，德莱弗斯对海德格尔“谁之在”分析中对日常共在的公共性的激烈批评却不以为然。在德莱弗斯看来，海德格尔对日常共在的公共性的批评在自身中有着两种相互矛盾、难以兼容的倾向。一种被德莱弗斯称为亲在的“主观化倾向”，另一种为“客观化倾向”。前者受克尔凯郭尔的思想，即“真理绝不可能存在与公众中”的影响，而后者则反映出狄尔泰有关“理智和真理只能从公众的、历史性的实践当中升发”的洞见。和哈贝马斯及其他一些学者从前者出发批评海德格尔关于“共在”的学说导致哲学主观主义的唯我论乃至虚无主义不同，德莱弗斯援引后期维特根斯坦植基在“家族相似性”理论上的“生活形式”(forms of life)学说，反对海德格尔对“常人”概念给予完全否定性的理解。他从使用工具，在历史和社会生活的操作过程中相互作用、沟通、理解的实践主体性出发，试图描绘出植基于社会、历史实践基础上的“常人”的积极性方面的图像。在德莱弗斯的眼中，海德格尔的“常人”，并非必然是一个代表绝对同一性的独裁暴君。他很可能而且应当成为当今多元社会生活中的、建立在“相似性”

---

① Hubert Dryfus, *Being-in-the-World: A Commentary on Heidegger's Being and Time*. Cambridge: The MIT Press, 1984, p.144.

基础上的诸多生活形式的有机综合。

德莱弗斯从狄尔泰与后期维特根斯坦的角度出发，对海德格尔的共在学说的理解与重构颇具新意。但仔细想来，这一解释与重构虽然似乎在企望社会文化变革的目标方面与海德格尔的理解有几分相近，但在其选取达到此目标的哲学途径方面，则大相径庭。据我对海德格尔哲学探索道路的了解，海德格尔并非不知道这一由历史性、实践性的主体通过诠释学循环的方式构建共在的狄尔泰道路。在《存在与时间》后半部分的很大一个篇幅中，海德格尔对亲在在世的历史性、时间性的讨论，在很大程度上是对这一狄尔泰道路的思考与回应。[①] 海德格尔对问题的解决是否成功我们暂且不论，但我们决不能说海德格尔自己对狄尔泰道路所隐含的问题未能进行严肃和深入的思考。从海德格尔共在理论的角度看，无论哈贝马斯的理性交往活动中的对话主题，还是狄尔泰道路上的历史实践活动中的诠释学主体，均未能走出近代哲学认识论“自我”或“主体”优先的哲学困境。因为这一自我、主体本身在存在论上是预先设定、未经考察的。一旦主体设定，无论其为言语主体、逻辑主体、实践主体还是经验认识主体，接踵而来的问题就是，如何从这一主体走向客体，走向其他的主体而不陷入哲学上的唯我论，相对主义或历史主义？这里的困境与康德哲学区分现象与物自身有几分相近。一旦分离在先，何日方能圆融？除非我们承认，“两可”就是人类的命运。

海德格尔解决这一问题的途径可以称为釜底抽薪。他在存在论上

---

① 关于海德格尔的共在学说与其历史性、时间性概念的关联，参见 Gregory Schufreider, “Heidegger on Community”, *Man and World*, no.14 (1981), 25 - 54。See Karl Loewith, *Heidegger: Denker in Duerftiger Zeit*. Göttingen: Vandenhoek & Ruprecht, 1960.

改变整个对问题的提法。作为人类生存根本条件的共在,并非由一个个无牵无挂、独立无缘的个体组合而成。人生在世,无论你是否察觉,是否愿意,从一开始,就已经是与他人、与世界万物的共在。这种共在与我们与生俱来,大概也不可能有什么逻辑上的严格证明。相反,它在存在论上倒是我们每个社会个体的自主性、生存意义、尊严和价值得以生发的大地。作为亲在,这一大地上的生发物,我们所能做的,只是驻足其上,呵护她、爱护她,以防有朝一日被连根拔起。

走笔至此,我们似乎已经走到了传统哲学思辨的边界。倘若我们还没有建立足够的信心和勇气跟随海德格尔继续在既充满诱惑又充满危险的思的森林小道上徘徊前行的话,我们还能在传统理性界限内讨论的问题就是:既然亲在作为共在可以作为一种存在论上的规定性,先于任何逻辑与理论上的证明与说明,为什么亲在作为“主体”、作为“自我”就不可以享有这样一种存在论上的优越性?即使我们完全同意海德格尔对“主体”或“自我”优先的传统近代哲学存在论及其导致的哲学困扰的全部批评,我们凭什么能够保证他的亲在在世界之中与他人、他物共在的哲学存在论不会导致更多的问题与更大的困扰?坦率地说,我并没有足够的信心对于上述问题给予完全肯定的答复。但我想在这里提出三点有关这一问题的初步考虑,作为本节的结束,也希望能够作为引发进一步讨论和思考的起点。

第一,主观主义与客观主义,相对主义与绝对主义,个人主义与集体主义,自由主义与保守主义,这种种纷争无疑构成了近代哲学认识论、伦理学、社会政治哲学关注的中心。这些争论无疑与在哲学存在论上对实体性主体优先性的预设有着紧密的关联。海德格尔亲在在世的共在学说试图从存在论的高度对现代哲学中各领域纷争不已、纠缠不清的争论重理一条有别于西方哲学主流的新线索,并展现出超越这些传统纷争的可能性，这一尝试本身无疑具有极大的吸引力，并应当得到充分的肯定和重视。

第二，亲在在世从作为存在论关系的共在出发展现自身的自主性，并在这种自主性的基础上组建作为社群共同体的公众世界与公众生活。这种理解模式要比从先天预设的原子式的、绝对自由的实体性自我出发，组成公共性的社会生活，并导致常人的独裁暴政，更能显现人类现代生活的真貌与理想。在这里我想区分公共性与公众性、自我与自主这样两组概念。实体性的自我与实体性的公共性关联，公共性在这里不过是大写的自我而已。常人的独裁说穿了不过是这种自我的独裁，只是时而以我的自我的方式、时而以他人的自我的方式表现出来罢了。与此相较，自主并不表明一种预先设定的主体，这表明作为共在在世的亲在亲临到场的一个过程。既然是一种过程，它就不是先天设定、孤立静止、抽象普遍的，而是后天形成、关联运动、具体历史的。由于这种自主性过程的具体特征与历史关联性性质，它在自身的展开过程中就在存在论关系的层次上同时隐含有对他人自主性的尊重与宽容。这种自主性在其中表现的公众世界与公众生活也势必具有一种多元、宽松、相互尊重与关爱的特质，这与以常人为主宰的公共性世界的一元性及其暴力独裁的特质就形成非常鲜明的对照。

第三，海德格尔的这种从共在——自主——公众世界的社会存在论模式似乎要比从实体性自我——公共性世界为基石的近代西方社会、政治哲学模式具有更大的包容性，所以，相较于后者来说，前者也就具有更强和更广的解释力量。例如，依照海德格尔的解释，这种传统的“实体性自我——公共性世界”的模式仅只是“共在——自主——公众世界”的一种变形，一种遗忘了共在而在存在论层面断了根的特殊模态而已。因为随着过程性的“自主”蜕变为实体性的自我，多元、宽容的公众世界也就为一元,甚至“独裁”的公共性世界所取代。即便我们退一步说,这种抽象的、具有普遍性的实体性自我以及与之相应的一元、“独裁”的公共性世界在人类现实的、以计算科技为特征的现代生活中的许多重要方面确有必要和有效,也不能就此而断定,这种模式必然适用于人类生存的一切领域和一切方面。

总而言之,海德格尔的共在理论同时包括否定性的批判意义和积极性建构意义。对于前者,已有越来越多的人认识到并承认其中的重要意义。但对于其肯定性的积极层面的意义,则更有待后来者去进行认识、批判、阐述和发展。

第六节 “先验想象力”抑或“超越论形象力”*

海德格尔关于康德哲学中“先验想象力”概念的批判，牵涉西方哲学中两位著名哲学家基本哲学立场之承继与分疏的理解，它不仅是当代西方哲学思发展史上的一段著名公案，也是一桩让人困惑难解，充满谜团的悬案。海德格尔对康德“先验想象力”之批判的核心线索是什么？两人的基本立场分疏究竟何在？本节试图就这一问题展开初步的讨论，旨在强调海德格尔所理解的康德的想象力概念不单单是一种心理学、人类学意义上的，作为一种心理、心智能力的“感性创作能力”(das sinnliche Dichtungsvermoegen)，也不仅仅是一种先验哲学的，即既独立于感性经验，而又使得任何科学的经验认知成为可能的认识论意义上的“先验构想力量”(die transzendentale Einbildungskraft)，而更是一种在存在论上“渊源性的”的“奠基力量”或“更为源初的‘可能性’”。[1] 换句话说，它作为存在性的亲在(Dasein)，即生存论意义上的人，在时间性之激发的存在论境域中，通过超越论图式化的时间模块程

* 本文发表在《现代哲学》，1(2015)，9—15。

① 参见[德] 海德格尔：《康德与形而上学疑难》，王庆节译，上海：上海译文出版社，2011年，第130—133页。

式自行成像，[1]这就不仅在知识论意义上构成“一般经验之可能性的诸种条件”，而且更在存在论上“同时就是经验对象之可能性的诸种条件”。[2] 通过如此这般的解释，康德的“先验论想象力”就成了海德格尔的“超越论形象力”。这种超越论的形象力/想象力作为生存性-历史性的人生在世之时间绽出活动本身，在聆听存在本身的召唤以及对存在问题的不断发问中，展开自身，成形、成像和成就自身，而又不断地超越出自身。

一、西方哲学史上“想象力”的概念传统以及休谟问题

按照一般哲学史以及现代心灵哲学和心理学的说法，想象是心灵的一种能力，即心灵主体无须对象在场的直观能力。由于这种能力，想象区别于心灵的其他种种心理和心智能力。例如，想象区别于感觉、回忆、相信这些心智能力的地方就在于：心灵主体可以想象某物 S 而既不必然需要 S 的实际存在，也不一定需要它按其原来的样子存在。想

---

① “时间模块程序”是笔者用来理解和解释海德格尔对康德超越论或先验图式化(der transzendentale Schematismus)之核心要义的一个概念。这里的“时间”是指一种“到时过程”(zeitigen)，指向“图式化”的存在论面向或层面，这在后期海德格尔那里更应揉入关于“空间”的哲学思考，所以，它更应被理解为指向“图式化”得以展开的“超越论时-空境域”(der transzendentale-raumzeitliche Horizont)。“模块”指的是在图式化过程中的“图式”(Schema)和“图式塔层”(Schemata)的“中转枢纽”及其功能作用；“程序”指的则是这一过程中的具体实施和运算、运作程序、做法(Verfahren)。如此理解下的海德格尔之康德解释，完全可以被视为现今风行的人工智能计算理论中植基于卷积神经元网络系统的“深度学习”理论模型的哲学先驱。

② [德]康德：《纯粹理性批判》，李秋零译，北京：中国人民大学出版社，2004 年，A158/B197。

象也不同于欲求、期待这样的心理能力。心灵主体完全可能"想象"某物，不仅不需要这个某物实际存在，而且也不需要此想象主体自身同时希望或者期待这个物体成为他所想象的样子。它同构想、假设也有不同。它对某物的想象不能是彻底地，即完全无现实形象依托地凭空构造。也就是说，我们对某物S的想象常常需要有对S的某种至少接近感觉或实证的意象作为基础。但另一方面，想象与臆想、幻想之间的区别则在于：臆想和幻想视为现实存在的对象，常常实际上并不存在，或者至少并不以其被臆想和幻想的方式存在。

想象在哲学中第一次作为专题得到系统的讨论应该出现在亚里士多德的《论灵魂》中。在这里，想象(phantasia)被定义为一种心理过程，借助这一过程，一个意象(phantasma)展现在我们面前。在后来的拉丁文中，"phantasia"被翻译为"imaginatio"。按照亚里士多德的分析，想象有两个基本的功能。第一，作为心灵(psyche)的一部分，它将零散个别的感官感觉依照其中的通感(sensu communis)拢集起来，使其成为可直观呈现出来的源始统一体；第二，它启发我们、帮助我们进行思想，因为它可以让我们跳出某个具体的"象"的限制，尽管它本身还不能完全算作是思想。所以，亚里士多德得出结论，"倘若没有心灵的想象，灵魂绝无可能去思想"。① 这也就是说，"象"和"想"之间天生就有关联，离开了"象"，"想"也就无从谈起。

由于想象作为一种心灵能力具有某种出脱具体实在事物存在的限制，甚至超脱逻辑思维规则的限制的能力，去臆想和建构某些从未存在、也不可能实际存在的东西，所以，它往往就被贬为具有某种负面的含义的东西，即幻想或幻像力(fantasy)。另一方面，想象力不仅

---

① [古希腊] 亚里士多德：《灵魂论及其他》，吴寿彭译，北京：商务印书馆，1999年，431a15—16。

帮助思想，它也帮助“欲求”，即帮助“欲求”去达到那不在感官感觉面前的事物。这后来在基督教神学思想占统治的情况下，就被斥为与人类“原罪”欲求相连的邪恶能力，所以被认为理应遭到压抑和控制。

由于这一背景，在以寻求确实和明晰为主要特征的真理性知识为目标的现代哲学知识论主流框架中，想象力的位置就变得有点尴尬。无论在经验论还是唯理论的知识谱系中，它常常处在一个多少被贬斥、忽视，甚至被取消的地位，或者说难逃被边缘化的命运，但这种情况在休谟那里有所不同。休谟认为，“想象”无疑是意象的一种，应被归入“观念”的谱系，或是人类心智的一个重要部分。而心智无非就是一束束意象（印象 impression/观念 idea）而已。想象力的重要作用就在于它“连接”我们心中出现的相似、相近和相续的印象，以支持我们有一自然倾向去相信心灵外的事物的实在性与持久性，由此我们形成习惯性联想，并从而以为事物之间存有一种客观必然的因果关联或因果律，也恰恰因为如此，我们的经验知识成为可能。它和感觉印象以及回忆的不同就在于其保持感觉经验之新鲜、活泼的程度上。随着物体印象新鲜程度的丧失，想象受到的制约得以解除，从而有可能成为“完全”或“纯粹”的观念。[①] 在这个意义上，休谟理解观念和思想的本质就是“拥有意象”，于是休谟就认为，在某种意义上，“思想的理论就成为想象的理论”。[②] 但另一方面，休谟也指出，这种建立在想象力的连接、联想基础之上的经验知识，由于想象力的主观心理特质以及由此而来的“不受源

① 参见［英］休谟：《人性论》，关文运译，北京：商务印书馆，1981 年，第 20 页。

② 参见 E. J. Furlong, “Imagination in Hume's 'Treatise' and 'Enquiry concerning the Human Understanding”, *Philosophy*, Vol.36 (1961), 63。

始印象的次序和形式的束缚”，[①]“可以自由地移置和改变它的观念”，[②]甚至有“堕落为疯狂或愚痴”的危险，[③]所以就不可能在根本上保证真正的科学知识所要求的、或所声称具有的“客观性”和“普遍性”。[④]

二、康德哲学中的“想象力”概念及其地位

休谟对人类经验知识构成中“想象力”以及其本质所属的“联想力”之核心地位的揭示对于当时许多实在论或者有实在论倾向的哲学家、科学家们来说，都无疑是一声“断喝”。被休谟的这一断喝“唤醒”的康德自然要面对这一由“想象力”而来的挑战。于是我们也许可以说，一方面，康德似乎回到了亚里士多德关于想象力的传统立场。他将想象力置于感性与知性之间的位置，并将其视为联结感性与知性的一种心灵能力；另一方面，他又通过赋予想象力以先验的地位，就像他对感性和知性所做的一样。这也就是说，想象力不仅仅而且首先不再是一种心灵的主观联想能力，而且更是一种独立与经验联想而又使得经验联想成为可能的先验性力量。这样，康德就力图来避免休谟知识论思考中的怀疑论倾向和结论，从而确保我们人类经验知识的科学客观性与普遍性。

具体来说，康德对想象力的理解和定位服从于他对整个人类认知能力与科学知识系统构成的考虑。在康德看来，我们人类的一切科学知识都是判断性的知识，其中包括分析判断和综合判断，因为分析的本

①② [英] 休谟：《人性论》，关文运译，北京：商务印书馆，1981 年，第 21 页。
③ 同上书，第 143 页。
④ 关于想象力概念在哲学史上的概念内容、历史分疏与传承的详尽讨论，参见 *Dictionary of Philosophy of Mind-Imagination*，载于互联网站：philosophy.uwaterloo.ca/MindDic/imagination.html。

质也在于某种纯粹先天的综合，所以，科学经验知识如何可能的问题就成了先天综合判断如何可能的问题，也就是我们认知能力之批判和考察的问题，因此，这也被视为是全部康德知识理论或《纯粹理性批判》的核心问题。

具体来说，康德认为我们人类科学经验知识之树有两个主干或主枝，即感性知识和知性知识。它们分别是由先天纯粹形式与后天质料内容综合统一而成。感性知识又叫直观，其先天形式为纯粹时空，它们用来整理由感官感觉领受而来的杂多质料。知性知识的先天形式为范畴概念，它们用来整理经由感性直观的综合而来的感觉材料。对应于人类知识的这两个基本部分，康德指出，我们人的心灵有“两个基源”(zwei Grundquellen des Gemuetes)，即两种基本的能力，前者叫感觉的接受性(Rezeptivität)，后者叫理智的自发性(Spontaeneität)。康德说，“通过前者，对象被给与我们，通过后者，对象被思维”。先天时空形式下的感性直观之接受性综合被称为“综观”(Synopsis)，而先天范畴规整中的概念知识的自发性统觉活动被称为“统一”(Einheit)。[1]

现在的问题是，出于感性直观之接受性的“综观”如何能够与范畴规整的自发性统觉的“统一”联系起来，从而获得知识的必然统一性和普遍性？康德提出，除了上面所说的“两个基源”之外，我们的心灵还有一个“也许不为我们所知的”第三个基源，这就是“纯粹的想象力”。康德说：“因此，我们有一种纯粹的想象力，作为人类灵魂的基本能力，它先天地为一切知识建基。凭借它，我们一方面把直观的杂多、并且另一方面把纯粹统觉的必然统一性连接起来。两个终端，即感性和知性，必

① [德] 康德：《纯粹理性批判》，李秋零译，北京：中国人民大学出版社，2004 年，A94。

须借助想象力的这种先验功能而必然地相互联系，因为若不然，感性虽然会提供显现，但却不会提供一种经验性知识的对象，从而就不会提供经验。”①

如果说我们心灵的感性力对应于直观的综观性综合，知性力对应于概念的统一性综合，那么，想象力作为人类心灵的一种基本能力，对应于什么呢？为了回答这个问题，康德提出了他著名的“图式”（Schema）概念和“图式化”（Schematismus）学说。“图式”的作用和“图式化”的过程就在于将原本两个“异类”东西连接、中和在一起。因此，康德说：“如今显而易见的事，必须有一个第三者，它一方面必须与范畴同类，另一方面必须与现象同类，并使前者运用于后者成为可能。这个中介性的表象必须是纯粹的（没有任何经验性的东西），并且毕竟一方面是知性的，另一方面是感性的。这样的表象就是先验的图式。”②康德接着还说：“想象力为某个概念提供其图像，我把对想象力的这样一种普遍做法的表象，称为导向该概念的图式。”③

需要强调的是，康德这里所关注的想象力，作为人类灵魂的“基本能力”，并不仅仅是在亚里士多德和休谟意义上的，或者说是在人类学、心理学经验意义上关注的认知能力或表象能力，而更是“纯粹的”和“先验的”想象力。在康德那里，所谓“纯粹”指的是那种在所有经验之先，而又不依赖于经验的东西。而所谓“先验”则指的是“那种虽然先于经验（先天的），但却是使经验认知成为可能的东西”。正

① ［德］康德：《纯粹理性批判》，李秋零译，北京：中国人民大学出版社，2004年，A124。
② 同上书，A138/B177。
③ 同上书，A140/B179。

是在这个意义上，康德将纯粹的先验想象力称为“灵魂不可或缺的功能”，而且“……如果没有这种功能，我们在任何地方都根本不会有知识”。[①] 这也就是说，想象力和感性直观、知性统觉一起，除了经验性的应用之外，还有一种更为根本的先验性的应用，而这种先验性应用仅仅关注先天可能的形式。用康德自己的话来说就是：“感性、想象力和统觉，这就是一般经验和经验对象之知识的可能性所依据的三种主观的知识来源。它们中的每一种都可以被视为经验性的，亦即处于对被给予的现象的应用中的，但它们也都是本身使这种经验性的应用成为可能的先天要素或者基础。”[②]借助于先验性概念的引进，康德力图避免休谟主义，亦即那植基在心理学的联想性想象基础上的知识论难题。

三、康德在“想象力”问题上的“摇摆”与海德格尔的批判性解释

我们知道，康德在想象力问题上的立场并非十分清楚，也非前后一致。由于康德本身立场的这种不甚清晰和前后不一就导致了今天关于与康德哲学中想象力概念理解的桩桩“疑案”以及后世的康德研究者和解释者们对康德哲学的基本精神解释的不同方向。在这里，德国当代哲学中的现象学哲学家海德格尔的解释独具一格，它不仅成为现代康德学述的一个重要方向，也构成海德格尔自身哲学展开和发展的一道亮丽风景。正如以前有学者评论康德哲学时说到的那样，康德对于现

---

① [德] 康德：《纯粹理性批判》，李秋零译，北京：中国人民大学出版社，2004 年，A78/B103。

② 同上书，A115。

代哲学来说就像是一座桥，无论你同意还是不同意他，喜欢还是不喜欢他，你想要进入现代意义上的哲学，你必须经过康德哲学。对于康德哲学中的想象力概念，我想也许我们也可以说同样的话，无论你喜欢还是不喜欢、同意还是不同意海德格尔的康德解释，但如果你想真正思考和理解康德乃至全部当代哲学中关于“想象力”问题的要害，你绕不过海德格尔。

海德格尔从康德关于“纯粹想象力”的讨论中不甚清楚和前后不一的两个主要地方入手来探讨康德的“想象力”问题。就具体文本而言，第一个地方以及所导致的问题是，我们究竟是以康德的《人类学》的思路还是以《纯粹理性批判》的思路为主来定位康德的想象力概念？海德格尔的结论是后者。第二个地方以及所导致的问题是，我们究竟以《纯粹理性批判》的第1版还是以后经修订的第2版为主来解释和理解康德的想象力概念，海德格尔似乎倾向前者。但这些分歧都还是表层的，关键究竟是在何处呢？

让我们先来看第一点。海德格尔指出，康德在引入纯粹想象力的概念的时候，将其首先介绍为一种“灵魂不可或缺的功能”。这也就是说，康德关于想象力思考的进路是亚里士多德的经典理论。想象力是与感性力、知性力平行且在两者“之间”起“中和”作用的第三种基本认知能力。海德格尔认为，这是康德在《人类学》中谈论想象力的重点。关于这一点，海德格尔解释道，想象力是某种在双重意义上的形象能力。一方面，想象力是关于存在物的经验直观，或者说，任何想象都在根本上是关于存在物的想象，否则他就会成为幻想和幻象；另一方面，它又具有一种特有的与存在物的“不关联性”，这也就是说，想象力往往“不受拘束”，它作为一种不依赖于任何具体在场的可直观者的能力，创造和生产图像。所以，按海德格尔的说法，“这个‘形象力’（die bildende

Kraft)就是一种**同时**在领受中(接受的)和在创造中(自发的)的‘形成图像’。在这个‘同时’中有着其本己的本质。然而,如果接受性意味着感性,自发性意味着知性,那么,想象力就以某种特定的方式落入两者之间”。[①] 但是,海德格尔接着指出,仅仅停留在《人类学》的层面上谈论康德的“纯粹想象力”是肤浅的和决然不够的,我们必须进到《纯粹理性批判》的层面,即进到“先验想象力”,或者用海德格尔的话说,进到“超越论的想象力”的层面,才能真正把握住康德想象力概念的真髓。所以,海德格尔又说:“这样,想从人类学出发,试图将有关想象力的更加源生性的东西,经验为存在论的已奠立起来的基础,这在任何一种情况下都是毫无结果的。不仅如此,这一企图根本就是一个失策,因为它不仅认错了康德《人类学》的经验特质,而且另一方面也没有考虑到,《纯粹理性批判》的特质就在于对奠基的考虑和对渊源的揭露……《人类学》根本就不提关于超越的问题。同样,那种想要借助《人类学》来更为源初地解释想象力的不幸尝试表明,在对灵魂能力的经验解释中——这一经验解释在其自身根基处绝非是经验的——总已经有着一种对超越论[先验]结构的指向。但在《人类学》中,这些结构既不能被奠基,也根本不能通过单纯的接纳而从其中创生出来。”[②]

如果仅仅指出这一点,似乎还看不出海德格尔在想象力问题上对康德有什么根本性的推进,因为这大概本来就是康德的意思。当康德讲想象力时,就像他讲其他的灵魂能力,即感性力与知性力一样,首先都不是在心理能力的经验层面上,而是在先验(即独立于/先于经验而

---

① [德] 康德:《纯粹理性批判》,李秋零译,北京:中国人民大学出版社,2004年,A122—123。

② [德] 海德格尔:《康德与形而上学疑难》,王庆节译,上海:上海译文出版社,2011年,第126页。

又使经验成为可能)或超越论的意义上讲的。心理经验层面的想象力唯有进到先验论或超越论的层面才可能得到真正的解释。所以，海德格尔这里所做的批评，应当说更多的不是针对康德，而是针对当时人们对康德哲学真正意图的曲解、误解和不解。这样来看，海德格尔这里充其量不过是对康德思想的澄清罢了。相比较第一处的发问，海德格尔针对康德想象力概念的不甚清楚和前后不一的第二处发问则似乎更具本质性的意义。

我们知道，康德一生最重要的哲学著作《纯粹理性批判》初版于1781年，6年之后即1787年出版修订过的第2版。而第1版和第2版的一个重要区别就在于关于如何理解和解释"先验想象力"在纯粹理性批判中的作用。

在海德格尔的康德解释中，问题从《纯粹理性批判》初版中关于先验想象力说法的前后不一谈起。在海德格尔看来，康德在《纯粹理性批判》中一方面提出人类心灵有感性、想象力和知性三种基本能力或要素，由此康德来回答"先天综合判断"如何可能的终极问题。但另一方面，康德又多次明确地说，"感性"和"理性"是我们心灵的两个"基源"。因此，我们的认知力就只有这样两个"枝干"，而"除了这两种知识的源头之外，我们别无其他的源头"。[①] 而且，从康德《纯粹理性批判》的主要部分"先验要素论"的二分结构：先验感性论与先验逻辑论来看也是如此。于是，在康德这里，认知力的"二元枝干说"与心灵能力的"三分说"之间出现了明显的"前后不一"，甚至可以说是"严重的对立"。按照"三分说"，"先验想象力""不可或缺"，因为它中介"感性"和"知性"，使两者得以"亲和"；而按照"二元说"，则先验想象力无

① [德] 康德：《纯粹理性批判》，李秋零译，北京：中国人民大学出版社，2004年，A294/B350。

家可归。①

按照一般康德学者的解释，为了求得前后一致，也为了避免沦为对人的认知能力的定位过分偏重心理主义的方向，康德在第2版的修订中，就将先验想象力从原先与“感性”“知性”比肩并立的位置改写为从属于“知性”的地位。用海德格尔的话来说，这就是：“在《纯粹理性批判》的第2版中，超越论想象力，比照它在第一次筹划中光鲜夺目的出场亮相，这次却出于讨好知性的缘故，被排斥在一旁且被改变了意义……康德现在要把‘灵魂的功能’写为‘知性的功能’，这样，纯粹综合就被归附给了纯粹知性。纯粹想象力作为特有的能力就变成可以舍弃掉的，而这样的话，那种恰恰是超越论想象力可能作为存在论知识的本质根据的可能性似乎就被腰斩掉了。”②

与传统康德学界在心理主义与逻辑主义的框架下来解释这一改变并予以肯定性的赞赏不同，海德格尔力排众议，坚持康德第1版的思路并试图予以全新的解释。海德格尔将康德的这一立场改变斥之为“在超越论想象力前的退缩”并试图解释造成这一退缩的原因。③

四、“想象力”“形象力”与海德格尔的“超越论形象力”

按照我的理解，海德格尔对康德“纯粹想象力”的创新性和革命性的解释大约可以沿着如下的思路来进行。

---

① ［德］海德格尔：《康德与形而上学疑难》，王庆节译，上海：上海译文出版社，2011年，第129页。
② 同上书，第152—153页。
③ 同上书，第151—162页。

首先，在海德格尔看来，康德《纯粹理性批判》第 1 版对先验想象力的定位首先应当被理解为一种存在论或超越论层面上的工作。这样，它作为“灵魂能力”就应当被理解为一种存在论-超越论的能力。此“能力”所以“基本”并不意味着它是某种在灵魂中现成的力量，而是说“奠基性的”力量或力道。这种基本力量是“使某种这样的现象成为可能，即使得存在论的超越的本质结构成为可能。……如果这样理解的话，超越论的想象力就不仅仅，而且不首先是一种位于纯粹直观与纯粹思维之间的能力。相反，它是和它们一道出现的一种‘基本能力’，它使得前两者的源初统一成为可能，并因此使得超越之整体的本质可能性成为可能”。①

如果“先验想象力”或“超越论想象力”在康德的纯粹理性批判，也就是人类知识力批判中所起的不仅仅是“中介性的”“亲和性的”第三种能力的作用，而且是更源初的“奠基”作用、“根柢”作用，所谓康德第 1 版中关于认知的“二元枝干说”与灵魂的“三分说”之间的表面不一致和对立就可能得到化解。这也就是说，海德格尔试图用“二枝干＋共同根柢”的新说来对应灵魂三分说。当然，随着这样的解释，海德格尔就超出了从亚里士多德开始，经由休谟，一直到康德的关于想象力的思考，并将其带入了一个更深的层面或基础。正如海德格尔所说，“如果设定的基础不像那现成的地基，而且如果它有着根柢一样的特征，那么作为根基，它就一定可以让枝干从自身中长出，给予它们支持和支撑。但是，这样就已经得到了所寻求的方向，在这一方向上，康德在其本来的疑难索问中进行奠基的源初性就可以得到讨论”。②

① ［德］海德格尔：《康德与形而上学疑难》，王庆节译，上海：上海译文出版社，2011 年，第 127—128 页。

② 同上书，第 130—131 页。

如果奠基意味着对全部认知之可能性基础的发掘，那么，感性、想象力、知性三者之间的关系就不再像一般传统理解的那样，即感性、想象力必须依据概念性思维来进行剪裁。这也就是说，我们一般以为，在认知过程中，“知性”和“概念思维”乃绝对的主宰。而海德格尔则认为，实情也许恰恰相反，概念性思维在此只具有“仆人”和“衍生”的伺服地位。关于知性思维的这一“仆人”和“衍生”性质，海德格尔似乎又分了两个层面来予以说明。

第一，海德格尔指出，在康德《纯粹理性批判》的解释中，关于感性的经验直观与知性的思维概念的地位孰先孰后，有着一种明显的紧张和不洽。正因如此，传统的康德解释才会用“在直观与思维之间存有一种相互作用着的，而且是完全同等重要的关联”以及用所谓的“内容”与“形式”的关系来解释和调和。[①] 而在海德格尔看来，“为了充分领悟《纯粹理性批判》，必须斩钉截铁地说，认知原本就是直观”。[②] 在这里，我们可以明显看出，海德格尔首先并不是从直观与概念在整个人类认知过程中的认知功能或功用的角度来论证和捍卫直观对于“概念”的优先地位。在海德格尔看来，感性与知性的认知活动首先都是人的存在生存活动，而人由于其存在生存的本质有限性，决定了其认知活动的有限性质，这是人类认知的绝对本质。这样来看，人类的有限认知

① 海德格尔引证《纯粹理性批判》的第一句话或者“第一命题”来说明思维对直观的依赖和隶属关系。“一种知识，无论以什么方式以及通过什么手段与对象发生关系，它与对象直接发生关系所凭借的以及一切思维作为手段所追求的，就是直观。”(KrV A19)但另一方面，海德格尔明显注意到了康德本人也曾明确地说，感性与知性这两个特质中的“任何一个都不应优先于另一个”的说法，也正因如此，才有康德的那个“思想无内容则空，直观无概念则盲”(KrV A51/B75)以及“举凡涉及人的每一种知识都由概念与直观而来”(康德在《关于自莱布尼茨和沃尔夫以来的形而上学的进步》中的著名论断)。

② [德] 海德格尔：《康德与形而上学疑难》，王庆节译，上海：上海译文出版社，2011 年，第 18 页。

过程，经验直观和知性概念的作用，就都只不过是存在的自身展开过程，这一过程通过人的有限生存活动来“表象”出来或者“现象”出来。所以，“认识原本就是直观”说的首先是就“存在”的源头来说的，说的就是那无限的绝对神的“创世性”直观，以及神人交会、交道过程中的存在之领会的“源生性”直观，这就是存在本身或知识本身的渊源开显/遮蔽过程。

第二，在区分了神的无限知识或纯粹直观和人的有限认知的基础上，海德格尔再来说明人的知识“超越论演绎”的“综合”过程，以及经验直观与知性概念在其中的认识论功能。一方面，海德格尔试图在人的有限性认知的基础上说明经验直观。人的感性的经验直观是怎么回事呢？并不像传统经验主义宣称的那样，我们通过感官感觉，作为感知主体去“发现”外部事物或者得到感觉印象。相反，在我们的存在生存活动中，我们早已和外部事物直接地、浑然天成地在一起，因为这个在一起，我们才能对个别事物“有感觉”。所以，海德格尔才说，“人的直观，并不因为其感触通过‘感觉’器官发生才是‘感性的’。恰恰相反，正因为我们的亲在是有限的，生存在已然存在物之中，并被抛向这一已然存在物，所以它才必然而且必须领受这已然存在物，即为此存在物提供呈报自身的可能性”。① 这里，海德格明确区分“纯粹直观”和“感觉直观”，前者乃“源生性”的表现，是纯粹的时间空间本身，是使得“感觉直观”成为可能的先验论或超越论基础；而后者则是“衍生性”直观，局限于个体存在的感官感触。也正因为如此，它才需要借助于概念获得普遍性和必然性，同时又作为某种“思维性直观”的统一体显现出来，或者说，作为综合性的判断显现出来。由此，海德格尔得出结论：“仅当纯粹

---

① ［德］海德格尔：《康德与形而上学疑难》，王庆节译，上海：上海译文出版社，2011 年，第 203 页。

知性作为知性是纯粹直观的奴仆，它始能保持其为经验直观的主人。”[①]结合我们前面所讲的“二枝干＋共同根柢”说，海德格尔这里所说的“纯粹直观”，无疑才是作为人类存在和认知之“基本”力量或“共根”的“超越论想象力”或“先验想象力”的源头活水。

倘若如此理解，海德格尔说的先验想象力首先就不是什么心理学、人类学意义上的灵魂能力，而是存在论意义上的奠基力。所以，想象力首先应当被理解为“形象力”或“形成力”，这不仅和这个德文词(Einbildungskraft)的字面意义相契合，海德格尔本人也正是首先在这层意义上理解康德“先验想象力”的。这种形象力不仅是使得知识论意义上的“意象”“图像”得以显现出来和成像出来的基本条件，而且甚至就是使得任何存在物本身得以“形成”“形象”的基本条件。所以，在海德格尔看来，《纯粹理性批判》乃至全部康德哲学，首先就不是一个知识如何可能的问题，而更是存在如何开显出来以及此存在物之为此存在物如何可能的问题。于是，先验想象力就首先不是个知识论层面上的问题，而是存在论的问题，所以，它不仅是知识论上“先验的”，而且更应当是存在论上“超越论的”想象力，它使得所有的“超越活动”(经验认知行为只是人类诸多超越活动的一种)成为可能的源初根基。由此，海德格尔来解释康德的“一切综合判断的至上原理”，即一般**经验之可能性**的条件同时是**经验对象之可能性**的条件。“在‘经验的可能性’中，问题不在于‘可能的’经验与现实的经验，而在关涉这两者的、从一开始就使其成为可能的东西。”[②]

正是沿着这一思路，海德格尔解释了康德《纯粹理性批判》中所谓

---

① [德] 海德格尔：《康德与形而上学疑难》，王庆节译，上海：上海译文出版社，2011 年，第 70 页。
② 同上书，第 111 页。

最关键、最核心的篇章，即关于“图式化”(Schematismus)的学说。海德格尔这里提出的问题是：如果按照康德的解释，“图式化”在《纯粹理性批判》中所占据的位置与“先验想象力”在先验演绎中的位置相对应，即起着“连接”(1)“接受”经验杂多的感性直观和(2)进行着“自发”统一规整的概念性范畴思维活动。换句话说，“图式化”过程的核心就是作为“中介”的先验想象力为概念提供图像。这一过程使概念能够在经验对象那里运作，同时又使杂多个别的经验对象能够被“统摄”到统一的概念范畴那里去。如果这是一个认知过程中的“关键性”的核心作用，那么，康德在《纯粹理性批判》第2版将“先验现象力”的独特位置抹去，将其降格为知性的一种功能，并将纯粹综合完全归附给纯粹知性，就使得超越论想象力，同时也使得先验图式化或超越论的图式化原先在纯粹综合中的核心位置变得不伦不类。尽管康德直到晚年还是将它视为全书最重要的章节之一，但它也由此变得“困难重重”，变得连权威性的康德专家都“不能窥其堂奥”，这些都成为康德本人无法否认的事实。在海德格尔看来，正是将感性的领受力、知性的自发力与想象的连接综合力三者平行而列，导致我们看不清“超越论的想象力”在存在论上的“根柢”作用。作为“形象力”的超越论想象力，其“综合”作用的秘密并不在于将“感性”的一方和“知性”的另一方“连接”“串连”起来，而是说，若无“超越论想象力/形象力”的作用，我们关于任何事物的经验知识，乃至这个事物之为这个事物，根本就不可能“成形”和“成像”。所以，问题的真正关键不在于：究竟是将超越论的想象力归于领受着的感性直观主观方面呢？还是归诸于自发性的知性概念的客观方面？更不是有那么一个实体性的东西叫作超越论的想象力，在“时间上”存在于感性力和知性力之前，决定着后来的感性与知性。海德格尔强调存在物的“成形”或“成像”过程是一个“**同时**”的过程，而这正是超越论想象力的

“综合”和“连接”的秘密所在。在此意义上，海德格尔说：“超越论的想象力就不仅仅，而且首先不是一种位于纯粹直观和纯粹思维之间的能力。相反，它是和它们一道出现的一种‘基本能力’，它使得前两者的源初统一成为可能，并因此使得超越之整体的本质可能性成为可能。”①正基于此，海德格尔来解释康德所说的“因此，我们有一种纯粹的想象力，它是人类心性的一种基本能力，它先天的作为一切知识的基础”，②以及这种想象力是“心灵的一种不可或缺的功能，若没有它，我们甚至根本就不会有知识”。③

唯有在存在论和超越论的层面来理解“形/想象力”的“综合”作用，我们才能真正理解和解释康德的“图式化”学说。简略地说，“图式化”就是存在物之为这个存在物的“成形”和“成像”过程，例如用康德的例子，讲的就是一只狗之为这只狗或者一个三角形之为这个三角形的根据和过程。换句话说，我们怎么就“知道”这是一条狗？在什么意义上康德可以说“一条狗”就是“一个规则”？“狗”和“三角形”的成像和成形程序有何不同？而这些既简单又复杂的问题实质上恰恰正是康德所谓的“先验演绎”或者全部《纯粹理性批判》的要害核心，也是海德格尔的康德批判和解释孜孜关注并试图在不同层面上开放的“形而上学疑难”之所在。

---

① ［德］海德格尔：《康德与形而上学疑难》，王庆节译，上海：上海译文出版社，2011年，第127—128页。

② ［德］康德：《纯粹理性批判》，李秋零译，北京：中国人民大学出版社，2004年，A124。

③ 同上书，A78/B104。

第七节　现代性问题的形上学根源*

后期海德格尔的“物论”又称“四方域物论”。“四方域”(das Geviert)出于德文数字词“vier”(四),在德文中指的是“正方形”“四方形”或者“四方形的场地”。这是一个日常用语,尽管有较强的空间含义,但一般不用作哲学概念。可是,我们知道,这个词在海德格尔晚年的关于存在的运思中成了一个关键性的语词。作为一哲学术语,“四方域”在海德格尔那里首次公开提出并得到详细说明大概是在1949—1951年间的三篇公开演讲中。这三篇演讲分别是(1)“物”(1949—1950)①,“语言”(1950),“筑·居·思”(1951)。这三篇中的第一篇和第三篇后来被收入1954年出版的《演讲和论文集》中,而第二篇则被收入1959年出版的《走向语言之途》中。在这三篇演讲之后的不久几年中,

---

* 本文源自2004年5月兰州大学主办的“中国现代外国哲学协会年会”上的主题发言。

① “物”(Das Ding)乃海德格尔1949年底在不莱梅(Breme)俱乐部所做的四次系列演讲中的第一讲。其余三讲的标题分别是:“置架”(Das Ge-Stell)、“危险”(Die Gefahr)、“转向”(Die Kehre)。海德格尔1950年6月在巴伐利亚艺术协会又以同名做演讲“物”。后来,“物”被收入《演讲与论文集》于1954年正式出版。上述四个演讲统一名为《观入在者》并于1994年以此名收入 *Gesamtausgabe*, *Band* 19. Frankfurt a.M.: Vittorio Klostermann, 1994。

海德格尔似乎对“四方域”这个词有一种偏爱，分别又在“人，诗一般地栖居在……”(1951)，“语言的本质”(1957)，“荷尔德林的大地与天空”(1959)等著名演讲中涉及和进一步阐释。尽管海德格尔公开使用“四方域”这一术语是在20世纪50年代以后，但这一思想的酝酿与演变却可以更早地溯源到20世纪30年代中后期的《哲学论集—从自在起来(Ereignis)说起》(1936—1938)，①“艺术作品的本源”(1935—1936)，“荷尔德林和诗的本质”(1936)，“如当节日的时候……”(1939—1941)以及20世纪40年代上半期的“还乡—致亲人”(1943)等。

下面我将首先主要沿着海德格尔在1949—1950年的演讲“物”中的基本思路，同时结合演讲“筑·居·思”(1951)中的基本论点，来展开他的“四方域”物论，并通过讨论这一不同于西方传统的“形上物论”(Meta-physics)，显示其对现代性问题的形上学根源以及人在当今技术社会中位置的哲学思考。

一、物之为“表象”和“对象”

顾名思义，海德格尔的演讲“物”讨论关于“物”的思想。

从一般人的日常观点来说，世界是物的总和，这在海德格尔看来也许并无大错。但这样的说法太泛，并没有告诉我们物是什么。那么，什么是物？在海德格尔看来，手中使着的榔头是物，岸边系着的小船也是物，为我遮风避雨的茅舍是物，为你指点迷津

---

① 例如，在1936—1938年间写下的《哲学论集——从自在起来(Ereignis)说起》的文稿中，后期海德格尔的最重要概念“自在起来(Ereignis)”被描述为是在“世界”“大地”“神”“人”四方的作用之下“起来”。详细请见 Martin Heidegger, ed. by Friedrich-Wilhelm von Herrmann, *Beitraege zur Philosophy* (*Gesamtausgabe*, Band 65). Frankfurt: Vittorio Klostermann, 1989, pp.310 - 311。

的路牌也是物。[①] 物就是瓮和凳、桥和犁，画家笔下的农鞋、山顶耸立的神庙，[②]就是树木、池塘、苍鹰、麋鹿、小溪、山丘，还有镜子和别针，书和画，王冠和十字架……[③]这般说来，物就是存在物。就这个意义而言，神和人也都是物。神一般被认为是“至高无上的物”，而人呢，则或是在神性光环笼罩下的“被造物”，又或是高出地球上芸芸众生的“与众不同”的人物。但是，我们知道，存在物不是存在。海德格尔近70年哲学生涯，虽然孜孜追问的是存在问题，但存在总是存在物的存在，所以，海德格尔，无论早期还是晚期，总也逃不脱存在物的“困扰”。在《存在与时间》中，海德格尔通过对“在之中”与“在之内”的区分，分别了作为静观认知对象的“现成物”与在上手操作中与之打交道的“器具物”。在这一基础上，海德格尔指出，倘若沿着自笛卡尔以来近代认识论主客二分的进路，将物首先视为静观认知的对象，我们就会遗忘乃至迷失存在物的存在问题。反之，只有当我在我的在世的时间性、历史性的生存筹划中，在与周遭世界中“器具物”以及与之因缘相连“他人”“上手着”打交道，即在本真地“操劳”(Besorgen)、“操持”(Fuersorge)、“操心”(Sorge)之际，我们才有可能准备一条通往敞亮存在物存在的真理和意义的通道。[④]

《存在与时间》中探究存在物存在意义的道路的“中止点”构成了海德格尔将近25年后在《物》中进一步思问存在物的存在的“新

---

① 参见[德] 海德格尔：《存在与时间》，陈嘉映、王庆节译，北京：生活·读书·新知三联书店，1987年，第14—18节。

② 参见[德] 海德格尔：《艺术作品的起源》，中译文收入孙周兴选编：《海德格尔选集》上卷，孙周兴译，上海：上海三联书店，1996年，第237—308页。

③ 参见[德] 海德格尔：《物》，收入孙周兴选编：《海德格尔选集》下卷，上海：上海三联书店，1996年，第1165—1187页。

④ 见[德] 海德格尔：《存在与时间》第一部第一篇，《准备性的此在基础分析》，陈嘉映、王庆节译，北京：生活·读书·新知三联书店，1987年。

起点”。所不同的地方大概在于，25 年前《存在与时间》中所批评的主要还是从笛卡尔哲学以来的近代认识论传统，而现在则是要清算自柏拉图、亚里士多德以来的全部西方主流形上学①的（甚至可能包括《存在与时间》在内）、自觉或不自觉的、关于存在物存在的对象性传统。

让我们还是从海德格尔在《物》一文中给出的具体例子开始说起。海德格尔这里说的是一个日常用来装水盛酒的陶瓮。瓮之为物，其物性在哪里呢？现代哲学家们常常首先把它当成一“表象的对象”来“看”，这一“看”或者是“直接的感知”抑或是“回忆中的想象”。“对象”一词的德文原文为“Gegenstand”，字面的意思为“站立”（stand）在“对面”（gegen）的东西，或者说“对立物”。所以海德格尔说，瓮之为物，首先是因为它“站立”而不是因为它被“表象”。它之所以能够被表象，倒是因为它首先“站立”。但“站立”是否就是物性之所在呢？

要回答这个问题，我们首先得问，瓮之为物是如何“站”（stehen）起来的？这样，海德格尔的问题就从笛卡尔近代哲学认识论的“表像论”传统追回到了以亚里士多德和柏拉图为代表的古代哲学形上学的“存在论”传统。按照海德格尔的分析，瓮之为物所以能够“站立”（Stehen）乃是因为“置立”（Stellen）的结果。“置立”又通过“制造”（Herstellen）发生。所以，瓮之为物的“物性”要到“制造”中去寻找。那么，瓮之为物的“制造”是如何发生的呢？海德格尔这样描述道：

---

① “Metaphysics”在中国大陆哲学界现今一般通译为“形而上学”。但由于近 50 多年来马克思主义哲学以及作为马克思哲学最主要来源的黑格尔哲学在中国学界的影响，“形而上学”更多地被狭义地用于表述为一种机械论的方法学，即和黑格尔、马克思的辩证法相对的方法概念。国际哲学界在使用“Metaphysics”一词时，一般在亚里士多德以来的存在论研究的意义上使用这个词。本节也是在此意义上谈论这一概念。港台哲学界在后一种意义上用“Metaphysics”时，一般延续 1949 年前中国学界的办法，译为“形上学”。

> 陶匠用专门为此选择和准备好的地泥(Erde)制造出这个陶制的瓮。瓮由地泥制成。由于这般的制成，直接或间接地也通过桌凳的作用，瓮也才能够站立(stehen)于大地(Erde)上。①

显然，海德格尔这里暗指亚里士多德的“四因”物论。瓮之为物，虽然不再是“表象”的对象，却依然是“制造”的对象。

> 虽然物不再仅仅被视为纯粹表象(Vorstellen)的对象，但瓮却还是一个对象，是由一种制造(Herstellen)摆到我们面前(zu uns her)，置于我们对面(gegenüber)，与我们相对立(entgegen)的对象。②

因此，瓮之为物，无论作为表象之对象，还是作为制造之对象，都是对象。不同仅只在于它们之为对象的方式，一为意识认知的对象，一为制造行为的对象而已。瓮之为物，要从对象性来探究，而对象性的本质在于“置立”。③

瓮之为物的“物性”要到“制造”“置立”中去寻找，但这是否等于说瓮之为物的“物性”就是“制造”“置立”呢？海德格尔认为不可。我们知道，瓮是一作为器皿的物。我们用瓮盛水，用瓮斟酒。不错，陶匠制造陶瓮。但陶瓮之所以为陶瓮，为盛水、斟酒的器皿并不因为它是陶匠所

---

①② [德] 海德格尔：《物》，收入孙周兴选编：《海德格尔选集》下卷，孙周兴译，上海：上海三联书店，1996年，第1165—1187页。本文所引海德格尔译文，大多参考已有中译。但作者也常在必要时，对照德文原文作一些修改，增删和修饰，并对一些重要修改加注说明。

③ 在德文中，表象(Vorstellen)和制造(Herstellen)共享同一个词根“置立”(Stellen)。

"制"。相反，陶匠所以能"制造"或者"制出"它因为它已经"是"(ist)。

> (瓮的)通过陶匠而来的制成(Hergestelltheit)决不构成瓮之为瓮本己(eignet)的那个东西。瓮之为器皿，并不是因为被制造出来。相反，因为它是(ist)这一器皿，所以它一定会被制造出来。①

在亚里士多德的《物论》(物理学)中，存在物的存在是从四个"原因"或"始因"来考察的。就陶瓮而言，泥土是质料因，陶匠是动力因，盛水、斟酒乃目的因，而陶瓮在其制造过程中在陶匠心中展现的那个式样，那个形式，例如草图，则为形式因(eidos)。四因中，无疑形式因最为紧要，它是构成了物之为物本己的东西，也就是物之为物的"是"(ousia)。

从物的式样或形式(eidos)方面而来规定物之为物之是并非亚里士多德的新发现。亚氏的这一概念从他的老师柏拉图的"相"(idea)而来。在海德格尔看来，无论"形式"还是"相"说的都不外乎：物，"在其制造过程中，必须预先向制造者显示出它的外观(Aussehen)"。②

这样，从物之为表象(Vorstellen)，到物之为制造(Herstellen)，再到物之为是(ousia)，最后再到物之是为形式(eidos)，为相(idea)，为外观(Aussehen)，海德格尔层层剥茧抽丝，将我们带到了西方哲学形上学的源头处。正是在这一源头处，海德格尔发问：

> 可是，具有如此这般外观的器皿作为这一瓮是什么？作为这一瓮之为物的瓮是什么？如何是？这些是决不能通过对外观即idea的观视而经验到的，更遑论得到合乎实事的思考了。因此之

---

①② [德] 海德格尔：《物》，收入孙周兴选编：《海德格尔选集》下卷，孙周兴译，上海：上海三联书店，1996年，第1168页。

> 故，从外观方面来表象出场者之出场的柏拉图，就如同亚里士多德以及随后而来的思想家们一样，极少思考到物的本质。不如更确切地说，柏拉图将所有出场者作为制造出来的对象来经验，这对于后世来说简直就是决定性的。①

当海德格尔说柏拉图在哲学史上跨出这一步具有“决定性”的意义时，他不仅想说这一步对于日后西方思想发展之命运的“重要性”，而且似乎还想说这一步对于日后西方思想发展之命运的“致命性”。因为一旦我们后人追随柏拉图的步伐，从“物相”，即从物在其制造过程中预先向制造者显现出的外观的角度来探究物之为物的本质之际，我们就囿于一隅，遗失了物之为物本身的丰富性。在海德格尔看来，从物相，物的外观来呈现物之为物仅仅是物性呈现的一个角度，即对象性的角度而已。这一视角的特点就在于：有待制造者的物“对立地/对抗地站在”(entgegenstehen)制造者之前。这也就是说，以笛卡尔为代表的主客二元分离、分裂的近代“世界图像”早已在柏拉图、亚里士多德的古典“物论”中就已埋下了种子。

二、“中空”与“空无”(物理空间与物性空间)

物之为物的探究工作尚未真正启端，前面的工作只是清除障碍，让我们迷途知返，重新开始。我们随着海德格尔返回到了源初的问题：瓮之为物是什么？

不过，这里的“返回”并非毫无变化的单调重复。我们现在是站在

① ［德］海德格尔：《物》，收入孙周兴选编：《海德格尔选集》下卷，孙周兴译，上海：上海三联书店，1996年，第1168页。

西方思想的启端处，重新发问这个古老的问题：瓮之为物究竟是什么？瓮是盛水、斟酒的器皿。为什么瓮可以盛水、斟酒？瓮有容纳作用。为什么瓮会有容纳作用？是因为瓮底、瓮壁吗？是因为那在转盘上塑造陶土以成瓮底、瓮壁的陶匠吗？海德格尔回答说：都不是！瓮之所以有容纳作用不是因为瓮有瓮底、瓮壁，而是因为那瓮底、瓮壁间的"中空"(die Leere)[①]或"无"(das Nichts)。正如海德格尔所言：

> 那构成瓮并使瓮得以站立的壁和底，并不是真正起容纳作用的东西。如果真正起容纳作用的东西在于瓮之中空(die Leere)，那么，在转盘上做瓮壁和瓮底的陶匠就并没有真正制作这把瓮，他只是塑造陶土而已。不，他所塑造的是中空。为了这一中空，在这一中空之中并从这一中空而来，他将陶土塑造成型。陶匠首先而且始终不断地去把捉那中空中不可把捉的东西，并且将之制造(herstellen)出来，使之作为有容纳作用的东西(das Fassende)进入器皿的型态(die Gestalt des Gefaesses)之中。瓮的中空决定着每一项制造活动的手工活(jeden Griff)。[②] 器皿的物性绝不在于它由之而构成的材料，而在于有容纳作用(fassen)的中空。[③]

物之为物的"物性"或者"物之是"既不在于"物相"(idea)，也不在于"物型"(eidos)，甚至也不在于那使之成形的"四因"，而是在于那物所容纳

---

① 我将"die Leere"译为"中空"，以别于下面讨论的现代科学所赖以立基的"绝对虚空"概念。

② 海德格尔似乎在这里通过使用一连串德文中同时与手和空间相关的词，例如："fassen"(把握，把捉，容纳)，"Gefaess"(器皿，容器)，"Griff"(把手，按键，手的动作诸如按、握、执)来表示制造或制作活动实质上由"中空"来决定。

③ [德] 海德格尔：《物》，收入孙周兴选编：《海德格尔选集》下卷，孙周兴译，上海：上海三联书店，1996 年，第 1169 页。

的“中空”(die Leere)。海德格尔将这一“空”解为“中空”，以区别于那建立在传统形上学的物的概念基础上的现代物理学的“虚空”或“空无”概念。

在海德格尔看来，现代物理科学所持有的“空间”概念乃是“虚空”或“空无”的概念。这一“空间”一方面让真正的物失之交臂，成为“空无一物”的“虚空”；另一方面，它又与一种偏执的、强制性的、对象性的和实体性的物的概念互为前提，交相呼应，从而使真正的空间性与物之为物的物性均“被遮蔽，被遗忘了”。[①] 例如，瓮之为物，现代科学的知识“强制性地”使我们“放弃盛满酒的瓮，而代之以可装液体的空穴”。由此之故，“科学就使得瓮之物(Krug-Ding)变成为某种虚无的东西，因为它不允许物成为决定性的现实物”。[②]

科学经验的本质在于对科学对象物的表象化。它的基本特征在于建立在分析性基础上的对对象物的抽象化、一般化和普遍化。正是由于这种分析性的抽象化、一般化和普遍化，作为具体存在物的瓮中之酒的物性就被“消灭”，就变成了纯粹的液体，一般物质的固态，乃至成为无声，无色，无味，无嗅的广延……所以，海德格尔一针见血地指出，科学对物的考察方式的蒙蔽之处就在于它强制性地以偏概全，置狭隘的科学表象经验为一切其他经验之先，并宣称科学经验所表象的现实乃真正的实在。科学表象的失误之处还在于认为作为科学对象出现在我们面前的现成物已经是物本身的本质呈现了，殊不知，正是在这种所谓科学表象呈现中，物之本质不再要求思想去思，它溜之大吉，甚至招致毁灭。

如何去思瓮之为物？如何去思物之为物？海德格尔建议我们让瓮的“物理虚空”回到它“自己的存在虚空”或“本己的存在虚

①② ［德］海德格尔：《物》，收入孙周兴选编：《海德格尔选集》下卷，孙周兴译，上海：上海三联书店，1996 年，第 1170 页。

空”。[①] 我在前面将这一“本己的虚空”翻译和解释为“中空”。在海德格尔看来，正是“中空”才使得瓮这一器皿能够容纳（fassen），而容纳则构成瓮之为瓮，为器皿（das Gefaess）的本质。物的本己存在空间不同于“物理空间”，我们也不妨称之为“物性空间”。这里的“虚空”已不再是“空无一物”，而颇有几分中文里“虚怀若谷”的意味。“中空”或者“物性空间”的本质在于“容纳”，“容”为“包容天地”之“容”，“纳”为“海纳百川”之“纳”。正因如此，海德格尔说：“中空以双重的方式来容纳：承受（nehmend）与保持（behaltend）”。[②] 容就是保持，纳即是承受。容纳的保持和承受的双重性在注入（Einguss）和斟出（Ausgiessen）的斟注（Guss）中达到统一。由于此“斟注”，瓮之为瓮的作为器皿的容纳作用才能呈现出来和成其“中空”的本质。在这个意义上，“斟注”又被解为“馈赠”（schenken）。“斟注”不是简单地“倒入”“倒出”，而更是包含有馈赠、集聚的双重性容纳在自身之内。海德格尔认为，这种馈赠（schenken）、集聚（versammeln）就构成瓮之中空之斟注的全部本质，应当命名为“赠品”（das Geschenk）。[③]

至此，海德格尔端出了他自己的关于瓮之为瓮，也是关于物之为物的答案：瓮之为瓮的瓮性，物之为物的物性不在于别的，而在于“赠品”。所以，海德格尔说：“瓮之瓮性在斟注着的赠品中成其本质存在。”[④]

---

① ［德］海德格尔：《物》，收入孙周兴选编：《海德格尔选集》下卷，孙周兴译，上海：上海三联书店，1996 年，第 1171 页。这里德文为“seine Leere seinlassen”。海德格尔将“seine”以重点标出，似乎企图通过德文物主代词“他的”（seine）和系词“是”（sein）的相近，从而在这里不仅强调“它的（本己）空间”，而且也暗指这一空间与存在的关联。

②③ ［德］海德格尔：《物》，收入孙周兴选编：《海德格尔选集》下卷，孙周兴译，上海：上海三联书店，1996 年，第 1172 页。

④ 同上。德文前缀“ge-”有集聚之义。故“Geschenk”（赠品）乃“ge”（集聚）和“Schenken”（馈赠）的相加。

三、“四方域”的镜像“圆舞”

显然，海德格尔的《物》现在既不能再从现代哲学的对象性的角度去理解，无论这种对象是纯粹表象之对象还是制造活动之对象。我们似乎也不应从古典哲学的实体性的角度来把捉“物”，无论这一实体的始因是质料还是形式。对于这样一个既不是实体物的也不是对象物的“物”，就其本质而言，我们毋宁说它已不是一物，而是一个“东-西”，一个召唤、邀请、聚集上下四方，各路神灵来此显山露水、伸展手脚、现身出场的“中空之域”。或者换句更简单的话说，存在物无非就是让存在“在起来”的“地方”！

物让存在“在起来”的过程又被海德格尔称为“物物化”(Das Ding dingt)。那么，又有谁在此“物物化”中听从召唤，来到而且参与构建、保持、呵护这“中空之域”并也还在其中出场现身呢？受到“诗人中的诗人”荷尔德林的诗歌灵感的启迪，海德格尔列出作为天、地、神、会死者合一的四方(die einige Vier)。海德格尔说：

> 物化之际，物逗留合一的四方，大地—天空—诸神—会死者，让它们逗留在它们的从自身而来合一的(einigen)四方域的纯一(Einfalt)中。①

这里，“合一”说的是四方乃一整体，而“纯一”则应指在这合一的整体中，各方保有既立足自方又“镜像”它方的单一性和单纯性。或者说，因

① [德] 海德格尔：《物》，收入孙周兴选编：《海德格尔选集》下卷，孙周兴译，上海：上海三联书店，1996 年，第 1178 页。

为纯一，而有合一。海德格尔用瓮中水或瓮中酒之为物，为“赠品”(Geschenk)的“馈赠”(schenken)，亦即“斟入”“斟出”为例，展示一物如何在其“物物化”中，召唤天、地、神、会死者既合一又纯一的出场，并以“四方域”的形态呈现出来。海德格尔这样说道：

> 斟注的赠品可以是饮物，它给出饮水，给出饮酒。
>
> 在赠品的水中逗留着泉，在泉中逗留有岩，在岩中则有大地浑然蛰眠。大地承受天空的雨露。天空与大地在泉水里逗留联姻，在酒水中逗留缔缘。酒由葡萄的果实酿造，而果实中又混成着大地的滋养和天空的阳光。在水之赠品中，在酒之赠品中，总已逗留有天空与大地。斟注的赠品乃瓮之瓮性。大地和天空就逗留[①]在瓮的本质存在中。
>
> 斟注的赠品乃会死者的饮品。它提神解渴，悠闲消乏，怡乐交谊。但是，瓮之赠品时而也用于敬神献祭。倘若为了祭神而斟，那就不再止渴，而是满足神圣庆典的欢娱。
>
> ……
>
> 在作为饮品的来斟的赠品中，会死者以自身的方式逗留。在作为祭酒来斟的赠品中，诸神以自身的方式逗留，即它们复又将此馈赠的赠品作为捐赠之赠品接受下来。斟注的赠品中各各不同地逗留着会死者与诸神。斟注的赠品中逗留着大地与天空。斟注的

① 海德格尔在这一串几个句子中似乎有意同用动词“weilen”(逗留)。我以为海德格尔这里似乎想通过“逗留”与“存在”的古义之间的关系暗指四方在“域”中的“逗留”即是在存在的“近处”。现中译本混用“有”和“栖留”恐使此义削弱或不显。所以，我在这里连续使用“逗留”一词以彰显海德格尔的用意。关于海德格尔分析“存在”的古字字根“wes”中的“居”“逗”“留”等等意思的讨论，请见［德］海德格尔：《形而上学导论》(新译本)，熊伟、王庆节译，北京：商务印书馆，1996年，第71—72页。

> 赠品中一齐[①]逗留着大地-天空-诸神-会死者。这四方相互隶属，本来也就为一。它们先于所有在场者之先，纯一地在某个独一无二的四方域中。[②]

海德格尔上面这段关于既纯一又合一的四方域的出场的描述，意韵非凡，既精彩又精妙。它给我们展现了一幅全然不同于以往传统西方的形上学、宇宙论所给出的世界图景。[③]

海德格尔将这种四方域的四方之间既纯一又合一的关系，又称之为“镜像游戏”(Spiegel-Spiel)。关于这一“镜像游戏”，海德格尔的具体说明大致可以从下面三个层面上来把捉：第一，四方域的四方在物物化之际，使本来相互之间的遥远“切近而去远”(naehert das Ferne)。这种“切近而去远”并不是要消灭远，而是“保持远，并且在保持远之际，切近在其近化中成其本质”。[④] 第二，天、地、神、会死者四方的这种“切近而去远”以镜像游戏的方式来实现。这种游戏的本质就在于一种“纯一性的彼此得其自在”(einfaeltige Vereignung zueinander)。按照海德格

---

① 德文“zumal”有“同时”义。但我以为，海德格尔这里不仅强调四方在时间意义上的同时出现，而且更强调四方在时—空意义上的同“域”相处逗留，并在这一相处中彼此“切近而去远”。出于这一考虑，改现中译“同时”为“一齐”。

② [德] 海德格尔：《物》，收入孙周兴选编：《海德格尔选集》下卷，孙周兴译，上海：上海三联书店，1996 年，第 1172—1173 页。

③ 这里不由地让人联想到海德格尔在《存在与时间》第 18 节中通过对上手器具(Zeug)的分析所给出的作为世界之为世界(Weltlichkeit)的因缘整体性(Bewandtnisganzheit)的描述。所不同的地方大概在于，在因缘整体性中，作为人的亲在(Dasein)是所有世界万物所从之来，所为之去，所因之故的中心所在(Worumwillen)，是世界万物所有存在者通往存在的桥梁与存在呈现的窗户。而在这里，作为人的会死者(die Sterblichen)在“四方域”中，仅只是四方神圣之一。物在“四方域”的“圆舞”之中成(呈)其存在。

④ [德] 海德格尔：《物》，收入孙周兴选编：《海德格尔选集》下卷，孙周兴译，上海：上海三联书店，1996 年，第 1180 页。

尔的说法，“得其自在”就是“四方中的每一方用褫夺自身的方式成其自在”(Jedes der Vier ist ... zu einem Eigenen enteignet)。这种“四方域”的各方通过褫夺自身的方式的彼此“得其自在”，并在这一彼此“得其自在”中成其自己就是海德格尔在这里说的“镜像游戏”(Spiegel-Spiel)，海德格尔又称之为“世界”或“世界的世界化”(das Welten der Welt)。① 第三，因为相互“切近而去远”和彼此“纯一性地得其自在”，这种四方域之四方的“镜像游戏”或“世界的世界化”还以一种“柔和的”“轻巧的”“顺从的”“圆舞”形式表现出来。海德格尔将之称为“自在生发的圆舞”(der Reigen des Ereignens)。

为什么是“圆舞”？按照海德格尔的说法，“柔和的”“轻巧的”“顺从的”等词语在古德语中叫作“ring”(环)和“gering”(环化)。而圆舞乃是环绕着的圆环。在此环绕中，圆舞作为镜像游戏发生。海德格尔将四方域之四方的“镜像游戏”比喻为“圆舞”的说法，就其思想源头说，恐怕应当追溯到荷尔德林的著名诗篇“希腊”的草稿中的诗句：

但犹如圆舞，
之于婚礼。

“婚礼”的意象，正如在《物》的演讲中谈到“天空与大地在泉水里逗留联姻，在酒水中逗留缔缘”一样，在这里，海德格尔将之视为“大地和天空，人类与诸神的亲密之整体。它乃是那种无限关系的节日和庆典”。而圆舞，则被解释为“天神的圆舞”，“即那些出于其火焰向着大地和尘世而在歌中舞蹈的天神的圆舞”。作为天神的圆舞，它“成为伟大命运涌

① [德] 海德格尔：《物》，收入孙周兴选编：《海德格尔选集》下卷，孙周兴译，上海：上海三联书店，1996 年，第 1180 页。

现着的开端”。[①] 基于这一理解，海德格尔认为，四方域的镜像游戏不是四方的简单相互并列，而是在世界的世界化中环化依偎的嵌合(fügen)。所以，海德格尔说：

> 从圆环之环化的镜像游戏出发，物之物化(das Dingen des Dinges)自在发生(sich ereignen)。[②]

四、会死者、他者和“诗一般地栖居”

海德格尔关于“四方域”的说法中另一个值得注意的现象在于：他将“四方域”中指人的一方称为“die Sterblichen”，我将其译为“会死者”。[③] 海德格尔关于“会死者”在演讲“物”中以及在一年后的另一场演讲“筑・居・思”中分别有如下精妙的描述：

> 会死者是人。人之所以被叫作会死者(die Sterblichen)，乃因

---

① 参见[德]海德格尔：《荷尔德林诗的阐释》，孙周兴译，北京：商务印书馆，2000年，第215—216页。

② [德]海德格尔：《物》，收入孙周兴选编：《海德格尔选集》下卷，孙周兴译，上海：上海三联书店，1996年，第1181页。值得注意的是，海德格尔这里用了一组无论在发生词源方面还是在现今词义的使用方面都相互关联的词来描述四方在“四方域”中基于纯一而合一，又称“镜像游戏”“圆舞”“物化”的过程，诸如Vereignung, Eigenen, enteignen, Ereignen, sich ereignen等。熟悉海德格尔思想的朋友们都知道，这组词均和另一德文词“Ereignis”相联或者是“Ereignis”的变形。

③ 现行中译为“终有一死者”。但此译似乎很难将人的死与动物、植物之死区别开来，因为不仅“人终有一死”，动植物也可以说“终有一死”。在同一篇演讲中，海德格尔就说动物有“终止”(verenden)而人却“能赴死”(sterben können)。基于这一考虑，本节改译“die Sterblichen”为“会死者”。况且，“会死者”与“能赴死”之间似乎可以有一种自然语义上的延伸关系。这一点，还可以参考《存在与时间》中译本中“领会”(verstehen)与“能在”(Sein-können)之间的微妙语义关联。

他们能赴死(sterben können)。赴死就叫(heißt)①:能承担死之为死。只有人会死。动物只有终止(verendet)。②

唯有人会死,而且只要人在大地上,在天空下,在诸神面前持留,人就不断地会死。③

为什么海德格尔这般称呼“人”?为什么他不再“专情于”他所特有,而且多年来专用的“Dasein”?当然,“会死者”是诗人荷尔德林的用词,海德格尔的“四方域”思想的提出不可否认地受到荷尔德林强烈影响。不过,在我看来,除去考虑荷尔德林之外,恐怕还有两个重要的因素值得关注。第一,细心阅读恐怕会发现,海德格尔在谈到“会死者”时,大多是在复数情形下用这个词。这和海德格尔“Dasein”一词中较强的个体意味有很大不同。这也许说明,当海德格尔在思考人在四方域中的地位和关系之际,他更多的是从整个人类的生存命运,而非仅仅从一个个体,甚至一个民族的视角来思考存在问题。因此,人,作为过去、现在,乃至将来,作为曾经,已经乃至将要生存和赴死的所有人的总类,其在大地上,在天空下,在神灵前的“栖居”命运明显已成为海德格尔晚年最为关注的问题。

第二,同样细心的读者还会发现,海德格尔在演讲“物”和演讲

---

① 德语动词“heißen”和中文词“叫”相似,既有“称谓”又有“召唤”之义。海德格尔常常同时在两重意义上使用。而且,他更强调“召唤”之义以及“称谓”和“召唤”与在其背后隐藏着的“是/存在”的意义。关于“称谓”“召唤”与“是/存在”的关系,可参照[德] 海德格尔:《什么召唤思?》;关于“召唤”与“能赴死”之间的关系,可参照[德] 海德格尔:《存在与时间》第一部第二篇第二章中讨论“良知召唤”,“决心”与“向死而在”。

② [德] 海德格尔:《物》,收入孙周兴选编:《海德格尔选集》下卷,孙周兴译,上海:上海三联书店,1996 年,第 1179 页。

③ [德] 海德格尔:《筑·居·思》,收入孙周兴选编:《海德格尔选集》下卷,孙周兴译,第 1193 页。

"筑·居·思"中从"能死"(sterben können)的角度来谈论作为人的"会死者"与 23 年前他在《存在与时间》中从"能在"(sein können)的角度谈论作为人的"亲在"(Dasein)的生存"亲临"(da)，以及从"向死而在"(Sein zum Tode)的角度来说明"亲在"生存命运的有限性、历史性、时间性之间，固然有很多相似，甚至相同之处。但是，它们之间的差别也不容忽视。从这些差别中，我们不仅可以更好地把握早期和晚期海德格尔思想的"转向"(Kehre)，而且也可能辨认出为这一"转向"所隐盖着的发生在海德格尔那里的一些同样重要的"转变"。

我们知道，在《存在与时间》中，"死"被称为是"向死而在"的"亲在"的"最本己(eigenste)的可能性"。亲在"领会着的"向这一最本己的可能性的亲临前行使得死亡"要求亲在作为个别的东西"(als einzelnes)来存在。所以，亲在的"向死而在"既是亲在存在"最本己的可能性"，又是其"无所关联的"(unbezüglich)的可能性。而且，这种"最本己的"，"无所关联的"可能性也还是"无可逾越的"(unüberholbar)。因此，悲凉、孤独、惧怕而又无处逃避就构成了亲在"向死而在"之命运的底色和地平线。① 和《存在与时间》中所描述的"孤独的""无所关联的""向死而在的"亲在似乎很不相同，在海德格尔 23 年后的演讲"物"中，作为"会死者"的人的"向死而在"的道路不再具有极强存在主义色调的"孤独性"和"无所关联性"。相反，会死者毋宁说是在"四方域"的四方镜像嵌合的"圆舞"欢欣中"柔和地""轻巧地"成其"向死而在"。这里，"会死者"似乎不再孤独和无所关联。为什么这样说呢？我发现在后期海德

① 关于海德格尔论述亲在"向死而在"的本真情态，请见《存在与时间》，第 53 节。关于我对海德格尔立场的批评，详见我的英文论文，Qingjie Wang, "Heng(恒) and Temporality of Dao—Laozi and Heidegger"，载于 *Dao: A Journal of Comparative Philosophy*, December 2001, Vol.1, No. 1, 55 - 71。

格尔的“四方域”“物”“会死者”等说法中隐含有一个“他者”的观念。这个“他者”就是相应于“会死者”(die Sterblichen)而言的“不会死者”(die Unsterblichen),也就是作为四方域中四方之一的“不会死的诸神”(die unsterblichen Götter)。[①] “不会死的”这个词虽然在整篇演讲中只出现了一次,但我觉得,它对我们理解海德格尔的四方域学说,理解作为“会死者”的人类在四方域的当今世界中栖居的地位,乃至理解整个后期海德格尔的思想,都至关重要。《存在与时间》中的亲在虽然也在本质上被理解为与在世操持活动中遭遇的他物,操劳活动中不断打交道的他人“共在”,但正如法国哲学家列维纳斯(Emmanuel Lévinas, 1906—1995)所批评的那样,这种他人、他物并不能被视为是真正的“他者”。[②] 他们虽然已不再是作为笛卡尔哲学意义上的现成观视“对象”,但依然作为人的实践制作活动中的上手交道“对象”而存在。这也就是说,无论“他人”“他物”以何种“异己”的方式出现,它们总是跳脱不了整个人类生死之大限。它们是以作为人的生存活动的亲在为指归(worumwillen)或者以亲在为之“从其而来”(woraus entspringen)的起点与“向之而去”(zurückschlagen)的目标的。[③] 也正是在这一意义上,海德格尔在《存在与时间》中为他的亲在真理观辩护时这样说道:

> 展开状态是亲在的一种本质的存在方式。唯当亲在存在而且只要亲在还存在,才“有”真理。唯当亲在存在,存在者才被揭示、

---

① [德] 海德格尔:《物》,收入孙周兴选编:《海德格尔选集》下卷,孙周兴译,上海:上海三联书店,1996 年,第 1173 页。现中译本译为“不朽的诸神”,我改为“不会死的诸神”以对应作为“会死者”的人类。

② 参见 Emmanuel Lévinas, *Totality and Infinity*, trans. Alphonso Lingis. Pittsburgh: Duquesne University Press, 1969。

③ [德] 海德格尔:《存在与时间》,陈嘉映、王庆节译,北京:生活·读书·新知三联书店,1987 年,第 47—48 页。

> 并且得以展开。只有亲在存在，牛顿定律、矛盾律以及无论什么真理才为真。亲在根本不存在之前，任何真理都不曾在；亲在根本不存在之后，任何真理都将不在，因为那时真理就不能作为展开状态或揭示活动或被揭示状态来在。①

而在演讲"物"中，随着"会死者"说法的提出，一个绝对的他者，即亲在存在的绝对界限之外的，或者说亲在真理之外的他者得以出现。这个他者就是"诸神""不会死者"。按照海德格尔后来的说法，"诸神"也是一种存在者或存在物。但是，"诸神"作为"不会死者"与作为"会死者"的人在四方域的既纯一又合一的"圆舞"中呈其和成其存在的方式是各各不同的。

在 1966—1967 年冬季学期，海德格尔与 20 世纪 30 年代曾做过胡塞尔助教，后任德国弗莱堡大学哲学教授的芬克在弗莱堡大学合开了一个关于赫拉克利特著作残篇的带有私人性质的研讨班。② 在这一研讨班上，海德格尔借解释和讨论赫拉克利特残篇，尤其是残篇 62（第尔斯辑本）的机会，阐述了他的关于作为"不会死者"的"诸神"与作为"会死者"的人"存在"的既相互关联又各各不同的方式。在研讨班上，芬克首先引述赫拉克利特残篇 62 的译文：

---

① ［德］海德格尔：《存在与时间》，陈嘉映、王庆节译，北京：生活·读书·新知三联书店，1987 年，第 272 页。

② 此研讨班据说是海德格尔一生中在弗莱堡大学所开的最后一次研讨班。研讨班共分十三讲，每周三下午五点到七点进行。研讨班的讨论、记录材料事先事后都经海德格尔本人过目，经整理后来收入海德格尔全集第 15 卷出版。关于讨论赫拉克利特残篇中"会死者""不会死者"关系的部分分别是第 8、9、10 讲。其中第 9 讲的讨论海德格尔因一个重要旅行之故而未能出席。但海德格尔明显审阅过讨论记录，并且，他也应当赞同芬克在第 9 讲中对赫拉克利特残篇的解释。详见 Martin Heidegger, *Seminare*, in *Gesamtausgabe*, Band 15. Frankfurt am Main: Vittorio Klostermann, 1986。

> 不会死者：会死者，会死者：不会死者。这样，这些东西的生乃是那些东西的死并且那些东西的生乃是这些东西的死。①

按照芬克和海德格尔的解释和讨论，“不会死者”说的是诸神，“会死者”说的是人类，“这些东西”说的是诸神，“那些东西”说的是人类，而整个残篇 62 说的是诸神与人类之于存在的关系。芬克和海德格尔认为，这一关系应体现在残篇 62 的下半句里。因此，他们根据自己的理解，将此残篇翻译为：

> 如此这般，它们来赴生那些东西的死，并如此这般，他们去赴死那些东西的生。②

显然，在上半句中，“它们”指“不会死者”的诸神，而“那些东西”指“会死的”人类。在下半句中，“他们”指“会死的”人类，而“那些东西”则指“不会死者”的诸神。这样看来，我们不妨说人在四方域中的存在就其本质而言乃是向着诸神的生去“赴死”，而诸神在四方域中的存在则是向着人类的死来“赴生”。他们的这一存在本性在“物之为物”中得以呈现，只不过一个是以“去赴死”的方式，一个是以“来赴生”的方式，一个是以“有”物性、有条件性的方式，一个是以“无”物性、无条件性的方式罢了。在德文中，“有物性”与“无物性”和“有限/性”(bedingt)与“无

① 赫拉克利特残篇 62 第尔斯辑本的译文为：“Unsterbliche: Sterbliche, Sterbliche: Unsterbliche, denn das Leben dieser is der Tod jener und das Leben jener der Tod dieser.”可参考赫拉克利特残篇 62 第尔斯辑本的中译文：“不死的是有死的，有死的是不死的：后者生则前者死，前者死则后者生。”见北京大学外国哲学史教研室：《古希腊罗马哲学》，北京：商务印书馆，1961 年，第 24 页。

② Martin Heidegger, *Seminare*, in *Gesamtausgabe*, Band 15. Frankfurt: Vittorio Klostermann, pp.154 – 155, pp.159 – 160.

限/性”(unbedingt)是同一组词。

当海德格尔思考四方域中“会死的”人类与“不会死者”的诸神的相互关系时，显然他关注的重心在于“会死的”人类怎样本真地去“赴死”的问题。这也就是说，“不会死者”的诸神作为绝对“他者”的存在“镜映”出“会死的”人类的“会死性”“有限性”，因为“死”不仅是我们每一个人类个体，而且也是全部人类整体的不可逾越的“大限”。这样，能赴死的问题，在海德格尔那里，就显明为在当今时代作为会死者的人类应当如何在大地—天空—诸神—会死者的“四方域”的镜像圆舞中“栖居”的问题，而这也就构成海德格尔约一年后另一篇演讲“筑·居·思”的主题。

正如海德格尔在演讲“物”中从“表象物”“制造物”开始，在演讲“筑·居·思”中，他从“建筑物”开始。在海德格尔看来，尽管一般看来似乎只有通过筑(Bauen)才能获得居(Wohnen)，但仅仅居所并不能担保我们安居。所以，筑造的真正意义在于栖居。① 那么，什么是栖居呢？作为在大地上，在天空下，在诸神面前持留而且不断地会死的人类，如何得以栖居呢？海德格尔的回答是：栖居的基本特征乃是看护(schonen)，人类的栖居就是将“四方域”的四方四重性地“看护”在其本质存在中，而海德格尔对这一“栖居”和“看护”做出了如下的描述：

> 会死者栖居着，因为他们解救(retten)大地……解救不仅是使某物摆脱危险；解救的真正意思是把某物释放到它的本己的本质

① ［德］海德格尔：《筑·居·思》，收入孙周兴选编：《海德格尔选集》下卷，孙周兴译，上海：上海三联书店，1996 年，第 1191 页。但这里中译“筑造乃是真正的栖居”恐有误。海德格尔这里的主要命题“Bauen ist eigentlich Wohnen”似应译为：“筑造的真实在于栖居”或“真正的筑造在于栖居。”

中。解救大地远非利用大地，甚或耗尽大地。对大地的解救并不控制大地，并不征服大地……

会死者栖居着，因为他们接受天空之为天空。他们一任日月运行，群星游移，一任四季的幸与不幸；他们并不使黑夜变成白昼，使白昼变成忙乱的不安。

会死者栖居着，因为他们期待着诸神之为诸神。他们怀着希望向诸神提出匪夷所思的东西。他们期待着诸神到来的暗示，并没有看错诸神缺失的标记。他们并不为自己制造神祇，并不崇拜偶像。在不幸中他们还期待着隐逸了的吉祥。

会死者栖居着，因为他们把他们本己的本质——即他们能够承受死亡之为死亡——一路体现在这种能够的使用中，从而得一好死……

在解救大地、接受天空、期待诸神和会死者一路会死的过程中，栖居就作为对四方域的四重看护(schonen)而自在发生(sich ereignen)。[①]

由此可见，人类的“栖居”是对四方域中的自身而言，而“看护”则是对“他者”而言。“栖居”和“看护”一体而两面，无疑是告诫人们当今时代人类生存的“界限”以及对这一“界限”的尊重。而这一“界限”时时处处无一不在我们周遭相遇的“物”的“物化”或物之为物中体现出来。所以，人和物从一开始就是一对冤家。物之为物并非完全通过人的所作所为而到来，但倘若没有会死者，物之为物也不会到来。这也就是说，人逃脱不了作为物性的“守护人”，居住在物性的切近处的角

① [德] 海德格尔：《筑·居·思》，收入孙周兴选编：《海德格尔选集》下卷，孙周兴译，上海：上海三联书店，1996 年，第 1193—1194 页。

色和命运。因此，人在四方域中栖居，应当时时牢记和提醒自己，人类无论如何伟大、如何成功，都不能是“无限制的”/“无物性的”（die Unbedingten）狂妄者，而应该是“有物性的”/“受限制的”（die Be-Dingten）“看护人”。①

① ［德］海德格尔：《筑·居·思》，收入孙周兴选编：《海德格尔选集》下卷，孙周兴译，上海：上海三联书店，1996年，第1182页。

第三编

经典汉译和思考

第八节 《存在与时间》一些重要译名的讨论*

《存在与时间》一书以文字晦涩著称。书中不少术语为海德格尔自造，有些虽属传统的哲学概念，但却被赋予不同的含义。除此之外，概念之间盘根错节，常常由于语义或字形上的关联被用来作文字游戏，上述种种愈增加了翻译的困难。若译得太"硬"，因汉语中有冠词、词尾、大小写之辨，势必使文句无法读通，难以理解；若译得太"活"，即按各种术语在不同场合下的使用而以不同的词去译，固然可使译文流畅些，却又无法使读者知道这种种不同的译名原只是出于同一个德文概念，从而造成含混。反复考虑之后，我们决定对重要译名概念尽量用一词一译的方法，宁调整句型，不调整译名，这也是和海德格尔极其重视术语概念间的关联相适配的。虽然如此，毕竟并非每一个德文术语概念都能找到一个与之对等的中文词来表达，更不消说为一组具有字面联系的德文词以及为以这些字面联系为基础的文字游戏找到一组相应的中

---

* 本节作者为陈嘉映、王庆节。本文最初作为《存在与时间》译后记，发表在《文化：中国与世界》第2期，北京：生活·读书·新知三联书店，1987年，第55—86页。

文了。因此，书中有些中文译名可能相当生涩，不过，这些术语即便是在德文原文中也是极其生僻和勉强的。

一、关于“Sein”“Seiende”“Dasein”“Existenz”等

“Sein”是德文中的系词。作为系词，它的用法极多，在中文里没有一个单独的词与西文的系词完全对应。例如：在“Socrates war ein Mensch”（苏格拉底是人），“Socretes war in Athens”（苏格拉底在雅典）和“Socretes ist”（苏格拉底存在）这样三个句子中，同一个“Sein”要分别用“是”“在”“存在”来翻译。这里，“是”为系词，“在”为介词，或为动词（语法学家们目前仍在为这些名目争论不休），而“存在”是动词。另外，在哲学讨论中，“Sein”还常常被名词化，作为专门的哲学范畴“das Sein”来使用。在《存在与时间》翻译中，我们一般选用“存在”这个双声词来译“Sein”和“das Sein”，（s.1，此指德文原著页码，下同）。这一译名在义理上未见比其他译名（例如“在”“有”“是”）更精深，但是，考虑到国内目前通用的译法以及全篇译文的通畅，选用它似乎更妥当一些。当然，“存在”一译一般只适用于作为名词的“das Sein”和上述第三种句子的情况，当遇到第一种和第二种句子中的“Sein”时，仍旧分别译为“是”（s.4）与“在”（s.52）。

“Sein”是《存在与时间》一书中最主要的概念之一。据统计，除去“Sein”本身而外，全书至少有一百五十种以“Sein-”开头或以“-sein”结尾的复合词。例如“Sein können”（s.144/“能存在”）；“Daß-und Sosein”（s.5/“其存在与如是而存在”）；“In-der-Welt-sein”（s.52/“在世界之中的存在”）；“Zu-Ende-sein”（s.234/“存在到头”）。我们尽力在译名上反映出这层联系。但在许多地方，译文实在难以反映这层联系时，我们往

往加注说明。

"Es gibt"与"Sein"的第一层意思(存在)相仿。海德格尔则特别强调其中的"gibt"暗示事物的存在是由某种渊源提供出来、呈现出来的含义——我们把它译为"有"(s.212),这合于一般文义却无法传达出海氏所强调的意思。研究"Sein"的学说就是"Ontologie",这个词是从"ōυτo"(存在)和"λóγoς"(学说)这样两个希腊词而来,原意就是"关于存在的学说"。海德格尔自称他的《存在与时间》的全部任务就是要重新考虑关于存在的问题,追问存在的真正意思(s.1)。"Ontologie"现在一般的通行译法为"本体论",这大概是由于"存在"多被理解为与"现象"相对的"本体";但这一理解既不是"Ontologie"这个词本身提示的,也不是海德格尔所接受的。因此,我们将"Ontologie"译为"存在论"(s.11),以使其意义更为明了贴切。与此相应,形容词"Ontologisch"译为"存在论上的"(s.11)。

"das Seiende"是由"Sein"的现在分词形式"seiend"而来,指存在着的具体东西。与把"Sein"译为"存在"相应,我们将"Das Seiende"译为"存在者"(s.6);同理,与把"Ontologisch"译为"存在论上的"相应,把"ontisch"译为"存在者状态上的"(s.11),把"ontisch-ontologisch"译为"存在者状态暨存在论上的"(s.13)。"seiend"作为形容词,有时应用于"存在",有时应用于"存在者",我们不加分别地译为"存在着的"(s.11)。

哲学研究存在而非存在者,但存在总是存在者的存在,离开了存在者,就无从捕捉存在。要捕捉存在,关键在于找到这样一种存在者,它的本质在于"去存在"。这种存在者就是本书提出的"Dasein"。就字面上说"Dasein"是由"da"和"Sein"构成的。"da"在德文中,指某个确定的地点、时间和状况。在德国古典哲学中,"Dasein"这个词主要用于指某种确定的存在物,即存在在这个或那个具体时空中的东西,曾被译为

“限有”“定在”等。但在《存在与时间》中，海德格尔强调“Dasein”的“Da”不是存在在“这儿”或“那儿”，而是“存在本身”。就是说“Dasein”把它的“Da”带到其随处之所在，“Dasein”把所到之处皆变成“Da”。这样，“Dasein”真正的“Da”既不在“这儿”又不在“那儿”，而是使“这儿”或“那儿”成为可能的前提(s.119)。

和德国古典哲学家的用法不同，海德格尔认为，唯有人这种随时随刻对自己的存在有所作为的存在者才能称得上“Dasein”，就是说“Dasein”指的是人，并且指的是人的存在而不是人的存在者身份。“Dasein”总是对自己有所确定，但无论“Dasein”把自己确定为什么，作为确定者的“Dasein”总是超出那被确定了的东西的，这就是所谓“existentia”(去存在、去是)对“essentia”(本质、是什么、所是)的优先地位(s.43)。海德格尔借“Dasein”一词所表达的这层意思在其他语言中很难找到相应的表述。英文译者在翻译这一概念时甚至采用了音译的办法(见 *Being and Time*，1962)。熊伟先生在20世纪60年代初译本书部分章节时曾把这一术语译作“亲在”，(见《存在主义哲学》，1963年)，取“存在亲临”和“亲临存在”之意，用心颇为良苦。现在，我们把它改译为“此在”，取其“在此存在”和“存在在此”之意。

“Da-sein”与“Dasein”在字形上只稍有区别。它表明“Dasein”在“现身”“领会”的情态中，即处于存在本身展露开来的状态中，由此，我们将“Da-sein”译为“在此”(s.142)。

此在之为此在，就在于它对其存在有所作为。海德格尔用“Existenz”这个词专指此在的存在，因为是人的存在，我们把它译为“生存”(s.12)。虽说“Existenzialismus”在中国久已被称为“存在主义”，不过被尊为存在主义创始人的海德格尔却否认自己的哲学是存在主义，这也算是给译者一个理由，把这部学术著作的术语译法与一种流行的社会思潮的名称区别开来。与将“Existenz”译为“生存”相应，其形容词形式“existenziell”译为“生存状态上的”（s. 12）。“Existenzial”与“Existenzialität”这两个术语分别指在存在论的层次上所把握的“生存”的根本环节及其总体性联系，因而译为“生存论环节”，（或“生存论性质”）（s.44）与“生存论状态”（s.12），而其形容词形式“existenzial”则译为“生存论上的”（s.12）。

对此在的生存加以生存论上的剖析，构成了其他一切存在论分析的前提的基础。因此，这种分析又称为“基础存在论”（Fundamentalontologie）（s.13）。

二、关于“Phänomen”“Erschlossenheit”“Verstehen”等

存在论同时又是“现象学”（Phänomenologie）。在《存在与时间》中，海德格尔仔细区分了“Phänomen”与“Erscheinung”这样两个在德语中基本同义的概念。基于“Phänomen”的希腊文词根，海德格尔指出“Phänomen”的真正意思为“自身显现”（s.28），而“Erscheinung”这一后生的概念说是却是通诏自身的显现呈报出某种自身不显现的他物（s.30）。这就说明，“Erscheinung”在其自身中暗含着“Phänomen”作为自身存在的前提，因为只有通过这种“自身显现”，某种并不自身显现的东西才能呈报出来。我们将“Phänomen”译为“现象”（s. 28），将“Erscheinung”译为“现像”（s.30），希望通过中文里“象”与“像”之间的微妙关系来表明“Phänomen”与“Erscheinung”之间细微而重要的差别以及两者极易混淆的性质。

海德格尔将“Erscheinung”称为“流俗的现象概念”（s.31），这是各

门具体科学的研究对象；将作为“自身显现”的“Phänomen”称为“形式的现象概念”(s.31)；而将那决定这种“显现”的，并且即为这种显现本身的东西称为“现象学的现象概念”(s.31)，这就是存在者的存在，是存在论哲学探究的真正目标。从“流俗的现象概念”转到“形式的现象概念”再进到“现象学的现象概念”，这是一个不断去除晦蔽，达到无前提的明证性的过程，这一过程就被称为“现象学”。在流俗的和形式的现象概念的层次上所进行的研究称为“现象的”(phänomenal)(s.37)；而在现象学的现象概念的层次上所进行的研究称为“现象学的”(phänomenologisch)。这种划分又是和存在论中划分“存在”与“存在者”相对应的。

> 作为一种特殊的存在者，“此在”也是一种特殊的“现象”。此在的现象学就是“诠释学”(Hermeneutik)(s.37)。汉语中，“诠释”是一个古词，而且和“真理”直接有关，这和“Hermeneutik”在德语中的地位相当。

此在生存于其中的“日常状态”(Alltäglichkeit)(s.37)实际上就是“晦蔽状态”(Verborgenheit)(s.33)。日常状态的根本特点在于“常人”(das Man)(s.113)统治着一切。晦蔽分为两种情况：一种是存在者状态上的晦蔽，即“Verborgenheit”，我们译为“遮蔽状态”(s.222)；另一种是存在的晦蔽，即“Verschlossenheit”，我们译为“封闭状态”(s.222)。此在生存论分析的任务就在于去除晦蔽，达到“真实”或“真理”(Wahrheit)(s.213)。真理的领域是无遮蔽的领域，海德格尔使用了古希腊人关于真理的术语“αλή θεια”来表达，译为“Unverborgenheit”(s.219)，我们转译为“无蔽”。同晦蔽有两重含义一样，作为“无蔽”的真理也有两重含义：存在的真理与存在者的真理。前者是第一位的，用“Erschlossenheit”表示，我们译为“展开状态”或“开展”(s.213)；后者是第二位的，用“Entdecktheit”表示，我们辩为“被揭示状态”(s.220)。

> 从晦蔽走向无蔽，又从无蔽沦入晦蔽，这个一而二、二而一的过程主要映现在“Verstehen”和“Auslegung”中。

“Verstehen”译为“领会”(s.142)。这个译名所说的意思与一般所说的理性化的“明确理解”有别，其具体含义可见此书第31、32节所述。“Verständnis”与“Verstehen”基本上同义，都是“Verstehen”的名词形式，但有时两者也还显出细微的区别(参见第18节)，所以，它们被分别译为“领悟”与“领会”(s.142)。“Verständlichkeit”也是在“Verstehen”和“Verständnis”的基础上来说的，我们译为“可理解性”或“可领悟状态”等(s.161)。与“Verstehen”“Verständlichkeit”相对的一组词是“Verstand”与“Verständigkeit”，它们指某种在相互约定的基础上产生的较为明确，同时较为固定化的理解。在海德格尔看来，这种理解是此在在世过箩中走向晦蔽的渊源，在某种程度上，它们与德国古典哲学中的“Verstand”这一传统概念的含义相似。由于“Verstand”在书中出现次数相对较少，而“Verständigkeit”较多一些，所以，我们将前者译为“理智”(s.334)，后者译为“知性”(s.147)。

“Auslegung”与“Interpretation”这两个术语近乎同义，所以英译本仅以词首字母大小写来区分两者。另一方面，本书中，“Interpretation”更多的是从存在本身的整体性着眼的，而“Auslegung”则强调“存在”的展现，具有较强的“解放而释放出来”的意义。所以，我们将“Interpretation”译为“阐释”(s.232)，将“Auslegung”译为“解释”(s.148)，与此相对的概念是

“Erkennen”和“erklären”，我们译为“认识”(s.61)和“说明”(s.207)。

走向真理归根结底就是存在的开展(Erschlossenheit)。展开的关键是此在在世的“领会”(Verstehen)，“领会”就其根本而言是对“死亡”(Tode)的领会(s.235)。对“死亡”的真正领会唤醒“良知”(Gewissen)(s.270)，这就是“决定”(Entschlossenheit)(s.297)。

三、关于“Sorge”“Zeitlichkeit”“Geschichte”等

此在生存就是“In-der-Welt-sein”，我们译为“在世界之中的存在”(简称“在世”)(s.52)。此在在世的本质是“Sorge”，“Sorge”在德文中一般作“忧虑”“担心”“操心”解。海德格尔选用这个词，主要指人生在世过程中面对无限烦杂多样的可能性进行选择的一种基本状态(s.180)。在书中我们沿袭熊伟先生初译，仍作“烦”。这个词首先不应从心理学的“忧烦”的角度来理解，而应从繁杂不简的意义上来把握。就是说，先有生存论上的“烦”而后才有心理学上的“忧烦”。这样理解的“烦”才和海德格尔的“Sorge”相近。在海德格尔看来，“烦”分为两为两个层次。日常在世就是存在者层次上的“烦”，这也就是或者和“外物”打交道，称为“Besorgen”，译作“烦忙”(s.121)。烦忙着与“物”打交道的方式有两种：一种是将之视为摆在自己面前的、现成的、固定的东西，即通常所说的“物”(Ding)(s.67)；另一种是将其视为正在自己手头使用着，交往着的“用具”(Zeug)(s.68)。前一种情况又被海德格尔称为“Vorhandenheit”，我们译为“现成状态”或“现成在手状态”；后一种情况被称为“Zuhandenheit”，相应译为“上手状态”或“当下上手状态”(s.69)。与“烦忙”相应，烦神着与“他人”打交道的方式也有两种：一种是为他人设想周到、料理一切，包括代他人作出决断，称为

“einspringen”，“einspringen”的原意为“跳入”“跃入”，我们译为“代庖”(s.122)；另一种则是把一切决定的权利交还给他人，促其自己决断，这称为“Vorauspringen”，原意为“跳出来”“跳向前走”，我们译为“争先”(s.122)。但是，烦忙也好、烦神也罢，都是在和“存在者”(他物、他人)打交道，归根结底都是烦本身在日常在世中的表现方式。烦本身不是指某种在存在者状态上的存在者某种忧烦的心理事实，而是在世界之中存在本身。它不是为一个“他人”或“他物”而烦，就是说，烦本身没有“对象”，也没有什么烦的心理主体，烦首先是先于“对象”和“主体”的，此情此景下存在着的纯情绪状态，海德格尔将之称为“Befindlichkeit”，考虑到与德语动词“befinden”之间的关系，我们将它译为“现身情态”(简称“现身”)(s.134)。“烦”既然是一种“现身情态”，它自身中就是“现出自身”的冲动，这种冲动就是“站起来”(Verstehen)，就是“领会”(s.142)。“领会”本身是可能性的“筹划”(Entwurf)(s.145)，“筹划”的基本方式是“解释”(Auslegung)(s.148)；而“解释”通过“言谈”(Rede)(s.160)来进行。“现身情态”和“领会”通过“言谈”实现出来，就走向“沉沦”(Verfallen)(s.166)。

于是，“烦”就具体表现在“烦忙”与“烦神”这些日常在世活动上。在海德格尔看来，“沉沦”与其说是一种道德意义上的消极现象，倒不如说归属于烦本身的根本结构(s.176)。按照海德格尔的解释，“领会”的表达方式为“Sich-vorweg-sein”，译为“先行于自身的存在”(s.192)；“现身情态”的表达式为“Schon-sein-in”，译为“已经在……中的存在”(s.192)；而“沉沦”的表达式为“als Sein-bei ...”，译为“作为寓于……的存在”(s.192)。这三个生存论环节(Existenzial)统一起来，就构成了“烦”本身的整体结构：“Sich-vorweg-schon-sein-in ... als Sein-bei ...”这一串即便在德文中也是拼凑起来的，所以，我们只好按照原文秩序“硬”

译为："先行于自身的——已经在……之中的——作为寓于……的存在"(s.192)，读者务必弄清这是一个德文词并且作为"烦"这个概念的完整定义而出现。

此在生存在世本质上就是"烦"，而"烦"的结构的三个基本环节即"领会""现身""沉沦"分别都有两两对立的样态，一种称为"eigentlich"的样态，另一种称为"uneigentlich"的样态。"eigentlich"和"uneigentlich"都出于德文词"eigen"，原意为"本己的""固有的"，但"eigentlich"在日常德语中的主要含义是"真正的"，这一含义亦为海德格尔保留。因此，我们将"eigentlich"与其名词形式"Eigentlichkeit"分别译为"本真的"和"本真状态"(s.43)；将"uneigentlich"和"Uneigentlichkeit"分别译为"非本真的"和"非本真状态"(s.43)。

"烦"的三个基本环节以及本真、非本真样态的整体性结构是由时间性(Zeilichkeit)来照明的(s.326)，就是说，存在本身只有在"时间"(Zeit)中方能展现出来。正因为如此，"时间"被海德格尔称为存在本身得以展现的"Horizont"。"Horizont"在德文中原意为"地平线""视野"。熊伟先生曾选用"地平线"为译名。考虑到"地平线"在此处比较难为人解，而"视野""视界"又主观意味太浓，所以，我们选用"境域"一词来译"Horizont"(s.1)。"时间性"当其在"存在得以展现的境域"这一意义上使用时，又称为"Temporalität"。"Temporalität"和"Zeitlichkeit"本是同义词，为了在中文中将这两个概念区别开来，我们将"Temporalität"译为"时间状态"(s.19)。

"烦"有三个环节，作为烦的"境域"的"时间性"也有三个环节，即"曾在"(Gewesenheit)；"将来"(Zukunft)；"当前"(Gegenwart)(s.326)。其中，"现身情态"主要对应于"曾在"(s.328)；"领会"主要对应于"将来"(s.327)；而"沉沦"主要对应于"当前"(s.328)。"烦"的三环节分别有本真、非本身两种样态;"时间性"的三环节也同样如此。"将来"的本真样式为"Vorlaufen",译为"先行"(s.336);非本真样式为"Gegenwärtigen",译为"当前化"(s.338)。

作为"本真的"时间性,时间的过去、现在、将来是三位一体,浑然不可分的(s.326)。在此基础上显出的"烦"的结构也是一个截然不可分的整体(s.327)。按照海德格尔的说法,时间不"存在"(假如我们还只是在以往含混不清的含义上使用"存在"一词的话),"时间"只是"zeitigen"。"zeitigen"在德文中的意思是"某某东西生发出来,造成(的时机)""某某东西成熟(的时机)",为了表达这层含义并且强调这个词在词根上与"Zeit"(时间)之间的关联,我们将其译为"到其时机"(简称"到时"),这就是说,时间不是一个现成摆在那里的、均匀流逝着的存在者,而是不断涌出、不断出现、不断"到时"(s.328)。海德格尔把时间的迢种不断"到时"的性质又称为"das Außer-sich",我们译为"出离自己"(s.329);更称为"Ekstasen",我们译为"绽出"(s.329)。时间的这种性质就决定了此在的在世生存过程(Existenz)是一永不停息、不断"出离自己"、不断"绽出"的创造性过程。

既然时间性是此在在世生存得以展现的"境域",时间的这一不断出离自己的"到时"性质就决定了此在在世生存能够成为"历史"(Geschichte)(s.375)。"Geschichte"与"Historie"不同,"Geschichte"指实际发生着的"历史",是由时间的"到时"性质所决定的;而"Historie"则被用来指按照某种观点对"历史本身"的记载、反省和研究,从而把"历史"最终视为一存在者,视为认识的"对象"。这样"Historie"就成了由时间的非本真性所导出的,建立在"Geschichte"基础之上的具体科学。因此,我们将其译为"历史学"(s.20)。与本真的时间性的根本特征"到时"相应,本真的历史性(Geschichtlichkeit)(s.372)的根本特征被规定为“geschehen”。从德文词形上看，“Geschichte”是由“geschehen”衍生而来的，“geschehen”在德文中一般指某一事件的“发生”。考虑到海德格尔对“Geschichte”一词的理解和两个词之间的渊源关系，我们将“geschehen”译为“演历”(s.20)，而将其名词形式“Geschehen”译为“历事”(s.375)。

以上，我们分别从存在论、现象学(真理论)、时间论三个方面将海德格尔《存在与时间》一书的基本概念串通了一下，简略地说明了它们各自在全书中的地位、相互之间的关联以及译者所选中文译名的理由。我们知道，在作这些说明之际，已不可避免地掺入了我们自己对全书内容的理解。将关于主要辩名的种种考虑介绍给读者，固然是希望有助于广大读者把握和理解海德格尔哲学的怪诞思路和奇诡概念，同时亦是希望读者可就我们对这些基本概念的理解提出批评、讨论。

第九节　亲在与中国情怀*

——纪念恩师熊伟先生

在中国大陆，熊伟先生的名字与20世纪德国著名思想家马丁·海德格尔紧紧相连，这不仅仅因为先生乃海德格尔20世纪30年代亲炙的少数几位中国弟子之一，而且更因为他是唯一的一位在后来50年中倾全副身心在中国推动翻译、介绍与解释海德格尔思想的中国学者。据先生自己回忆，半个多世纪前，在当时的抗战首都重庆，当他第一次回国作介绍海德格尔的报告时，国内知道海德格尔名字者寥寥无几。但到了先生去世时，国内翻译、介绍、评论、解释海德格尔的论著、论文已经以成百上千数，或者用一位老友的话说，这年头"海学"在国内已成显学！抛开这些年中国大陆政治、社会、文化与历史的复杂因素不谈，熊伟先生在其中的功劳实不可没！

作为在中国翻译、介绍和解释海德格尔思想的第一人，熊先生无疑在现代中国思想学术史上海德格尔理解的加深，我愈益感到"此在"一译，固然对初步理解海德格尔以及在海德格尔哲学的具体翻译实践中

---

* 本文作为熊伟先生逝世的纪念文章发表于熊伟：《自由的真谛——熊伟文选》，北京：中央编译出版社，1997年。

有许多便当之处，但在吃透海德格尔“Dasein”的深意方面尚有欠缺。相形之下，熊伟先生的旧译“亲在”除了在许多方面深得海德格尔Dasein概念的精髓之外，还更多地体现出先生对中国文化的深切关怀与中学根基。譬如，倘若我们从海德格尔在《存在与时间》中对“Dasein”之“da”的三重结构(“现身情态/Dafindlichkèt”“筹划领会/Verstehen”“沉沦/Verfallen”)的生存论分析出发，就不难发现熊先生的“亲在”译名对“Dasein”之理解的一番苦心。首先“亲在”的“亲”当在“亲身”“亲自”“亲爱”“亲情”的意义上使用，这与海德格尔的“Befindlichkeit”作“情感状态上的现身在此”的意义相投。例如，当我们用中文说“亲身感受一下”“亲自做一下”，无一不是要打破理论或范畴层面上的局限，进入一种现时、现地、现身、现事的情境。同时，这种“亲”的情境，在中国传统哲学的背景下，并非西方传统心理学意义上的主观情感，而是一个不分主客，先于主客，乃至于先于个体分别独立状态的亲情交融。《孟子》与《中庸》解“仁”为“亲亲”就有这层意思。其二，“亲”可在“新”的字义下使用，例如《大学》首句，程颐读为“大学之道在明明德，在亲(新)民，在止于至善”。朱熹解为，“新者，革其旧之谓也，言既自明其明德，又当推以及人，使之亦有以去其旧染之污也”。如此以“新”解“亲”，既合古铭训“苟日新、日日新”之意，也与海德格尔所解“Dasein”之“da”为永不止息地向其可能性之筹划的“能存在”(Seinkönnen)相契。第三，《说文》解“亲”为“至”，并解“至”为“鸟飞从高下至地也”，这也正合海德格尔的“da”之第三重建构作为“沉沦”(Verfallen)的由圣入凡过程，而又很少有海德格尔反对的传统西方形而上学中极强的超验性含义。可惜的是，先生的这番心思，囿于早年人们对海德格尔哲学的无知以及国内特定的政治、历史环境，很难为世人所解。再加上在具体翻译实践上的困难，所以直到20世纪80年代初，

“亲在”这一译法仍未被大家接受。记得先生有一次和我谈到这一译名时，曾不无感叹地说道：“我从 1933 年到 1941 年，先后在德国将近 8 年，琢磨海德格尔，就得了这么个‘亲’字。回来后我就用上了，可这么多年，没有人懂啊！”

国内翻译西方哲学、社会科学学术名著，已逾百年。除在翻译标准上有信达雅，还在翻译方法上有硬译、活译之争。可读先生的海德格尔译文，则不难发现，有些地方“硬”，有的地方“软”，没有一个统一的方法与标准。是否先生那里就真的没标准吗？不然！先生说话爱打比方。先生用的比方叫“搔痒”。这用先生的话说就是：“进行翻译也好，阅读翻译也好，总是要搔着痒处，否则就不幸了。”什么叫“搔着痒处”呢？先生没有明说，但先生生前曾屡次提到海德格尔译读老子的故事，并加了如下的评语：

> 老子和海德格尔，前后两千年，相距数万里，然却无碍运思的人年逾古稀还不得不去译读那可望而不可即的中文，以求打破写诗的人的寂寞，岂不怪乎？

如果说海德格尔读老子，译老子“搔到了痒处”，那么我们跟随先生读海德格尔、译海德格尔，“痒处”在哪里？“搔”到什么没有呢？

第十节　海德格尔与形而上学的“渊基”*

物理学家霍金讲过这样的一个故事，说的是数学家罗素(Bertrand Russell，1872—1970)有一天做报告。报告完毕，听众里站起一位老太太。老太太说，你的报告很精彩，你是我见过的最聪明的年轻人了。不过，你把世界弄得太复杂了。古人早就说过，这个世界实际上就是驮在一只巨大的乌龟的背上。听到这里，罗素逗问：“老奶奶，那这只乌龟又是驮在什么上面呢？”老太太回答：“年轻人，你真的很聪明，可是，难道你不知道吗，这乌龟下面还有乌龟，一只驮着另一只，这是个无穷无尽的乌龟塔呀？”霍金没有说罗素接下来是怎么回答的，但答案似乎很清楚。不过现在我们的问题是，罗素真的比老太太聪明吗？霍金也是如此吗？

如果形而上学研究的是关于存在物之为存在物的学问，那么，海德格尔的这部《形而上学导论》谈及的就是那个当年同样困惑罗素与老太太，以及霍金的问题。关键的区别在于，海德格尔不再去试图寻找更“真确”、更“睿智”的答案，而是试图去探究，那个今天被绝大多数人奉为真理的思路和答案究竟是怎样一回事情？我们人类是怎样“命运般

---

* 本文选自[德] 海德格尔：《形而上学导论》(新译本)，王庆节译，北京：商务印书馆，2016 年，译后记。

地”走上了通往这一答案的道路的？而海德格尔在本书中给我们的警示就在于，倘若我们不再对此进行真正彻底的哲思，我们就根本不能理解人类正身处其中的境况，因此也将不能认清和承受正在以及即将面临的星际级的危险与灾难！

在海德格尔眼中，形而上学首先不是一门抽象的哲学学科，而是我们人类在自然宇宙大化中的一种具体生活和生命生存的方式。所以，这部《形而上学导论》不是一部将复杂艰深的学科简化、浅化，以助年轻学子顺利入门的导读性教科书。相反，它召唤、引导喜爱哲思的人们回到我们今天称之为“形而上学”的那个东西的生根处、发源处，回到我们人类的语言、思想与睿智的鸿蒙发端处，重新上路思考与发问。在这个意义上，与其说它是一部学科导论，不如说它展开了“前物理学”的“林中空地”，召唤和容纳思想阳光的透入，而这恰恰就隐含了引领走向后世的“物理学之后”（形而上学）的全部秘密。因此，如果我们在相反的意义上套用黑格尔，这部《形而上学导论》倒更像一部海德格尔的《精神现象学》。

海德格尔喜欢用“路标”和“在路上”来标明自己的思想历程和思想状况，也曾在向世人昭告最终放弃其未完成之名著《存在与时间》续作计划的同时，点明这本《形而上学导论》与《存在与时间》之间的承续关系。这个关系，我以为从一部西方哲学史的角度来看可以说就是：如果《存在与时间》中的海德格尔（前期）是从亚里士多德的古代存在论哲学的传统出发来对从笛卡尔到康德的现代知识论传统进行批判性反思的话，《形而上学导论》中的海德格尔（后期）则是试图跳出以柏拉图、亚里士多德为开端全部西方形而上学传统，并对之渊源根基进行哲思与发问。正是经过这一发问并在这一发问中，西方现代性乃至全部西方思想文化的秘密，隐绰可见。

《形而上学导论》一书源出于海德格尔1935年夏季学期的讲课。虽然讲课是在战前，但讲稿却迟至二战结束8年后的1953年才出版，其间海德格尔曾对源始文稿进行过增删。本书出版伊始，由于其"反动"的内容从及海德格尔本人在二战中支持纳粹运动的背景，立即引发巨大争议。尽管海德格尔对此多次予以辩解，但无奈众口铄金、愈描愈黑，大有从此被钉在历史的耻辱柱上，永世不得翻身的架势。纵观海德格尔一生，基本上就是一手无缚鸡之力的文人，充其量也就是像他的前辈诗人海涅(Heinrich Heine，1797—1856)所描述的康德那样：弱小身躯之上顶着方小小的睡帽，安静地依偎在书桌的一角，头脑中却奔腾着天翻地覆般的风暴。或者说他像历史上的孔夫子、柏拉图一样，一时间心血来潮，想"玩"一下政治，结果被现实政治玩了个脚底朝天。但无论如何，这丝毫不改海德格尔对我们这个现代性时代之本质的思考和批判，其中包括对纳粹运动本身的思考批判，对其自身前期哲学思想与思路的反省反思，都属于人类历史上最深刻的哲学思考和批判之列这一事实。而从学习借鉴的角度讲，这对于经历过"文化大革命"并立志反省创新中国古老思想文化传统的新一代中国思想者和知识人来说，尤为重要。

正如《存在与时间》的中文翻译一样，《形而上学导论》的中文翻译也可以追溯到介绍海德格尔哲学进入中国的第一人——熊伟先生。那是20世纪80年代的中期，熊伟先生在安排我协助嘉映师兄翻译《存在与时间》的工作基本完成之际，就建议我着手进行《形而上学导论》的翻译工作。但不久，我也将赴美国留学。出国前夕，先生将我找去，问及译事。我告知仅完成了全书四章中的第一章。先生担虑我出国后学业紧张，无暇他顾，便主动提出由他自己亲自领衔，继续完成是项工作。此后多年，先生呕心沥血、字斟句酌，为此书翻译倾注了大量的时间与精力。现在想及先生当时已是75岁高龄，为译事操劳奔忙，仍每每让我感动不已。先生翻译的后三章，加上我出国前留下的第一章译稿，合集在一起，就成为海德格尔《形而上学导论》的第一部中文译稿。此译稿1993年在台湾由仰哲出版社首出繁体字译本，1996年在北京由商务印书馆再出简体字版本，后又收入商务印书馆的“汉译世界学术名著”系列。随着20多年来汉语学界对海德格尔思想研究和理解的加深，也考虑到旧译本无论在遣词风格，还是在翻译精确程度方面，均有不如人意与值得改善之处，所以，这次借编纂出版多卷本《海德格尔文集》的机会，由我独立担任、进行重译。细心的读者将会不难发现新译本与旧译本之间的渊源递进关系以及熊伟先生为此书中译做出的奠基性贡献。

外来哲学思想中的基础与核心概念的翻译，历来不仅是理解与领会异域思想文化的关键，也是我们创新和丰富、发展本土思想、文化乃至语言的重要资源。对于这些核心概念，汉语中往往缺乏一一对应的语词概念。由于海德格尔思想的特点与特异的遣词造句风格，上述现象对于海德格尔的翻译尤甚。在《形而上学导论》的新译过程中，我尽量选用平实简单的汉语概念和词句来传达海德格尔的思想，在尽量准确达意的前提下，力求译文的可读性和易于理解。但有一些关键的语词选用以及学界理解分歧较大的地方，尽管说我一般都加了简略的译注，仍需要特别挑出来予以说明。因此，就在这里选取几个核心概念，事先说说自己的理解和所选译名的具体缘由，也作为帮助理解全书基本思想的线索和路标。

1. “Sein”(存在)。这是海德格尔哲学的第一概念，而且按照海德格尔的理解与解释，也是全部西方哲学的第一概念。在海德格尔的用法中，Sein首先是和Seiende相对应。das Seiende这个词较好理解，说的就是我们周遭存在着的万事万物，大到日月星辰、山川河流，小至一个个动物植物、原子电子等，这些都是或者过去曾存在，或者现在正存在，或者将来会存在的存在物、存在者。哲学，乃至全部人类知识，从一开始就以探究存在物的奥秘为己任。这个奥秘说的就是使得这个存在物成之为这个存在物而不是别的存在物，成为如此这般的存在物的东西。在西方哲学史上不同的哲学家那里，这个东西曾分别被称为“始基”“理念”“本体”“根据”“逻各斯/规律”“存在”等。研究思考这个东西及其概念的学问就叫“本体论”或“存在论”。除了这里所说的本体论或者存在论角度外，西方哲学史上还有一种角度来探讨这个问题，即语言哲学的角度。我们知道，西方的判断语言的基础是一个主谓词结构，在这里，系词起着举足轻重的作用。这个系词在古希腊语中是εἶναι，在现代西方语言诸如英文中是“to be”，德文中就是 sein，其名词形式为 Sein。正如我们很难想象在西方语言的任何判断型语句中没有“to be”的作用，我们也很难想象任何存在着的事物，即存在者不预先设有 Sein。换句话说，任何存在事物的“什么”以及“如何”总同时通过“是什么”或者“如何是”体现出来。在这个意义上，历史上本体论、存在论的存在问题与语言学中的“是”的问题是一而二、二而一的问题，所以后来海德格尔说，语言是存在的家。而海德格尔一生的思想都和 Sein 的探究有关。

一般来说，现代汉语中有三个词，即“存在”“是”“有”，与 Sein 这个概念在西方哲学传统中的丰富内涵相靠近。正因如此，我在大多数情况下选用“存在”来翻译海德格尔的 Sein，但某些情形下，尤其是在文中讨论 Sein 一词的语词和文法使用乃至词源时，也不排除用“是”字。甚至在某些不得已的情形下，还采用“在/是”或者“在/是/有”这样诸词并列联用的办法。为什么用“存在”而不是“(存)有”或者“是”作为主要译名呢？关于这个问题，首先我想说，德文词 Sein 在汉语语词中并无一一对应的关系，所以(存)在、(存)有、“是”这三个语词都有其局限，其中任何一个都不足以单独表述 Sein 的丰富含义。在翻译中取“存在”而弃其他在某种意义上只是“权宜之计”，并不必然排除在某个语境下使用“是”或者“有”。其次是关于存在与(存)有。我之所以用“存在”而非“(存)有”作为基本译名，主要是考虑到“有”这个概念在汉语的传统哲学语汇中往往和“无”相对应，并且常常是在低“无”一等的意义上使用。这样说来，“有”在更多情况下，所对应的与其说是 Sein，不如说是 Seiende(存在者)。再次是关于存在与“是”。为什么选择“存在”而非“是”呢？我的主要理由也有二点：第一，从语词使用的角度看，“是”在汉语中起初作为代词，现在主要作为系词使用，将其名词化有违日常汉语语言习惯，这会带来翻译上的诸多不便和理解上的困难；第二，从哲学理解上说，海德格尔追问 Sein 的问题不仅是要探究全部西方哲学存在论的根基与渊源，而且也是要探究自古以来关于系词在西方语言中的核心地位之形成的渊源。这恰是海德格尔在这部《形而上学导论》中所处理的核心问题之一。因此，将海德格尔的 Sein 问题归结为语言学的系词问题以及由此而来的逻辑学的判断问题，不仅不是海德格尔发问 Sein 问题的初衷，而且可能误解和曲解海德格尔的全部问题意识。

尽管我在这里特意地做出这些区分，但无论在汉语还是在德语的在实际语言使用中，我们知道，这些区分实际并非如此清楚，希望读者在阅读本书时，切记在西方主要语言中，它们都是同一个语词的不同用法就好了。从翻译和实际中文阅读的便利考虑，海德格尔使用的与 Sein(存在)相关的一组词语的对应汉语译名基本如下：sein：“是/在”；ist：“所是”或“是”或“是……”；Seyn：“存有”等。

2. “Abgrund”(渊基)。这个词在德文中说的是“深渊”，出于德文词 Grund，而后者指的是“地基”“根据”“理由”“原因”等。Grund 在西方哲学形而上学历史上的位置极为显赫，是主宰全部形而上学历史为数不多的几个核心词之一。无论是亚里士多德的“四因”，莱布尼茨的“充足理由”，还是康德的为形而上学之“奠基”，均可以依稀看出与这个语词的意义在背后晃动的影子。“ab”作为前缀，往往是在所加的词汇上加上“偏离”“别离”“取消”“去除”的含义，例如“abbauen”（拆除，分解），“abbestellen”（取消，撤订）等。所以，一般将其译为“离基”，取其偏离、出离原先根基之义。但考虑到此词在德文中有深不见底和深不可测的深刻、神秘之深渊的含义以及其词根之“根据”“地基”之义，我将之在本书中译为“渊基”，即一方面是“深渊”，另一方面又是“基源”。和“离基”这个中文词可能隐含的虚无色调相比，海德格尔的《形而上学导论》要导引的方向绝非否定一切的怀疑主义、虚无主义，恰恰相反，传统西方的哲学形而上学，在海德格尔的眼中，就像是一棵枝繁叶茂的大树的主干和主根，而全部的西方知识、思想、文化乃至社会、政治制度，就像这棵大树的枝叶，从根干获得养料和支撑。现在的发问是，这个主干和主根自身是怎么回事？它们又是从哪儿获得养料和支撑？这就要追回到主干、主根赖以为生的，看上去微不足道的，甚至已经看不见，摸不着的毛细根系和根须。这些微不足道，看不见、摸不着的毛细根须深入大地，为大树汲取营养与水分。所以，相对于大树这一作为植株的存在物而言，它的根据或原因（Grund），如果借用笛卡尔的比喻，不应该仅仅从其看得见、摸得着，“清楚”“明白”的主干、主根那里去寻求，而要更加深入，进入到不那么清楚明白、不那么确信无疑的微细根须，甚至“跳跃”进入那超出植株界限范围之外的土壤与大地、阳光与雨露，星空与诸神以及劬劳有终的人类来说明大树之存在乃至万事万物之存在。因此，相应于大树这一存在物而言，它的存在论根基实质上不仅“出离”出其根基，而同时又是其根基、根据成为可能的“渊源”所在。在这个意义上，我将之译为“渊基”。同理，海德格尔会说，黑暗是光明之“渊基”，“非-真理”乃真理之“渊基”，无乃有之“渊基”。

基于这一考虑，与 Grund 和 Abgrund 相关的一系列语词分别译为：奠基（ergründen）；元根基（Ur-grund）；非根基（Un-grund）；崩-基（zu-grunde）等等。其中，zugrunde 这个词在德语中既有“基础”的含义，但用在短语中，又有“毁灭”“崩溃”的含义，即“基础”被推进到极端，发生崩塌，所以译为“崩-基”。

3. 显象（Schein），闪亮（scheinen），现象〈活动〉（Erscheinen），现像（Erscheinung）。这是在德文中无论在词形、词源还是在语义上都相互关联，极为相像，所以颇易混淆的一组词。scheinen 是动词，指的是闪光、闪亮、忽闪忽现。作为其名词 Schein，意思就是显现、闪现出来的东西，我将之译为“显象”。显象虽然和原物相似，但常常仅仅显得相似而已，所以同时又指“假象”。书中另有一词 Anschein，海德格尔专门用来指称“假象”。erscheinen 也是“显现”“显似”，只是有时更多了一点“使动”的含义，所以德文中“出现”“出版”也用这个词表达。如果显现指的是显现活动本身，海德格尔用 erscheinen 的名词化形式，即 Erscheinen 来表示；倘若指的是通过观念，意象，图像、文字、符号、记号等来表达，来呈示，那么这些显现活动借以间接地显现自身东西就是 Erscheinung。

Erscheinen/erscheinen 与 Erscheinung 的意思本来在德文中没什么区别，但海德格尔出于建构自己哲学体系的需要硬将之区别开来。海德格尔的这一尝试首先出现在《存在与时间》导论第 7 节关于现象学的“现象”概念所进行的分疏上。在《存在与时间》中，海德格尔借用胡塞尔与康德哲学的术语，重点区别 Phänomen 与 Erscheinung 在哲学理解上的区别。Phänomen 取的是这个词在希腊原文中的含义，也是海德格尔对“现象学”这一概念中的“现象”的理解，即直接性的“自身显现”，海德格尔用它来解释现象学意义上的“现象”，这是在存在论、生存论意义上说的。与之对应且区别，Erscheinung 源出于德文，海德格尔用的是这个词在康德哲学知识论中的含义，说的是某个自身不显现的东西（物自身）间接地借助于其他东西的澄明而得到呈示和报告。按照海德格尔的解释，所有在康德意义上作为认知对象的意象、观念、经验、知识都是这样的 Erscheinungen。这样，两者之间的根本性区别就在于：Erscheinung 作为真理性知识的“呈现”“呈示”之所以可能，其根据全在于作为显现活动自身的 Phänomen。

在《形而上学导论》中，海德格尔通过对希腊源初思想和语言的考察，试图进一步澄清这个问题。在这里，scheinen（动词）和 Schein（名词）指的是自然事物的闪亮、闪光，又引申为显似、显象、假象。相应于《存在与时间》中强调现象学的“现象”，即 Phänomen 概念，海德格尔更多地使用 erscheinen（动词）和 Erscheinen（名词）这两个德文词。究其根源说，它们还是对应希腊文中的 φαίνεσθαι，即 Phänomen，指的是存在论、生存论上的显现、显露过程。同时，Erscheinung 则仍是在现代知识论的意象、映像、表象的意义上使用，即对我们人这个认知主体在经验、认知活动中显现出来的感觉、认知的对象。基于上述理解，我在译文中将 Schein 译为“显象”，有时据上下文译作“假象”，scheinen 译为“闪现”“闪亮”。Erscheinen 译为“现象”或“现象活动”，erscheinen 译为“显现”或“现象出来”。与之相应，Erscheinung 译为“现像”。

古汉语中的“象”字同时含有作为实物的动物之“象”以及作为象征、符号的“象”，后者在现代汉语中又作“像”，即图像之“像”。我用汉语中“象”和“像”的区别来标明海德格尔这里所做的在存在论与认识论之间的区分以及两者之间的关系。汉语中“象”和“像”这两种含义的最早区分可见韩非。韩非在《解老·二十》中说:“人希见生象也,而得死象之骨,案其图以想其生也,故诸人之所以意想者皆谓之象(像)也。”显然,这里的第一个“象”字指的是活生生的“生象”,对应于海德格尔所讲的原本的、存在物意义上的Phänomen或Erscheinen,而第二个“象”字,在认识论意义上的间接之“象”,所以对应的是Erscheinung。依照这一区分,译本中举凡涉及认识论意义上的概念,译名也均为“象”,例如Vorstellung(表象、意象)等。

4.“das Unheimliche”(莽森)。这个词是海德格尔对古希腊诗人索福克勒斯(Sophocles,497/496BC—406/405BC)的著名诗剧《安提戈涅》的第一合唱歌中 δεικα 的译名。δεικα 在希腊文中的意思是“可怕的”“神奇的”“厉害的”。从词源上看,德文词 heimlich 与 unheimlich 都从 Heim 来,而 Heim 和 Heimat 的意思是“家”“家园”“故土”。所以,heimlich 词义为“隐秘的”“暗地里的”,而 unheimlich 则为“阴森可怕的”“令人毛骨悚然的”,此外,它也还有“极其多(故让人骇怕)”的含义。按照海德格尔的解释,das Unheimliche 这里讲的是作为宇宙间万事万物的存在物,由于存在威临一切的自然绽放升起的强力,从存在的隐秘根基中生长开放出来,林林总总、千姿百态。而人乃是这众多存在物中的最出类拔萃者,所以,das Unheimlichste 用的是这个词的德文最高级形式。人与存在休戚相关并闻讯于〈思与知〉存在之威临一切之强力,故人能强力行事,“是厉害的”“莽劲的”,但这种莽劲强力行事的过程同时又使人又从他的“隐秘处”,“家园”(Heim)“出离”(un-),有成为“茫然无所的”(un-heimlich)的危险,所以又可怕之极。

究其来源,海德格尔的这一理解和解释应当曾受到德国浪漫派诗人荷尔德林对索福克勒斯诗句翻译的影响。荷尔德林在翻译此诗遇到这个词时,最初用的是 gewaltig(强大的),后来改为 ungeheuer(令人害怕的）。海德格尔选取的译名 unheimlich（莽劲森然）则不仅包含有“强力”，也有“骇怕”。而且，通过“heim”这个词根，海德格尔成功地使得前两层意思与“家园”“隐秘”“深渊”，也即他所讲的作为“渊基”的“存在”甚至“虚无”连接起来。

基于上述理解，本文用“莽森”或“莽劲森然”来译海德格尔这里的“unheimlich”一词。“莽”指“繁盛强劲”（莽壮），“渺茫深远”（莽渺），“森”除了指“森郁葱葱”，即众多繁盛之外，更指“阴森”“森邃”，即有“幽深可怖”“可怕”的双关之意。这也和海德格尔一生喜爱使用的“黑森林”“林中迷津”“林中空地”等遥相呼应，发生关联。

除了 unheimlich 之外，海德格尔在文中还使用 heimisch 一词，译为“本土的”“本乡故土的”。它指称人在经历披荆斩棘，开辟道路之后，沉溺于习惯熟知的领地，庸庸忙碌而不自知的情形。

5. Vernehmen（闻讯）。这个词在德文中的意思并不复杂，它表示“通过听闻而获得”或者说“闻悉”。它还含有一层意思是“讯问”，甚至“逼问”和“拷问”。让人惊奇的地方在于海德格尔竟用它来译著名的巴门尼德残篇中传统通译为“思想与存在是同一的”那个名句中的 υοεὶυ 一词。υοεὶυ 按现在通行的翻译就是“思想”，但在海德格尔眼中，这一理解和翻译在根本上误解和曲解了巴门尼德（Parmenides of Elea，515BC—?）乃至全部希腊前苏格拉底哲学的精髓。思与在的关系本质上就是人和存在的关系，这个关系的本质不在于人经由思想去达到对存在的概念式把握，而在于人本来就身在存在中，在其中闻听、倾听、聆听存在之召唤和呼唤。只是在这一闻听的基础上，人才得以询问、讯问，甚至逼问、拷问存在。所以，人之本质首先并不在于后世一般以为的作为思想的质疑发问、概念分析，逻辑推理，而更在于那使这一切成为可能的“闻听”和“问讯”。这也是 υοεὶυ 这个词在希腊文中的源始含义。联想起来,这个思路实质上与中国古代圣哲所常言的“闻道”一说遥相呼应,息息相通。

这样,我们就不难领会海德格尔为什么用 vernehmen,而不是套用“思想”来翻译希腊词 νοεὶν。海德格尔这里所更多关注的不再是“什么是思想?”的问题,而是“什么召唤思?”。基于这一理解与解释,我将 vernehmen 译为“闻讯”,“闻”为闻听、“讯”为讯问,它展现着人与存在之间源初质朴的休戚与共、互相隶属而又相互激发之关系。正因如此,海德格尔在解释 vernehmen 时用到另一个词 zusammengehörig(相互隶属,休戚相关),这在词源上也和“听”(hören)有密切关联,所以又可理解为“相互倾听”。

第十一节　也谈海德格尔“Ereignis”的理解与翻译*

一、海德格尔 Ereignis 的用法及其现有汉语译名

“Ereignis”，正如“Dasein”之于前期海德格尔，现在几乎被海德格尔研究学界公认为后期海德格尔的最核心语词。据海德格尔自己的回忆，他最早较为清晰地公开谈论 Ereignis 是在 1949 年底在不莱梅(Breme)俱乐部所作的以“物”的演讲为首的四个演讲中，接着他在 1953 年的演讲“追问技术”中进一步阐述这一思想，并在 1957 年的关于“同一律”的演讲里对此予以了更为清晰的讨论。① 进入 20 世纪 60 年代，海德格尔又在 1962 年的有关《时间与存在》的几次研讨班的演讲和讨论中，对他的关于 Ereignis 的思想进行了较为全面、系统的阐述。② 尽管

---

* 本文原载于《世界哲学》2003 年第 4 期。

① 关于海德格尔的回忆，见 Martin Heidegger, *Zur Sache des Denkens*. Tuebingen：Max Niemeyer，1969，S.38－39。

② 海德格尔还在 20 世纪五六十年代的其他一些作品中不断提到和讨论 Ereignis，其中比较著名的有 1959 年收入文集《走向语言之途》中的几篇论语言的文章；1962 年为理查德森(William J. Richardson)的《海德格尔：通过现象学到思想》一书所写的“给理查德森的信”。海德格尔最后论及 Ereignis 大概是在 （转下页）

海德格尔公开谈论 Ereignis 是在 20 世纪 40 年代末 50 年代初之后，但我们知道，他关于 Ereignis 的系统思考却可以追溯到[①]他在 10 多年前写下的，而在其生前一直按下未发表的巨著文稿《哲学论集——从 Ereignis 说起》。[②] 正如海德格尔（无论前期还是后期）在其长达 60 多年的哲学运思生涯中所使用的其他核心思想语词一样，Ereignis 也还有一组无论在发生词源方面还是在现今词义的使用方面都相互关联的词围绕在其周围，帮助呈现 Ereignis 的多重意义。海德格尔的研究者们常常将之称为 Ereignis 的相关词簇。例如，在 1949 年的标题为“物”的演讲中，海德格尔在描述作为 Ereignis 的“四方域”(das Geviert)中基

（接上页）1970 年对美国海德格尔著作的翻译者和编辑者的问题的书面答复中。这段最后论及 Ereignis 的材料，后经 Joan Stambaugh 整理和翻译，发表在海德格尔晚年作品英文译文集《哲学的终结》的译者导言中。（参见 Martin Heidegger, trans. by Joan Stambaugh, *The End of Philosophy*. New York: Harper & Row, 1973, vii - xiv。）

① 根据美国学者 Theodore Kisiel 的考证，海德格尔甚至早在 1919 年的讲课中就已经有了诸如“es er-eignet sich”的说法。关于这一问题的具体讨论，参见 Theodore Kisiel, *The Genesis of Heidegger's Being and Time*. Berkeley: University of California Press, 1993, pp.21 - 25, pp.494 - 495。

② 关于此书副题“vom Ereignis”中的“von”，依德文的一般用法应译为“论……”为妥，但海德格尔这里似乎更强调“从……说起（论起）”或“从……而来”的意思。我这里建议的译法更近于后者。相似的用法见于海德格尔《走向语言之途》中那篇著名的与日本学者关于（出于）语言的对话的标题“Aus einem Gespraech von der Sprache”中的“von”字。依据美国学者 Graham Parkes 与 Robert Mugerauer 的理解，那里的“von”应同时具有英文“on”（关于）与“from”（出于）两层含义。（参见 Graham Parkes, “Afterwords - Language,” in *Heidegger and Asian Thought*, ed. by Graham Parkes. Honolulu: University of Hawaii Press, 1987, p.213; Robert Mugerauer, *Heidegger's Language and Thinking*. New Jersey: Humanities Press, 1988, p.251。）出于相似的考虑，《哲学论集——从 Ereignis 说起》的英文译者 Parvis Emad 与 Kenneth Maly 也将“vom Ereignis”译为“from enowning”并在译者前言中对此作了说明。（参见“Translator's Foreword”, in Martin Heidegger, trans. by Parvis Emad and Kenneth Maly, *Contributions to Philosophy*[*From Enowning*]. Bloomington & Indianapolis: Indiana University Press, 1999, xxii。）

于纯一而合一，又称“镜像游戏”“圆舞”“物化”的过程时，使用了诸如 Vereignung、Eigenen、enteignen、Ereignen、sich ereignen 等一系列相关语词来说明这一过程。熟悉海德格尔思想并且略知德文的朋友们都知道，这组词均和 Ereignis 相联或者是 Ereignis 的变形。之后，在“追问技术”(1953)，“同一律”(1957)，“时间与存在”(1962)以及在 1989 年出版，但写于 1936—1938 年间的《哲学论集——从 Ereignis 说起》中，除去上述语词外，我们发现海德格尔使用的、同属 Ereignis 词簇的大概还有 übereignen，zueignen，aneignen，Enteignis，Eigen，Eigentum，das Eigentümliche 等。

现在汉语学界似对 Ereignis 的译名尚无定译。据我陋知，迄今为止，汉语学界专门讨论 Ereignis 以及相关词簇的中文译名的主要且有影响力的文献可分别见于宋祖良先生的《拯救地球和人类未来——海德格尔的后期思想》(1993)，孙周兴先生的《说不可说之神秘》(1994)与张祥龙先生的《海德格尔思想与中国天道》(1996)。张祥龙将 Ereignis 译为“自身的缘构成”或“缘构发生”，孙周兴译为“大道”和“本有”，而宋祖良则译为“发生”。此外，学界所建议的汉语译名还有“本成”(倪梁康)，“本是”(陈嘉映)，“本然”(张灿辉)，“成己”(邓晓芒)，等。姚治华先生还曾经建议用庄子“为是不用而寓诸庸”中的“庸”字来翻译 Ereignis。关于 Ereignis 的汉语译名，我最早比较主张用“发生”这一日常用词，因为海德格尔，尤其在其后期思想中，常常有意避免使用传统的哲学术语来表达它的思想。他往往或者生造一些词，例如：die Welt weltet(世界世界化)；das Ding dingt(物物化)；或者从诗人那里借用一些词，例如：die Sterblichen(会死者)；再或者就是使用日常用词。Ereignis 在德文中没有什么神秘，只是一个常用词，意为“事件”“发生的事情”等，只是因为海德格尔晚年用它，人们现在才觉得它高深、神秘起来。① 正因如此，虽然我觉得张祥龙的“自身的缘构成”或“缘构发生”自有其精到之处，不过还是略嫌佛学意味太浓。尽管“缘”字最早恐已见于庄子和其他先秦古籍，但毕竟佛教在中国思想中有着近500年的统治。这一统治和由于这一统治带来的巨大影响使得这个字在中文里充满了“佛”意，这大概也是不争的事实。而且，“自身的缘构成”或“缘构发生”用在处理由Ereignis而来的、被称之为“奇特的词簇”的一系列德文词时也常常有不尽人意之处。再者，为什么叫“构成”？中文中“构”字似乎难免有“人工”“人为”建构之义，而这恰恰是海德格尔选用Ereignis一词时似乎所力求避免的。孙周兴建议的“大道”与姚治华建议的“庸”尽管有海德格尔本人从道家的“道”的角度来解释Ereignis的文本依据，但它们都只是一种哲学解释，大概很难能称为是严格的翻译。“大道”或者“庸”与Ereignis之间都缺乏一种字面上的起码应合，而这一应合应当是翻译的一个基本条件以及严格意义上的翻译与解释的基本区别所在。至于“本有”和其他众多以“本”为核心的词语，在我看来，大多仍给人以较强的本质、本体、本体论等传统哲学实体论形上学的联想，而且，它们还或多或少地缺乏Ereignis一词中较强的动感和使动意味。

二、Ereignis之为“自在起来”

关于Ereignis及其相关“词簇”的汉语翻译，孙周兴新近提出两条

---

① 我早先的这一理解，与宋祖良在其书中陈述的理由大体暗合。但另一方面，成也萧何，败也萧何。这一译名的困难还是在于太过浅显，往往在理解上容易失去海德格尔用此词时所赋予的特有哲学、历史方面的深刻含义。在我看来，宋为避免这一缺陷的办法，即“把Ereignis直译为‘发生’，然后再括号注明德文原文”，也不可取，因为这样与放弃翻译并无本质区别。参见宋祖良：《拯救地球和人类未来——海德格尔的后期思想》，北京：中国社会科学出版社，1993年，第190—192页。

原则。[①] 第一，翻译应当切合德文词 Ereignis 词根中“eign-”的“本”“本己”“本身”的字面含义；第二，翻译应当照顾到整个“词簇”在同一段落，同一作品中出现时的意义的相关性。我完全同意这两条翻译原则。现在我想尽量遵循这两条原则，试图来重新给出 Ereignis 一词以及相关词簇的汉语翻译并说明理由，以求教于各位专家和先进。

我近来建议用“自在起来”或者“自在发生”来翻译后期海德格尔思想的核心词 Ereignis。“自”是“自身”“自己”和“出自”；“在”为“存在”“存有”；而“起”或“发”则意味着“升起”“成长”“生发”“出现”。我选用“自在起来”或者“自在发生”的大致理由和考虑如下：

(1) 合乎海德格尔所言 Ereignis 根本上乃“存在”与自然自性存在的“存在物”或者“存在”与作为人自己、本己存在的 Dasein(亲在，亲临存在，亲近存在)之间的一种相互激发的、二重乃至多重的归属、让渡关系；

(2) 倘若将“自”解为介词，即“出自”，那么，“自在而来”则可被理解为“从在而来”“从在生出”，这也合乎海德格尔用前苏格拉底希腊思想中的“logos”与老子思想中的“道”来解 Ereignis 的思路；

(3) 汉语中的“起”“来”和“生”“发”有极强的“动感”，可较好表达德文词 Ereignis 的前缀“er-”的“使动”义和“贯通”义。[②]

---

① 参见孙周兴：《大道与本有——对海德格尔 Ereignis 之思的再考察》，香港中文大学现象学研究所主办的“现象学与道家哲学”学术研讨会(2003 年 3 月 14—15 日)上的报告稿。

② 据当代德国语言学家凯塞尔(Wolfgang Kayser，1906—1960)的研究，德文前缀“er-”至少使得原动词不定式增含三种含义：(1)“获得”，例如，“erjagen”(扑捉到，追求到)，“erbitten”(请求得)；(2)“增强”“涌出来”，例如，“erklingen”(鸣响起来)，“erbluehen”(花开出来，欣欣向荣)；(3)“贯通”“通行”，例如，“ertragen”(忍受[整个过程])，“ersticken”(闷死)。见 Wolfgang Kayser, *Die* (转下页)

(4) “Ereignis”词根中的“eign-”“本己”之义并非一定要用“本”字来表达。汉语中的“自”字也许更好。

(5) 海德格尔解释 Ereignis 时曾追溯这个德文词的词源到“eraeugen”，即“er-blicken”（看到，看出）之义。在“ereignen”的过程中，存在物通过“看”存在从而“获得自身”（an-eignen）。有趣的是，中文古字“自”的字义，据《说文解字》，乃“鼻也，象鼻形”。大概上古中国人不指自己的身体其他部位，而专指鼻子以标示自己。而“鼻”字的古义，乃“引气自畀也”。这也就是说，中国人一般不喜欢通过用眼睛“看”，而喜好用鼻子去“嗅”存在来“获得自身”或“自畀”（an-eignen）。引申一下，这大概也可解释中国人自古以来就不那么重视“看”而更重视“味”“嗅”的文化原因，解释中国人常说这玩意儿“中看不中吃”“中看不中用”的缘故了。

(6) 鉴于上述对 Ereignis 译为“自在起来”或“自在发生”的考虑，我建议用下面的一组相关联的词来译由 Ereignis 而来的、据说具有“现象学血缘关系”的词簇：eignen/Eigenen（成其自在），sich ereignen/Ereignen（自在生发），vereignen/Vereignung（得其自在），aneignen（获其自在），Zueignen（自在奉献），uebereignen（自身让渡而在），enteignen（褫夺自身而在），Enteignis（自在褫夺），Eigen（本己），Eigentum（本己特性），das Eigentuemliche（本己所特有的东西）。

（接上页）*Vortragereise: Studien zur Literatur*. Bern：Francke Verlag，1958，S.18。本文转引《哲学论集——从 Ereignis 说起》的“英译者前言”。根据英译者的说法，当海德格尔这里使用带有“er-”前缀的德文词时，往往同时包含了上面三层意义。参见 Martin Heidegger，trans. Parivs Emad and Kenneth Maly，*Contributions to Philosophy* (*From Enowning*). Bloomington：Indiana University Press，2000，xxxvii－xxxviii。

三、译例五则

一个或一组译名的好与不好，成功与不成功往往不仅在于这一译名与所译外文中的那个词之间能否建立起某种对应的关系，而且还在于这一译名在自己母语的上下文中和其他语词之间的关系上是否也显得相对自然、和谐和契合。所以，我们不仅需要申明为何选择用“自在起来”翻译 Ereignis 的理由，而且更需要以实例来表明这一译名在翻译海德格尔的关键段落和文句时，与其周遭的上下文，并不显得过分的突兀、不谐，甚至格格不入。下面我就试着从海德格尔谈论 Ereignis 的一些主要文献，诸如《同一与差异》中的“同一律”，《演讲与论文集》中的“物”和“追问技术”，《朝向思的事情》中的“时间与存在”，以及《哲学论集——从 Ereignis 说起》中各取其集中论述 Ereignis 的一段，看看将 Ereignis 译作“自在起来”或“自在发生”能否大致满足上面的要求，或者能否至少要比现有的译名更多地显得贴切和恰当。

译例一(选自“同一律”《同一与差异》)

德文原文：

Das Zusammen*gehören* von Mensch und Sein in der Weise der wechselseitigen Herausforderung bringt uns bestuerzend näher, daß und wie der Mensch dem Sein vereignet, das Sein aber dem Menschenwesen zugeeignet ist. Im Ge-Stell waltet ein seltsames Vereignen und Zueignen. Es gilt, dieses Eignen, worin Mensch und Sein einander ge-eignet sind, schlicht zu erfahren, d.h. einzukehren in das, was wir das *Ereignis* nennen. Das Wort Ereignis ist der gewachsenen Sprache entnommen. Er-eignen heißt ursprünglich: er-äugen, d.h. erblicken, im Blicken zu sich rufen, an-eignen. Das Wort Ereignis soll jetzt, aus der gewiesenen Sache her gedacht, als Leitwort im Dienst des Denkens sprechen. Als so gedachtes Leitwort lässt es sich sowenig übersetzen wie das griechische Leitwort logos und das chinesische Tao.①

中译文：

人与存在在相互挑动中互相归属(Zusammengehören)。这样的互相归属使我们不无惊讶地了解到：人是并且如何从存在那里得其自在(vereignen)，而存在又是并且如何向着人的本质去自在奉献(zueignen)。在置架(Ge-Stell)中是一种异样的得其自在(Vereignen)与自在奉献(Zueignen)在起着支配作用。现在要紧的是直接了当地去经验那人和存在在其中相互成其自在(eignen)的那种自在(Eignen)。这也就是说，栖宿到我们称之为自在起来(Ereignis)的那东西中去。“自在起来”(Ereignis)这个词乃某种已成熟语言中的说法。“自—在生发”(Er-eignen)原本叫：“自—看而来”(er-äugen)，即看见，在观看中唤起自己，获—其自在(an-eignen)。鉴于以上考虑，“自在起来”(Ereignis)这个词现在就应该作为服务于思想的主导词语来发言。作为如此这般被思考的主导语词，它就如同希腊文的主导词“逻各斯”与中文的“道”一样，是几乎不可翻译的。②

---

① Martin Heidegger, *Identitaet und Differenz*. Stuttgart: Verlag Guenther Neske, 1957, S.24 - 25.

② 可参考比较张祥龙先生和陈小文先生分别对此段的译文，见张祥龙：《海德格尔思想与中国天道》，北京：生活·读书·新知三联书店，1996 年，第 439 页；[德]海德格尔：《同一律》，收入孙周兴选编：《海德格尔选集》上卷，陈小文译，上海：上海三联书店，1996 年，第 656 页。

译例二(选自“物”《不莱梅与弗莱堡讲演集》)

德文原文：

Das ins Freie bindende Spiegeln ist das Spiel，das jedes der Vier jedem zutraut aus dem faltenden Halt der Vereignung. Keines der Vier versteift sich auf sein gesondertes Besonderes. Jedes der Vier ist innerhalb ihrer Vereignung vielmehr zu einem Eigenen enteignet. Dieses enteignende Vereignen ist Spiegel-Spiel des Gevierts. Aus ihm ist die Einfalt der Vier getraut.①

中译文：

这种在自由中维系着的镜像过程就是游戏。这一游戏由于(各方)在得其自在的过程(Vereignung)中相互折迭的支撑而使得这其中的每一方都得到信任而为四方中的一方。四方中任何一方都不会固执于它的那些使其特出出来的特殊性。相反，四方中的每一方都在它得其自在的过程(Vereignung)内部，通过褫夺自身而在(enteignen)的方式达其自身。这种通过褫夺自身而在的方式(enteignende)来得其自在(Vereignen)就是四方域的镜像游戏。四方之纯一性就从这一镜像游戏而得到信赖。②

译例三(选自“追问技术”《演讲与论文集》)

德文原文：

Jedes Geschick eines Entbergens ereignet sich aus dem Gewaehren

① Martin Heidgger，“Das Ding”，in *Bremer und Freiburger Vortraege*，*Gesamtausgabe*，*Band* 79. Frankfurt：Vittorio Klostermann，1994，S.18.

② 可参考比较孙周兴先生对此段的译文，见[德] 海德格尔：《物》，收入孙周兴选编：《海德格尔选集》下卷，孙周兴译，上海：上海三联书店，1996 年，第 1180 页。

und als ein solches. Denn dieses traegt dem Menschen erst jenen Anteil am Entbergen zu, den das Ereignis der Entbergung braucht. Als der so Gebrauchte ist der Mensch dem Ereignis der Wahrheit vereignet.①

中译文：

每一种去蔽的命运都是从这种应允并作为这样一种应允而自在生发(sich ereignen)。因为这一应允才将人送入那对去蔽的参与，而这一参与乃是去蔽活动的自在发生(Ereignis)所需要的。作为如此这般被需要的东西，人乃是从真相自在起来(Ereignis)中成为可得其自在的(ist vereignet)。②

译例四(选自《哲学论集——从 Ereignis 说起》)

德文原文：

Das ist die Wesung des Seyns selbst, wir nennen sie das *Ereignis*. Unausmessbar ist der Reichtum des kehrigen Bezugs des Seyns zu dem ihm ereigneten Da-sein, unerrechenbar die Fuelle der Ereignung. Und nur ein Geringes kann hier in diesem anfaenglichen Denken "vom Ereignis" gesagt werden.③

中译文：

这就是在(Seyn)的本质化过程，我们称之为"自在起来"(Ereignis)。在(Seyn)与那由于它而"自在生发"出的(ereignet)亲—在

---

① Martin Heidegger, "Die Frage nach der Technik", in *Vortraege und Aufsaetze*. Stuttgart: Neske, 1954, S.36.

② 可参考比较孙周兴先生对此段的译文，见[德] 海德格尔：《技术的追问》，收入孙周兴选编：《海德格尔选集》下卷，孙周兴译，上海：上海三联书店，1996 年，第 950 页。

③ Martin Heidegger, *Beitraege zur Philosophie (vom Ereignis)*, *Gesamtausgabe*, *Band* 65. Frankfurt: Vittorio Klostermann, 1989, S.7.

(Da-sein)间的反转关联之丰富性乃不可测度，这一“自在生发”过程(Ereignung)的充裕性无法计量。而且，在这“从自在起来说起”(vom Ereignis)的思的发端中，能说出的东西甚微。[①]

译例五(选自“时间与存在”《朝向思的事情》)

德文原文：

Im Schicken des Geschickes von Sein, im Reichen der Zeit zeigt sich ein Zueignen, ein Uebereignen, naemlich von Sein als Anwesenheit und von Zeit als Bereich des Offenen in ihr Eigenes. Was beide, Zeit und Sein, in ihr Eigenes, d.h. in ihr Zusammengehoeren, bestimmt, nennen wir: *das Ereignis*.

…

Sofern nun Geschick des Seins im Reichen der Zeit und diese mit jenem im Ereignis beruhen, bekundet sich im Ereignen das Eigentuemliche, dass es sein Eigenstes der schrankenlosen Entbergung entzieht. Vom Ereignen her gedacht, heisst dies: Es enteignet sich in dem genannten Sinne seiner selbst. Zum Ereignis als solchem gehoert die Enteignis. Durch sie gibt das Ereignis sich nicht auf, sondern bewahrt sein Eigentum.[②]

中译文：

在存在之天命的降临中，在时候到来之际，一种存在和时间的自在奉献(Zueignen)，自身让渡而在(Übereignen)就显现出来，这亦即是：

① 此处暂无其他中译可作比较。

② Martin Heidegger, “Zeit und Sein”, *Zur Sache des Denkens*. Tuebingen: Max Niemeyer Verlag, 1969, S.20, S.23.

自在奉献与自身让渡而在从作为到场的存在和从作为敞开域的时间出发进入到其本己(Eigenes)中。那使得时间与存在两者进入其本己(Eigenes)之中,亦即进入其共属一体之中的起决定性作用的东西,我们称之为:自在起来(*Ereignis*)。

……

只要现在存在之天命植根于时候的到来,并且这一方都和另一方一起植基于自在起来(Ereignis),那么,就在此自在生发中(im Eigenen)就有那本己所特有的东西(das Eigentümliche)自行宣示出来。这也就是说,它从那无边的去蔽中将其最本己的东西(sein Eigenste)汲取回来。从自在生发出发(vom Ereignis)来思,这就叫:在其自身的上述意义中去褫夺自身而在(sich enteignen)。自在褫夺(Enteignis)属于自在起来本身(zum Ereignis als solchem)。在自在褫夺中,自在起来(Ereignis)并未放弃自己,而是保真其本己特性(Eigentum)。①

上面五段译文,有三段分别选自海德格尔自己认为重点讨论和使用 Ereignis 的三部作品。一段选自《哲学论集——从 Ereignis 说起》。这部著作,虽未在海德格尔生前出版,但被众多海德格尔研究权威公认为是海德格尔继《存在与时间》之后的最重要著作,而且它还以 Ereignis 为副题。最后一段选自“时间与存在”,这大概是海德格尔生前出版物中最后公开讨论,也是最有系统地讨论 Ereignis 的作品。应当说,这五篇作品囊括了海德格尔谈论 Ereignis 的最重要的作品和段落,具有相当的代表性。从中译文中,我们应当不难看出,这些围绕译

① 可参考比较陈小文先生对此段的译文,见[德] 海德格尔:《时间与存在》,收入孙周兴选编:《海德格尔选集》上卷,陈小文译,上海:上海三联书店,1996 年,第 681、685 页。

名“自在起来”以及由其勾连关系起来的系列词簇组成的上下文，虽然还难免共有一般哲学翻译，尤其是海德格尔哲学翻译所特有的晦涩抽象，但平心而论，只要用心去念，尚应属可读可解。

四、有关“自在起来”与“自有”“性起”等的考虑

除去“自在起来”或“自在发生”，我还考虑过用“自有起来”或“自有”“自然生发”“道生”等译名的可能性。应当承认，如果我们在上述几段译文中用“自有起来”代替“自在起来”，大概不会在文义上或上下文的谐和上有太大的差别。所以可以说，“自有起来”几乎分有“自在起来”的所有长处。不仅如此，“自有起来”的简称“自有”似乎比“自在”在中文语境里更能摒除西方形上学的痕迹，也更像是一个中文语汇，因为“有”字在两千多年的中国哲学传统中有其深厚的根基。可是在我看来，这最后一个优点也许恰恰同时也构成了用它来翻译 Ereignis 的主要缺点。我们知道，在中国思想的传统中，“有”作为一个哲学概念的出现总是和“无”相对应而言的，而且，“有论”在中国儒、释、道三家主流形上学传统中，和“无论”相比，均居次位或附属地位。而后期海德格尔的 Ereignis 一词，如果放在中国思想的“有”“无”关系的语境中来思考，则应更多的是靠近在“有”“无”两端相互激荡的“无”的一端而非“有”的一端。现代汉语引进一个新词“存在”作为翻译西方自柏拉图、亚里士多德以来主流哲学形上学核心词“ousia”(希腊文)、“being”(英文)或者“Sein”(德文)，对于跳出中国自古以来译介外来思想的“格义”传统，应当说是有积极意义的。况且，“在”在古汉语中常常就是作为“有”，即作为“无”的对立面来使用的，例如魏晋南北朝时期著名哲学家范缜(450—510)在《神灭论》中的名言：“是以形存则神存……岂容形亡而神

在”，只是“存在”没有作为一个词组而联用，“在”也尚未成为一个核心的哲学概念罢了。考虑到“存在”一词在现代汉语哲学词语，尤其是在中国大陆近50年来使用的哲学词语中的核心地位，以及这一词语在当今日常汉语使用中的普及程度，我以为用“自在起来”比用“自有起来”翻译海德格尔的Ereignis应更易为现代中国读者，尤其是大陆读者所接受。根据同样的理由，我也更主张用“存在”而非“存有”来翻译海德格尔的“Sein”一词。

至于“自然生发”“道生”等词，虽然文义，境界均不差，但似乎放入具体上下文中就很难做到既较好地表达文义，又不至于自身遭到过分肢解碎离，又能应付德文中“联字符”的把戏，还可以照顾到由Ereignis衍生出来的一系列词簇间的关联。

当然，用“自在起来”或“自在发生”来译“Ereignis”也难免自身的缺点。我想主要的缺陷大概有二：第一，“自在”一词在中文语境中易使人产生较强的与黑格尔哲学中的“自在”“自为”概念或者康德哲学中的“自在之物”概念的联想。“起”字也容易使人联想到佛学中的“缘起”“性起”的观念；第二，“自在起来”也好，“自在发生”也罢，在汉语中严格说来都不是一个词，而是一个“词组”，用一个词组来翻译一个词难免累赘。

对于第一个缺陷，我的想法是，“自在”的译法固然使之容易混淆于对德国古典唯心论中“自在”概念的理解。但是，我们也应当知道，海德格尔的关于存在的思想，关于Ereignis的思想并不是和德国唯心论关于存在的传统毫无关联的。相反，它们的关联相当密切。例如，在“物”的演讲中，当海德格尔谈完在“四方域”中的四方如何既纯一又合一的“物化聚集”或“物物化”，亦即Ereignis，随后他就讨论从罗马人，到中世纪，再到近代哲学的哲学思考中“物”或者“实在”这一概念的演变。海德格尔最后谈到的就是康德的“自在之物”。所以，我认为关键不在于用不用“自在”这一语词，而在于如何解释和理解这一语词。

至于“起”字容易误解为佛教的“缘起”“性起”，我不否认存在这样的危险。例如，据说在日文中，“Ereignis”就被译为“性起”。出于这同一个原因我当然也是不同意在中译中照搬日文的译法。但是，“起”字在中文里，更多的是在平常生活的意义中使用。它大概只有在和诸如“缘”“性”“信”等特定的字连用之际才会有强烈的佛教意味。例如，当我们狂热的四川球迷创造性地发明和大声喊出“雄起”这一极富时代特色的中文新词时，我们马上联想到的是“生命力”，是“顽强不倒”“阳刚”，是“持续进攻”，是“足球”，而不是什么佛学的“性起”“性空”或者“起信”之类。

对于第二个可能缺陷，我也许不能够但也不太想去否认它。我所能说的恐怕只是，但凡这世上的东西，不可能十全十美，至于翻译，大概更是如此了。[①] 任何尝试做过严肃翻译的学人都深知其中的炼字索句之艰。用一中文词组来译海德格尔后期的核心思想语词 Ereignis 固然是有点难为中文了，但这大概也是没有办法的办法。好在我们祖上也还给我们传下过一个“吾不知其名……强为之名曰……”的法宝，因此，用一个词组对译西文的一个词，在中文里大概也不是完全没有先例可循。自然，我万不敢奢望译名“自在起来”有妙译“可口可乐”（Coca-Cola）或者“形而上学”（Metaphysik）那般既信又达又雅的“神来之笔”，但求尚有几分信达，又不至于过分佶屈聱牙就已经心满意足了。[②]

---

① 也许可以考虑用“自起”一词作为“自在起来”的简称，但可能会因此而丢掉“在”字，仍觉遗憾。

② 考虑到“自在起来”用四个汉字翻译“Ereignis”的不便，我现在更倾向于用“事发”，即“事件发生”来翻译后期海德格尔思想的核心词“Ereignis”。——作者新识。

人名索引

名词索引

后　记

眼前的这本小书主要汇集了我这些年来关于海德格尔哲学思想解释和研究的一些通俗演讲，零散发表的研究论文以及几篇为海德格尔中译本所(合)写的译者附言。在已发表过的文章，我都在各篇下方的注释里分别注明了首次发表的信息。有两篇文章曾发表在 2004 年出版的《解释学、海德格尔与儒道今释》中，因版权期已过，不准备再版全书，而且我认为会对在整体上理解海德格尔的思想有帮助，就对之做了些许修订，也编入此书。

感谢东方出版中心副总编辑刘佩英女士和本书的责任编辑刘旭、黄驰。和刘总 3 年前在上海的一次读书会上的邂逅，不仅让我们与此书结缘，还催生了后来出版整套从书的想法。刘旭和黄驰编辑的尽心尽职、认真负责，是本书质量和得以顺利出版的保证。刘旭还专门为本书编制了核心语词索引和人名索引，特此感谢！

明年是我的恩师熊伟先生 110 周年诞辰纪念，谨以此书献给他，感谢他引我进入海德格尔哲学思想之门。

王庆节

横琴岛·澳门大学

2020 年 4 月 20 日